ANITA KRÜGER

der hai, der hummer und ich

Von Küchen und Kombüsen
aller Frauen Länder

Lübbe

Gustav Lübbe Verlag ist ein Imprint der Verlagsgruppe Lübbe

Copyright © 2003 by Verlagsgruppe Lübbe GmbH & Co. KG, Bergisch Gladbach
Übertragung ins Deutsche von James Pirow unter Mitwirkung der Autorin.
In Teilen aus dem Amerikanischen übersetzt von Marita-Elisa Hahn
Schutzumschlag: JahnDesign Thomas Jahn, Erpel/Rhein
Satz, Layout und Illustrationen: JahnDesign Thomas Jahn, Erpel/Rhein
Gesetzt aus der Adobe Caslon
Repro: Repro Schmitz, Köln
Druck und Einband: aprinta Druck GmbH, Wemding

Printed in Germany
ISBN 3-7857-2132-3
5 4 3 2 1

Sie finden uns im Internet unter:
www.luebbe.de

Alle Fotos von Anita Krüger mit Ausnahme der folgenden:
Foto Seite 102 O'Dea/akg-images
Foto Seite 106 mit freundlicher Genehmigung von The Strand Hotel, Rangoon
Foto Seite 109 Dunand/dpa
Foto Seite 196 Shaun Walker

A Door Opened
Blue Eyes Flashed
Names Were Exchanged

For Hardy Krüger,
my travelling companion
through life

INHALT

VORWORT

Es war in München, an einem Tag mit frisch gefallenem Schnee, als die Autorin dieses Buches sich daran machte, unsere Sprache zu erlernen. Während ihrer Mühsal begegnete sie dem Wort Abenteuer, worunter sie sich einen teuren Abend vorstellte. In den Jahren, die dann folgten, ist sie mit mir durch viele teure Abende gereist. Oder war es eher so, dass sie mich teure Abende erleben ließ, die ich nicht vergessen kann? Das Eine ist so richtig wie das Andere. Und so bleibt bei mir der Wunsch, dass es nie ein Ende nimmt mit Anita Krügers teuren Abenden, am anderen Ende unserer Welt.

HK

Ein indisches Kaleidoskop

In der Küche erloschen die letzten Sonnenstrahlen des Spätnachmittags. Beim Blick aus dem Fenster war in der Ferne die schwarze Silhouette von Catalina Island auszumachen, umgeben von glitzernden Lichtern, die auf dem Pazifischen Ozean tanzten. Zwei Habichte mit gewaltigen Schwingen glitten durch die Luft, stürzten sich zu Tal, ließen sich vom Aufwind wieder in die Höhe tragen und verharrten reglos, die Flügel weit ausgebreitet, um dann ihren magischen, mühelos wirkenden Flug über den kalifornischen Bergen fortzusetzen.

Auf dem Küchentisch unseres Blockhauses stand eine bunte Sammlung von Gläsern und Flaschen, die darauf warteten, mit exotischen Gewürzen gefüllt zu werden. In einer Stunde würde das Postauto im Dorf eintreffen, mit einer Kiste indischer Kräuter und Gewürze an Bord, die ich in einer Zeitschrift für Hobbyköche entdeckt hatte.

Lange vor meiner ersten Reise nach Indien hatte die Küche jenes Landes meine Aufmerksamkeit erregt, als ich einmal auf dem Santa Monica Boulevard in Los Angeles an einem indischen Laden vorbeiging, dessen Tür offen stand. Der schwere, betäubende Geruch von Currypulver breitete sich auf dem Gehsteig aus. Ich musste einfach hineingehen, um zu sehen, welche geheimnisvollen Dinge dort ihrer Entdeckung harrten. Kleine Päckchen mit Gewürzen, von denen ich noch nie gehört hatte, Fladenbrot, Reis und Chutneys und ein indisches Kochbuch füllten die braune Einkaufstüte in meinen Armen, als ich wieder in die kalifornische Sonne hinaustrat. Seit jenem Tag sind Gerichte aus Indien auf meinem Tisch anzutreffen, wann immer ich meinen Gästen etwas Ungewöhnliches und nicht das Einerlei von Alltagskost servieren will. Die aromatische Küche dieses Subkontinents hatte mein Interesse und meine Bewunderung geweckt. Ich schwelgte in den faszinierenden Gewürzen, angefangen von glitzernden schwarzen Senfkörnern über Paprikapulver von der Farbe eines tiefroten Sonnenuntergangs bis hin zu braungelben Masalas. Ich hatte begonnen, mir die unerschöpfliche Vielfalt von Rezepten für Suppen, Gemüse- und Fleischgerichte zu Eigen zu machen, und sah mit Verwunderung, wie beim Umgang mit Kräutern und Gewürzen meine Phantasie sich über Alltägliches wie Fleisch und Kartoffeln erhob und sich auf den Weg zu den Wassern machte, die sich silbern zum Taj Mahal hin strecken.

Beim ersten Besuch in Bombay entstehen Bilder, die unvergesslich sind. Mit einer Erregung, die alle späteren Begegnungen vorausempfindet, nehme ich das Treiben auf dem Flugplatz in mir auf. Die Sinne, Hören, Spüren und Sehen, sind überwältigt. Fremdartige Düfte steigen von den verschiedensten Speisen auf, die in den Töpfen der Händler zubereitet werden. Melodien einer ungewohnten Musik mischen sich mit den Lauten einer fremden Sprache, und leuchtende Farben indischer Tücher entfalten ein Feuerwerk vor meinen Augen. Frauen in eleganten Saris, Kinder in einer Art von Schlafanzügen, Männer mit langen Hemden über fließend weiten Baumwollhosen quälen sich mit einer kaum zu bewältigenden Menge von Gepäckstücken, Bündeln und Pappkartons bei der Zollkontrolle ab. Die Regierung in New Delhi hatte schon vor Jahren die Einfuhr fremder Güter untersagt, denn nach der Befreiung von britischer Kolonialherrschaft war die Wirtschaft aus eigenen Kräften zu beleben, und die Inder stellten alle Waren aus indischen Materialien innerhalb der eigenen Grenzen her. Damals versuchten die Zöllner in jedem Gepäckstück unerlaubte Importe aufzuspüren und hohe Zollgebühren dafür einzutreiben. Während der Stunden ewig langen Wartens, bevor es uns gestattet war, den Flughafen zu verlassen, sagten wir uns immer wieder: »Dies hier ist Indien, hab Geduld.«

Auf dem Weg zum Hotel bat ich den Taxifahrer spontan, am Gateway of India anzuhalten. Die Zeit der Monsune hatte begonnen, und Wassermassen stürzten aus dem Himmel, als wir unter unseren Schirmen aus dem Wagen stiegen, um uns das weltberühmte Monument im schimmernd grauen Licht eines Tages anzusehen, der zu Ende ging. Unter dem hohen Tor saß ein einsamer Mann mit einer weißen Kappe auf dem Kopf. Er trug ein lila-blaues Hemd über weiter Hose und hatte Schutz vor dem warmen Regen gefunden.

Die beängstigendste Weise, Indien zu sehen, aber gleichermaßen auch die erregendste, ist eine Autofahrt. Ungeachtet der Gefahren enger, einspuriger Straßen mieteten wir einen Wagen, der fürchterlich hart gefedert war und einem von diesen alten Austins glich, wie sie in England schon seit Ewigkeiten nicht mehr zu sehen sind. So ein Auto ist in Indien laut Gesetz nur mit einem einheimischen Chauffeur zu mieten. Der unsrige war bärtig, trug einen Turban, hieß Dattan Singh und erzählte uns, sein Austin sei neu, erst im Jahr zuvor in Indien nach englischen Lizenzen hergestellt. Wir handelten mit Dattan ein wenig um den Preis und machten uns auf den Weg nach Udaipur in Radschastan.

Der Weg durch Indien ist ein Kaleidoskop betörender Bilder. Blühende Farben werden zu Formen, fallen übereinander her, zerbrechen aber auch schon bald und formen sich hinter der nächsten Kurve zu einem Mosaik ganz anderer Art. Frauen in goldbestickten Saris, ihre Kinder auf dem Rücken festgebunden, arbeiten am Wegesrand und zerschlagen Steine, aus denen Schotter für die Straße wird. Ich habe niemals Männer diese Arbeit verrichten sehen, es muss wohl das Monopol der Frauen sein, wenn es um handgemachten Schotter geht. Menschen, Hunderte von ihnen, Bündel aller Formen, aller Größen tragend, wandern den Straßenrand entlang. Ein jeder transportiert irgendwas: Töpfe und Pfannen, Stoffe, Stühle, Beutel mit Essbarem – eine schier endlose Ansammlung persönlicher Besitztümer. Menschen hinter Garküchen bieten wohlriechende, schnell zubereitete Speisen vom Straßenrand her an. Hardy und ich gehören nicht zu den Abnehmern würziger Gerichte, die Dattan Singh uns zum Wagen bringt. Vorsicht walten lassend, wenn es um den Genuss von Speisen geht, die in einer Bruchbude entstehen, lebe ich nach der Devise: »Wasser immer abgekocht, Obst nur selbst geschält, und Salat – um des Himmels und aller Köche willen – NIE!«, was mich aber nicht dran hindert, den Fahrer darum zu bitten, mir zu sagen, was für ein Gericht es ist, das er da genießt. Manchmal beschreibt er mir die Einzelheiten. Doch meistens lächelt er und sagt, seine Frau und seine Mutter seien die Kochkünstler im Haus, er hingegen würde nur gern essen. Sein erheblicher Bauch, der die Knöpfe des weißen Hemdes zu sprengen sich bemüht, legt Zeugnis ab davon, dass er der Essenskünstler im Haus der beiden Frauen ist.

Der Verkehr auf Indiens Straßen ist ein weiteres Bild im Mosaik: Rumpelnd, polternd, hupend rollen kamelgezogene Karren, hochräderige Erntewagen und motorisierte Vehikel über ein enges Band aus Teer, das sich an beiden Seiten in weichen Sand verliert. Die bedrohlichsten dieser Gefährte sind riesige, überladene Lastwagen, die gigantischen Baumwollballen ähneln und unter ihrer Toplastigkeit jeden Moment umzukippen drohen. Fahrer von Personenwagen haben ihren Spaß an einem tödlichen Spiel, das sie *game of chicken* nennen, Spiel gackernder Hühner. Diese Männer in ihren Austins rasen über das geteerte Band den schweren Lastwagen entgegen, halten den Atem an und warten bis zur letzten Sekunde, bis das Unglück fast nicht mehr aufzuhalten ist. Das Spiel geht darum, zu sehen, wer sein Fahrzeug als Erster vom sicheren Teer der Piste lenkt und sich in den Sand des Straßenrandes flüchtet: Er oder ich? Wer als Erster den Weg freigibt, hat verloren. *Game of chicken.* Ein wahrhaft idiotischer Test sogenannter Männlichkeit. Dattan Singh hat sehr schnell lernen müssen, dass sein Weg über die lehmigen Seitenränder zu führen hat, sobald ein motorisierter Baumwollballen sich uns auf enger Fahrbahn nähert. Wir hatten uns vorgenommen, dieses rätselhafte Indien zu erleben, nicht aber einen Autoüberschlag im weichen Sand am Straßenrand.

Eine spaßhaft vorgetragene indische Weisheit lehrt, dass ein Hindu schon deshalb an Reinkarnation glauben muss, weil ein Leben niemals reichen kann, sein riesiges Vaterland zur Gänze kennenzulernen. Für einen jeden von uns, der auch nur den kleinsten Teil des faszinierenden Landes kennenlernen will, stellt sich diese Erkenntnis als wahr heraus, und die gleiche Überlegung lässt sich auf Indiens Küche übertragen: Es würde mehr als mein eines Menschenleben in Anspruch nehmen, wollte ich alle Köstlichkeiten der zahlreichen Regionen probieren.

An einem frühen Morgen kamen wir in der alle Sinne belebenden Stadt Udaipur an und quartierten uns in einem alten Jagdschloss ein, das Arvind Mewar, dem Maharajkumar von Udaipur, gehörte. Arvind ist der letzte der Könige von Mewar, die ihr Reich eintausendvierhundert Jahre lang ohne Unterbrechung zu regieren wussten.

Hardy hatte sich auf die Suche nach einer Geschichte für seine Fernsehreihe *Weltenbummler* zu machen und der Maharajkumar begleitete ihn dabei. Nach dem Auspacken und dem Reinigen meiner Kameras ließ ich mich zum *early morning tea* auf einer Terrasse nieder, die von üppigen, duftenden Rosen umwachsen war. Unter der Terrasse erstreckte sich eine weit offene Wiese, die für die Beobachtung des Wildreichtums hatte gerodet werden müssen. In dem für mich neuen Gefühl einer verwöhnten Dame, deren Diener ein köstliches Frühstück zubereiten, machte ich eine der Kameras schussbereit, weil es ja immerhin geschehen konnte, dass sich ein wilder Tiger oder eine andere Kreatur gleicher Größenordnung auf den Weg zu mir machen würde.

Ein junger Diener mit glänzend schwarzen Augen reichte mir einen Teller mit köstlichen *Aloo Samosa* und *Sookha Samosa*. Eine Kanne mit dampfend heißem Tee stand bereits auf dem Tisch. Samosas, diese Dreiecke aus Teig, mit Kartoffelbrei gefüllt oder mit Gehacktem, sind eine recht ungewöhnliche Mahlzeit für den frühen Morgen, sie müssen eher als ein traditioneller Imbiss bezeichnet werden, aber ich liebe Samosas, seit ich sie zum ersten Mal in einem indischen Restaurant in Daressalam probieren durfte, und bei dieser Reise hatte ich mich schon seit unserer Ankunft in Bombay darauf gefreut.

In dem Moment, als ich eine Samosa mit Kartoffelfüllung zum Mund führte, tauchte das für die Lichtung herbeigehoffte wilde Tier

Stilleben mit Samosas

vor mir auf, und mit seinem Erscheinen war jede Chance dahin, auch nur den winzigsten Bissen in den Händen zu behalten, denn ein wenig zu nah vor meinem Gesicht stand ein Pavian, der gut eineinhalb Meter groß gewachsen war. Im Bruchteil einer Sekunde sprang er auf den Tisch und schnappte mir den Teller mit den knusprig braunen Samosas vor der Nase weg. Empört versuchte ich, ihm meinen Teller zu entreißen. »Ich lasse es nicht zu, dass ein kapriziöser Affe mir mein Essen stiehlt«, schoss es mir durch den Kopf. »Außerdem sollte ein Affe Derartiges gar nicht fressen!« Im gleichen Augenblick riefen Bedienstete aus den Fenstern über mir: »Madam, lassen Sie ihm den Teller! Es ist zu gefährlich! Wir bringen Ihnen gleich ein neues Frühstück!«

Kein Tarzan kam an einer Liane herbeigeschwungen, um meine Samosas zu retten. Ich fühlte mich allein gelassen mit den zornigen dunklen Augen dieses Affen, und als ich auf die riesigen hässlichen gelben Zähne in dem grollenden Gesicht starrte, hörte ich, wie meine innere Stimme mir den Befehl zurief: »Bist du denn des Teufels? Lass das sein!«, woraufhin das Tauziehen mit dem Pavian sein Ende nahm.

Der Schuft verzog sich mit meinem Teller in den Busch. Wortlos wurde mir eine neue Portion frisch zubereiteter, noch dampfender Dreiecke gereicht, und eine Gruppe junger Burschen, aus vollen Kehlen lachend, umstellte schützend die Terrasse, und zwar so lange, bis ich mit meinem Frühstück fertig war.

An jenem Abend waren wir beim Maharajkumar und seiner pakistanischen Gattin zum Abendessen in einen Palast geladen, der aus Tausendundeiner Nacht zu stammen schien und hoch über einem See gelegen war. Dort wurde uns ein üppiges Mahl serviert, das mit einer cremigen, smaragdgrünen Spinatsuppe begann. Das exotische Gewürz darin konnte ich nicht identifizieren, doch im Grunde hatte das Gericht den vertrauten Geschmack einer hausgemachten Gemüsesuppe. Als Nächstes wurde eine ganze Ansammlung kleiner Schälchen aufgetischt, in denen sich Chutneys, Pickles, cremig dicke Gemüsesaucen und knusprige Linsenfladen befanden. Dazu gab es ein weiches flaches Brot zum Eintunken in die Saucen. Das Brot war noch warm und gab den Rauch des Holzofens wieder.

Eine Terrine, die mit goldenen Affen in einem dunklen Dschungel bemalt war, hielt zarte Hähnchenstücke in aromatischer Mandelsauce von der Farbe eines orangeroten Sonnenuntergangs und mit einem Hauch von Koriander, Kumin, Nelken und mildscharfem Paprika bereit. Dazu wurde ein duftendes Reispilaw mit glänzenden Kardamomschoten, Nelken und schwarzen Pfefferkörnern gereicht. Ich beobachtete, wie unsere Gastgeber die Gewürze aus dem Reis pickten und sie auf dem Tellerrand liegen ließen, und tat es ihnen gleich. In eine Gewürznelke oder eine Kardamomschote zu beißen ist zwar nicht schlimm, aber der Nachgeschmack ist doch sehr stark. Während ich das Mahl genoss, erzählte ich fröhlich, wie mein Tag begonnen hatte. Arvind Mewar zeigte sich keineswegs amüsiert von den Frechheiten des abenteuerlustigen Pavians, doch was er dazu zu sagen hatte, wurde von Dienern unterbrochen, die ein erfrischendes Dessert servierten. Es bestand aus saftigen süßen Mangos in Vanillesauce und milderte die Schärfe der zuvor aufgetragenen Speisen. Ein starker Kaffee, aromatisiert mit Kardamom, bildete den Abschluss, während sich eine sanfte Nacht über den Palast und die Lichter von Udaipur herabsenkte.

Am nächsten Tag berichteten mir die Diener in unserer Herberge, der aggressive Pavian sei vom Grundstück entfernt worden. »Entfernt« konnte heißen, dass man ihn an einen anderen Ort gebracht hatte, doch da in der Nacht Gewehrschüsse zu hören gewesen waren, hatte das Wort »entfernt« die Bedeutung von etwas Endgültigem angenommen.

Im folgenden Jahr, als wir Hardys Erzählung über Radschastan verfilmten, waren wir erneut Arvind Mewars Gäste. Ein Kameraassistent musste ausgewechselt werden, und vom weit entfernten Produktionsbüro hatte uns ein Telex mit der Frage erreicht, ob das Team besondere Wünsche habe. Zu dem Zeitpunkt hatten wir schon ein paar Monate Asien hinter uns, und wenn wir alle auch die Küche von Hongkong oder Delhi mochten, träumten wir doch ab und an von Herzhaftem aus der Heimat. Auf unserer Liste standen Katenschinken, dunkles Brot, Wurst, Tilsiter, Schokolade und *last but not least* Champagner. Silvester stand vor der Tür.

Unser Hamburger Jung kam mit einem großen Koffer voller Köstlichkeiten bei uns an. Ein ganzer Katenschinken war geschickt worden, und er wanderte vorsichtshalber in den Kühlschrank des Appartements, das der Maharajkumar in seinem Jagdschloss für Hardy und mich ausgewählt hatte. In dieser Wohnung wiederholte sich, was mir bereits in den Nächten meiner Kindheit widerfahren ist, und im Verlauf der vielen Jahre unserer Ehe hat auch mein Mann darunter leiden müssen. Ich habe ihn nämlich viele, viele Male aus dem Schlaf geschreckt, und zwar mitten in der Nacht, weil es immer wieder vorkam, dass in meinen Träumen eine finstere Kreatur ihre Anwesenheit in just jenem Raum bemerkbar machte, in dem wir schliefen. So hatte ich ihn in Afrika allen Ernstes davon zu überzeugen versucht, ein Zebra oder sogar eine Schlange sei in unserem Bett. Jedes Mal, wenn das geschah, knipste er mit einem geduldigen Lächeln alle Lampen an, schüttelte unsere Decke aus und bedeutete mit einem Blick rundum, wie allein wir waren, und zufrieden legten wir uns wieder schlafen. In jener einen Nacht aber, in dem Jagdschloss von Udaipur, widersprach er nicht, als ich ihn mit den Worten aus tiefem Schlaf geschüttelt hatte: »Irgendjemand ist hier!« Tumultartige Geräusche aus dem Wohnzimmer drangen an sein Ohr. Von meiner Seite des Bettes aus sah ich Licht, das aus der geöffneten Tür des Kühlschranks kam. Und in dem Licht stand tatsächlich ein Störenfried. Ein Pavian! Wir richteten uns auf im Bett – vielleicht sind wir auch hochgeschnellt – und waren gezwungen mitanzusehen, wie der Abscheuliche unseren Schinken abtastend in die Hände nahm, daran schnüffelte und unsere Kostbarkeit dann voller Abscheu auf den Boden warf. Dann ging er zur Wohnungstür, die offen stand, und stolzierte mit langen Schritten auf seinen muskulösen, haarigen Beinen in die Dunkelheit hinaus. Es ist anzunehmen, dass es ihm zuvor gelungen war, seinen schlanken Arm durch ein offenes Fenster zu schieben und mit der Geschicklichkeit eines Houdini das Türschloss zu entriegeln. Ich bin mir sicher, dass er dies nicht das erste Mal getan hatte. Da der Bursche keine Manieren besaß und die Tür hinter sich offen gelassen hatte, stieg ich aus dem Bett, schloss die Tür, verriegelte sie wieder und machte auch das Fenster zu.

Schinken gehörte zweifelsohne nicht zu des Einbrechers Lieblingsspeisen. Zu unserer Erleichterung hatte er seine starken Zähne nicht in das rauchig duftende Fleisch versenkt. Er muss wohl erkannt haben, dass er in einen Raum mit Ausländern geraten war, und der Gestank von Räucherschinken, den er da in seinen langen Fingern hielt, passte nicht in die Gerüche seiner Erinnerung.

Nach eingehender Untersuchung des Fleisches und intensivem Abreiben mit feuchten Tüchern stellten wir dem Schinken das Zeugnis »durchaus genießbar« aus, legten ihn in den Frigidaire zurück und schoben einen schweren Tisch vor die weiße Tür, als Schutz vor erneuter Invasion.

Der deutsche Schinken sollte auch noch in den folgenden Wochen auf unerwartetes Interesse stoßen. In unserem Geländewagen steckten zwar Buschmesser mit scharfen Klingen, aber Teller oder andere Gerätschaften hatte keiner mitgebracht, und so kam einer der Männer aus der Filmcrew auf die einleuchtende Idee, eine der Straßenküchen anzusteuern und als Gegenleistung für ein paar Münzen die notwendigen Utensilien für unseren Imbiss auszuleihen. Schon der erste Gastwirt an einer der Garküchen lieh uns bereitwillig alles aus, schien sich aber verwundert zu fragen, warum wir wohl nicht bei ihm dinieren wollten. Teller, Messer und Gabeln wurden auf einen der Holztische gelegt, die neben der Landstraße standen. Wir holten unseren Schinkenschatz hervor, säbelten dicke Scheiben von ihm ab und belegten damit die ausgeliehenen Teller.

Der schnauzbärtige Straßenkoch riss die Augen entsetzt auf und sah uns grimmig an. Er zeigte auf den Schinken und verlangte lautstark, seine Teller davon zu befreien. Dann rief er seinen Helfer herbei. Rasend schnell räumten die beiden Männer ihre Teller und Bestecke ab. Empört warf der Schnauzbart unsere Münzen vor uns hin. Mit wilden Gesten, wütend, forderte er uns auf, sein Lokal auf der Stelle zu verlassen.

Wie naiv und dumm wir doch gewesen sind! Hatten wir denn nicht gewusst, dass einem Hindu der Verzehr von Fleisch verboten ist? Und hätten wir uns denn nicht denken können, dass dieses Straßenkoches Teller nie zuvor verunreinigt geworden waren? Durch Schweinefleisch? Was wir uns hatten zuschulden kommen lassen, war für den Mann der Gipfel der Abscheulichkeit. Beschämt packten wir den Schinken zurück in seine Kiste und beteuerten dabei, wie leid uns das tat, alles, besonders unsere zu spät erkannte Gedankenlosigkeit. Als sich unsere Wagen von seinem Lokal fortbewegten, stand der Mann mit erhobener Faust am Straßenrand.

In der nächsten Stadt kauften wir Plastikteller, und während der kommenden Wochen verzehrten wir hungrig und ohne nochmals Anstoß zu erregen unsere Kostbarkeit aus dem deutschen Norden.

Mittagspause am Straßenrand

In der Absicht, einen Schwarm Vögel im Flug aufzunehmen, hatte ich Ellbogen und Kamera auf das Fensterbrett gestützt, doch dann spürte ich ein sanftes Schwanken in dem Boot. Im selben Augenblick war die Formation der Vögel über dem See aus meinem Sucher verschwunden. Den Geräuschen aus dem Nebenraum und der veränderten Lage des Bootes nach zu urteilen, war ich nicht so allein, wie ich geglaubt hatte. Beim Eintreten in den Raum aus Sandelholz, der uns als Wohnzimmer diente, fand ich den Grund für den verpassten Schuss. Im Begriff, sein Gewand glatt zu streichen, ließ sich mein Besucher mit gekreuzten Beinen gemächlich auf dem Boden nieder. Der kleine Mann mit dunklem Bart und weißem Kaftan schien unser Wohnzimmer als seinen persönlichen Flohmarkt zu betrachten. Gewänder, Schüsseln, Töpfe und Pfannen, Kupferkessel, mottenzerfressene Pelze (von welchem Tier sie stammten, konnte ich nicht erraten) warteten auf den Nachweis meines Talentes, wenn es ums Feilschen ging.

Die Stadt Srinagar in der Provinz Jammu-and-Kashmir war seit eh und je die bevorzugte Kulisse britischer Filme und romantischer Romane aus der Zeit von Queen Victoria und ihren Offizieren. Ich liebe diese Geschichten, wie sie Engländer erzählen, und wenn ich einen Tagtraum träumte, sah ich mich genießerisch zurückgelehnt, in einem strahlend weißen Leinenkleid, unter einem verführend schönen Sonnenhut, im Schatten der Terrasse eines reichverzierten Hausbootes auf dem Dal-See, während ein unwiederbringlicher Sonnenuntergang die Himalayas beleuchtet. Mein wagemutiger blonder Mann mit seinen strahlend blauen Augen – auch er trägt einen schönen Anzug aus weißem Leinen, der allerdings verknitterter als mein Leinenkleid ist – lässt sich bei mir nieder, ein Diener bringt uns kalte Gin Tonics, und aus dem Hintergrund ist der Song *I don't want to set the World on Fire* zu hören. Als der Tag sich neigt, bringen schweigsame Diener in silbernen Schalen ein köstliches Mahl auf unsere Bootsterrasse, und im Kristall der Gläser bricht sich Kerzenlicht.

Der Trödler und sein Tand passten nicht in dieses Bild frivoler Träume. Der kleine Mann bestand darauf, und dies mit einem wahren Schwall von Worten, mir einen seiner mottenlöcherigen Pelze anzudrehen. Als er sich weigerte, seine Schätze einzupacken und zu verschwinden, winkte ich zum Nachbarschiff hinüber, auf dem der Besitzer der Hausboote im Begriff war, seinen Tee zu schlürfen. Mit schneller Bewegung sprang er in eines dieser flachen Boote und ruderte mir zu Hilfe. Er befahl dem schwarzbärtigen Handelsmann, der sich als sein Cousin herausstellte, den Trödelkram in sein Boot zu packen und sich ein anderes Opfer zu suchen. Einer Einladung folgend, die ich nicht ausgesprochen hatte, machte es sich der Hausbootvermieter zwischen den Kissen des Sofas bequem und stellte die Frage, ob er mich denn nicht an jemanden erinnere. Ich wusste nicht, an wen, und schüttelte den Kopf. »Ihr Mann ist Schauspieler, also interessieren Sie sich vermutlich doch für Filme«, warf er ein.

»Allerdings«, sagte ich, »wir gehen oft ins Kino.«

»Erinnere ich Sie denn nicht an Errol Flynn?«, rief der Vermieter und voller Überzeugung fügte er noch an: »Alle Menschen aus dem Westen, die hierher kommen, beteuern mir, ich sähe aus wie Errol Flynn!«

Nichts konnte ferner sein als das, jedoch, mein Lachen unterdrückend, bestätigte ich dem eitlen Herrn der Boote, dass eine gewisse Ähnlichkeit zwischen seinem Schnauzbart und dem weltberühmten Bärtchen, das Flynn getragen hatte, nicht zu leugnen sei. Ein Anflug von Genugtuung huschte über sein Gesicht.

Es war Zeit, dem Unsinn ein Ende zu bereiten, also holte ich meine Kameratasche und verstaute sie in einem kleinen Boot unter der Terrasse. Wir hatten den Outboarder gemietet, weil ich von der Mitte des Sees aus eine späte Sonne fotografieren wollte, die hinter den Gipfeln des Himalaya versank. Der falsche Errol bot sich an, den Kahn zu steuern, und während ich ihm noch bedeutete, dass ich von Kindesbeinen an mit Booten umzugehen wüsste, sprang er bereits in den flachen Kahn und war nicht mehr daraus zu verbannen. Seufzend fügte ich mich in mein Schicksal, nicht aber ohne anzuordnen, dass er still sitzen zu bleiben habe auf seinem Brett, und ich würde fuchsteufelswild werden, rief ich ihm zu, wenn er meine Arbeit auch nur durch das geringste Schwanken des Bootes behindern würde.

Hausboot in Kashmir

Früher am Tag hatten Hardy und ich ein Haus besichtigen wollen, in dem, einer Legende der Bevölkerung von Srinagar zufolge, Jesus Christus, umringt von seiner Frau Maria Magdalena und deren fünf Kindern, im hohen Alter verstorben sei. Das Haus war verschlossen gewesen, und Hardy hatte sich in der Stadt auf die Suche nach jemandem begeben, der einen Schlüssel hatte.

Verärgert stieg ich in das Boot und sah mit an, wie der Ersatz-Errol den Kahn durch die Wasserlilien hindurch zu einem Hausboot lenkte und seine Frau ans Küchenfenster rief. Hinter ihr bereiteten zwei Mädchen herrlich duftende Speisen zu. Errols Frau sagte, dass dies ihre Nichten seien, und als ich zwischen dampfenden Kochtöpfen ein paar Aufnahmen von ihnen machte, winkten alle drei mir lachend zu.

Enttäuscht musste ich mir sagen, dass mir der See in meinen englischen Romanen unvergleichlich viel schöner erschienen war. Eine Dürre hatte den Wasserspiegel sinken lassen, und die meisten Boote lagen auf dem Trockenen. Viele von ihnen steckten im Schlamm fest und waren nur über Holzplanken vom Ufer aus zu erreichen. Algen wuchsen in Hülle und Fülle, und dennoch sah ich mit an, wie junge Mädchen ihre Künste auf Wasserski versuchten.

Als die Sonne orangerot glühend im Sucher meiner Kamera über Gletschern stand, wanderten meine Gedanken zu einer frühen Morgenstunde zurück, in deren Licht Hardy und ich die berühmten Shalimar-Gärten zu finden suchten. Ein Mogul hatte diese Gärten für seinen Harem angelegt, hieß es, und solche Schönheit suche ihresgleichen. Auf der Suche nach den Gärten waren wir von der Straße abgekommen und wanderten über einen Sandweg hin. Hinter einem Hügel stieg eine Wolke dichten Staubes auf, und urplötzlich stürzte, aus der Wolke heraus, eine Bande verblüffend bunt und gold gekleideter, schwarzhaariger, unwirklich aussehender, wild dreinblickender Zigeuner auf uns zu.

Ein Mann, stattlich, dunkelhäutig, lief mit weiten Schritten an uns vorüber. An seiner Seite hatte er eine Frau, wahrhaft schön, schwarz gelockt, mit einer Aura wilder Erotik, die sie wie Wellen um sich her verbreitete. Ihr wiegender Gang, bei dem sie das Haar immer wieder in den Nacken warf, und die Blicke, die sie ihrem Begleiter zuwarf, wurden zu einem Bild unverhüllter Sexualität. Der Mann bedachte uns mit einem kurzen, stechenden Blick, dann sah er seine Frau an und anschließend wieder uns, als wolle er den Fremden am Straßenrand zurufen: Diese Frau wird von mir besessen! Jeder andere hält sich besser von ihr fern! Die Schritte der beiden waren voller Schwung, und als der Mann den Arm um den Hals der Frau legte und sie zu sich heranzog, hüpften ihre Brüste. Kühe und Ziegen liefen um die beiden Zigeuner herum, und die ganze Herde war mit Girlanden geschmückt. Alle, das wilde Paar ebenso wie der Rest der Bande, die der Herde folgte, Männer, Frauen und Kinder, waren mit einer ursprünglichen Eleganz gekleidet. Wir fragten uns, welches Ziel wohl am Ende des Weges dieser Hirten lag. »Ihre Stallungen im Ort«, gab uns eine Frau später in den Gärten von Shalimar zu verstehen, »die Zigeuner feiern den Viehabtrieb von unseren Bergen, vor dem Winter.«

Meine Gedanken kehrten zu dem See zurück. Der falsche Errol hatte Wort gehalten. Unbewegt saß er auf dem Brett beim Außenborder.

Ich packte meine Kameras ein. Das Tageslicht verblasste. Hinter den Bergen war nur noch ein kleiner Rand der Sonne zu sehen. Errol brachte den Außenborder längsseits an das Hausboot, aus dessen reich verzierten Fenstern das sanfte Licht von Kerzen schien. Zu meiner Freude wartete HK auf mich, sein Anzug war nicht zerknittert, er trug ein Hemd, frisch gebügelt, aus weißem Leinen, wartend saß er in dem Raum aus Sandelholz, und den Tisch im Speisezimmer hatte er festlich mit Kerzen und Kristallen decken lassen. Von weither kam Sitar-Musik.

Die Fenster eines betagten Düsenflugzeugs umrahmten die schneebedeckten Gipfel des Himalaya. Unter der Maschine erstreckte sich eine Landschaft aus rötlich braunen Hügeln. Der Himmel war von einem verwaschenen Blau. Gäbe es die erhabenen Berggipfel nicht, ich hätte meinen können, wir befänden uns im Landeanflug auf Los

Angeles. Die eintönige sandbraune Farbe um den Flughafen herum erscheint mir hier wie dort die gleiche. Es beschlich mich das unbehagliche Gefühl, wir würden ein wenig schnell auf die Landebahn zubrausen, nein, nicht nur ein wenig, sondern sehr, sehr viel zu schnell, aber meine innere Stimme sagte: »Du verstehst doch nichts vom Fliegen, also sitz still und behalte deine Angst für dich.«

Der Pilot ließ das Fahrwerk hart auf das Rollfeld knallen. Bei dem Aufprall fiel mein Sitzkissen durch den Rahmen des Gestühls und ich landete mit den Knien unterm Kinn rücklings auf dem Boden. Es war erst wenige Monate zuvor gewesen, da hatte während einer Routineuntersuchung der Arzt beim Anblick meines Rückens auf einem Röntgenbild ausgerufen, was für eine schön geformte Wirbelsäule meinen Körper aufrecht halte! Ich hatte darüber lachen müssen und gemeint, so etwas habe noch nie jemand zu mir gesagt, jetzt aber war ich froh, dass meine schön geformte Wirbelsäule heil geblieben war, und im Nachhinein sagte ich meiner Mutter Dank für die richtige Kost, die in ihrer Tochter gesunde Knochen hatte wachsen lassen.

Die Zweistrahlige wurde scharf gebremst und kam mit quietschenden Rädern am Ende der sehr kurzen Landebahn zum Stehen. Beim Rollen auf dem Weg zurück schob sich ein Felsen in mein Fenster, auf dem geschrieben stand: DO OR DIE. Ich sah HK fragend an und er sagte: »Tu es oder stirb, was bedeutet: Die Luft über Tibet ist dünn, sie trägt ein Flugzeug nur bedingt. Wenn du also beim Start an der Stelle von DO OR DIE nicht abhebst, zerschellst du beim Pistenende an den Felsen. Und umgekehrt: Hast du bei der Landung vor DO OR DIE noch nicht aufgesetzt, zerbröselt es dich da hinten im Gestein.«

Auf der Gangway zum Vorfeld hinunter empfing uns frische trockene Luft unter einem diesig blauen Himmelsdom. Stühle säumten einen Weg, der zu einem kleinen Haus führte, in dem ich beides, Empfang und Abfertigung, vermutete. Das Vorfeld eines Flugplatzes erschien mir auf den ersten Blick ein verwunderlicher Platz für Stühle, dann aber fiel mir die Höhenlage ein: 4000 Meter, und wie zur Bestätigung sah ich, dass einige der Passagiere sich auf den Stühlen niederließen, weil sie ein paar tiefe Atemzüge Luft brauchten und es langsam angehen mussten, hier, auf diesem Hochplateau von Ladakh.

Klein-Tibet, wie Ladakh auch genannt wird, ist die nördlichste und wohl auch die entlegenste Region Indiens. Die felsige, farblose Mondlandschaft ist regenarm und die Luft ist spürbar trocken. Es mangelt ihr an Sauerstoff, was mich schon bei den ersten Schritten kurz und hastig atmen ließ.

Ob in den Anden oder den Rocky Mountains, große Höhen machen mich euphorisch, und es ist gut möglich, dass es der Mangel an Sauerstoff ist, dass es an dem verwirrend kurzen, schnellen Atmen liegt, wenn ich in großen Höhen ungewöhnliche Ereignisse erwarte.

Mit der glücklichen Aussicht auf eine ganze Woche in Tibet suchten wir auf dem Gepäckwagen nach unseren Taschen. Wir ergatterten ein altersschwaches Taxi und brachen zu einem *sarai* auf, einem Zeltlager am Rande der Stadt Leh.

Wenige Tage zuvor, in Bombay, waren wir zu Gast bei dem Regisseur Shekhar Kapur gewesen, und bei seiner Metha, einer wahrhaft schönen Frau. Die beiden hatten von dem indischen Tibet geschwärmt. »Wenn ihr der Königin von Ladakh begegnet, dann überbringt ihr unsere Grüße«, hatte Shekhar gesagt, und an Hardy gewandt hinzugefügt: »Für eine deiner Erzählungen könnte die Königin zur Quelle werden, die, wenn du's richtig anstellst, nicht versiegt.«

Es ist bekannt, dass Herrschertitel schon bei der Gründung der Indischen Union abgelegt werden mussten, doch das hinderte die Menschen nicht daran, einem beliebten Maharadscha oder einer Vaterfigur von König die Treue zu halten und die Herrscher vergangener Zeiten auch in einer Demokratie heimlich weiter zu verehren. Bei Arvind Mewar in Udaipur hatten wir das schon erlebt, und ich fragte mich, welche Frau sich wohl hinter der Königin von Ladakh verbarg.

Bis zum Sarai war es nur ein kurzer Weg. Wir wurden freundlich in einem Zelt begrüßt, groß und rund, es sah aus wie ein Versammlungsraum oder Speisesaal, und um diesen Mittelpunkt herum gruppierten sich andere runde Bauten, Schlafzelte allesamt, für die ein Tibeter das Wort *yurk* gebraucht.

Jedes dieser Yurks hatte ein blitzsauberes Bad, und Sonnenenergie sorgte für warmes Wasser. Am Ende einer langen Wanderung über Felsen, durch Staub und dünne Luft, ist heißes Wasser aus der Dusche ein wahrhaft himmlischer Genuss.

Wir holten Luft, mehrmals, tief, und machten uns auf, die Königin zu finden. Nach einigem Herumirren standen wir vor Würdenträgern in ihren Amtsstuben, die Englisch sprachen, und erkundigten uns bei ihnen nach der Frau, die einst die Herrscherin im Palast von Leh gewesen war, doch heute nicht mehr darin lebte. Als wir einen Mönch in erdroter Robe trafen, fragten wir auch ihn. Shekhar Kapur hatte mit großer Hochachtung davon gesprochen, dass die Königin von Ladakh auch die Herrscherin über alle Tempel im indischen Tibet sei, vor Jahren ebenso wie heute, und dass auch die Buddhisten in den Klöstern aus freien Stücken dem Gebot der Königin gehorchten, doch als wir nun in den Gassen von Leh einen ihrer Mönche fragten, wo die

Zeltlager am Fuß des Himalaya

Geheimnisvolle lebte oder auf welche Weise sie anzutreffen sei, lief er eilig fort.

Die alte Stadt Leh ist ein wahres Labyrinth aus Straßen, die sich vom Tal aus über steile Hänge himmelwärts zu recken scheinen. Über allem thront der Leh-Palast. Als ich zu ihm hinaufsah, musste ich an Lhasa denken, an das eindrucksvolle Gebäude, das ich in vielen Lexika gesehen hatte und in dem der Dalai Lama bis zu seiner Flucht vor den Chinesen heimisch gewesen war.

Unten, auf den Gehsteigen im flachen Teil der Stadt, hatten fleißige Händler ihre Stände aufgebaut. Ein Schuster, auf einem niedrigen Hocker sitzend, spannte Leder über einen Leisten. Roter Stoff lief durch die Nähmaschine des Straßenschneiders. In einer Schale neben ihm lagen goldbemalte Knöpfe, wie sie an der schweren Wollkleidung der meisten Menschen in diesen Straßen zu bewundern sind. Kräftige Hände eines Handwerkers hämmerten zu Löffeln, was ursprünglich ein Stück Blech gewesen war. Nicht viel weiter auf dem Weg standen

Straßenmarkt im höchsten Norden Indiens

Töpfe zum Verkauf. Ein Schreiner hobelte Bretter für einen Tisch zurecht, und Späne aus seinem Hobel glitten durch die Luft. Gemüsefrauen trugen Hüte, die wie umgekehrte Körbe aussahen und an den Seiten Flügel trugen. Mütter mit Kindern standen vor langen Reihen sorgsam aufgeschichteten Gemüses. Alle Menschen trugen wollene Kleidung, dickgestrickt. Ihre Gesichter schienen wie gegerbt und legten Zeugnis ab von dem rauhen Klima unter den Felsen. Durch das geschäftige Treiben bahnte sich hie und da auch einmal eine Kuh gemächlich ihren Weg. Wenn es vorkam, dass so eine Kuh vor einem der seltenen Automobile stehen blieb, drückte der Fahrer erst nach Minuten geduldigen Wartens auf die Hupe. Die Menschen schienen sich Zeit zu nehmen, ich hielt sie für ausgeglichen und bei ihrer Arbeit gut gelaunt.

Tag für Tag erforschten wir das Leben von Ladakh. Wir wanderten zu dem Kloster Lamayuru hinaus, das abseits von Leh zwischen unwirtlichen Felsen liegt, und hörten den Gesängen der Buddhisten zu.

Abends, auf dem Heimweg, sahen wir das Licht der Öllaternen um die runden Zelte des Sarai schon von weitem und freuten uns auf den warmen Essraum in dem großen Yurk mit seinen Kissen vor dem runden Tisch. Die Küche des Sarai servierte vegetarische Speisen, die gut gewürzt und schmackhaft waren. Gerichte aus den unterschiedlichsten Regionen Indiens wechselten mit chinesischen Speisen ab. Ein Eintopf, dessen Zutaten ich auf einen Zettel kritzelte, war eine Mischung aus Linsen, Rosenkohl und grünen Bohnen. Die cremige Gemüsesauce war mit Senfkörnern, gehacktem Knoblauch, Bockshornklee-Samen, rotem Chilipulver und einem kleingehackten grünen Kraut gewürzt, das Petersilie ähnlich sah, jedoch süßlich und nach Zitrone schmeckte und, wie ich später herausfand, Kari heißt.

Nach einem langen Tag ausgedehnter Streifzüge in dünner Höhenluft sahen wir einer Sonne zu, die in Windeseile unterging und einem Mond Platz machte, der in einen schwarzen, von Diamanten übersäten Himmel Einzug hielt. Unser Bett war eine steinharte Matratze mit fast unerträglich schweren Wolldecken darüber. Wenn wir die Decken über uns zogen, nahm es uns das letzte bisschen Atem. Von

In der Welt der Buddhisten

der Zeltdecke hing ein Seil herab. Als wir daran zogen, öffnete sich ein kreisrundes Loch und, als wär' es Zauberei, erstrahlten alle Sterne der Himalayas ganz allein für uns. Vom Himmelszelt fiel eisigkalte Luft durch die runde Öffnung auf uns nieder. Blitzschnell krochen wir unter unsere Decken und sagten, lachend, bibbernd, den Tibetern Dank für das, was jetzt tonnenschwer auf unseren Körpern lag.

Am letzten Abend kam eine Überraschung auf uns zu. Wir waren etwas bedrückt ins Essenszelt gekommen, denn der Wunsch, die Königin zu sehen, sollte nicht in Erfüllung gehen. So glaubten wir. Doch als wir uns auf den Kissen niederließen, stand die Überraschung urplötzlich vor unserem Tisch. Der Mann hatte ein sonnengegerbtes Gesicht und war mit einem dicken Wollmantel angetan, auf dem eine bunte Schärpe neben goldenen Knöpfen leuchtete. Er sei ein Bote der Königin, ließ der Mann uns wissen, und die Königin sei bereit, uns zu empfangen.

Wir sprangen auf, holten unsere Taschenlampen herbei und folgten dem Boten in die schwarze, diamantenfunkelnd eisigkalte Nacht.

Der Mann lief uns auf einem unebenen Pfad voran, steil einen Hang hinauf, wie eine Bergziege, mit sicheren Schritten. Es ihm gleich zu tun wurde zur Herausforderung. Ich hatte aus dem Flugzeug, auf dem Weg von Bombay nach Ladakh, eine Erkältung und einen harten Husten mitgebracht, und Kurzatmigkeit ließ mir den Kopf federleicht erscheinen. Meine Augen suchten die Finsternis vor uns nach einem Anzeichen menschlichen Daseins ab, doch es gab endlos lange Zeit keines zu entdecken. Dann, unverhofft, stieg ein Palast aus Lehmziegeln und dunklen Balken vor uns auf. Mehrstöckig stand das Gebäude an einem steilen Hang. Nicht das geringste Anzeichen von Licht, mochte es von einer Kerze kommen oder hinter einem Lampenschirm hervor, war hinter Fensterläden auszumachen.

Wir folgten dem Tibeter ins Innere des Hauses und eine steile Treppe hoch. Der Strahl unserer Taschenlampen malte helle Punkte in die Dunkelheit. Unsicher liefen wir durch ein Labyrinth kleiner Räume mit unebenen Fußböden und schiefen Türschwellen. Beim Anstieg über eine weitere Treppe fragte ich den Tibeter, wie alt dieser Palast

Die Königin von Ladakh

wohl sei, und als er erklärte, er stamme aus dem 16. Jahrhundert, war dies eine gute Mitteilung für mich, denn auch wir wohnen in einem Haus aus Holz und auch bei uns daheim sind Böden uneben und die eine oder andere Türschwelle ist schief, und wenn dieser Wohnpalast schon seit Jahrhunderten so schief dastand, brauchte ich mir keine Sorgen mehr über unser Blockhütte zu machen, die erst seit zwanzig Jahren in den Wäldern Kaliforniens steht.

Wir mussten noch ein paar steile Treppen weiter in das Innere des Labyrinths hinauf, aber dann bückte sich der Bote durch eine schiefe Tür hindurch und ging in einen Raum hinein, der mit tibetischen Stoffen ausgekleidet war. Das Licht meiner Taschenlampe fiel auf einen Holzaltar, der mit einem verschlungenen Muster bemalt war. Der Tibeter zündete Kerzen an und bat uns, auf zwei Hockern vor dem Altar Platz zu nehmen. Kurz danach kam, schweigend, vom entfernten Ende des Raumes eine Frau durch die Dunkelheit. Sie trug ihr Haar mit einem Schal bedeckt. Im Flackern der Kerzen sah ihr Gesicht ebenso tibetisch wie mongolisch aus. Die Frau setzte sich mit gekreuzten Beinen hinter dem Altar auf einen Teppich aus vielfarbig gewebter Wolle. Ihre Bewegungen waren sanft und anmutig, sie lächelte verhalten, und ihre dunkelbraunen Augen strahlten Ruhe aus. Das Kerzenlicht ließ sie jünger erscheinen, als sie vermutlich war. Wir sprachen keine gemeinsame Sprache, und so übersetzte der Bote für uns. Hardy berichtete von seinen gefilmten Erzählungen, sagte, es gehe darin um Menschen aller Länder, und es sei seine Hoffnung, dass Ihre Majestät seinen Leuten daheim von den Menschen in Ladakh erzähle.

Sie hörte zu, mit großem Ernst, und erklärte dann mithilfe ihres Bediensteten, sie sei eine eher schüchterne Person und an einem derartigen Projekt habe sie noch nie teilgenommen. Andererseits aber, sagte sie, würde sie die Arbeit an einem Film durchaus interessieren und möglicherweise würde dies ihr Leben ja sogar bereichern. Mit einem Lachen fügte sie hinzu, sie sei sich allerdings nicht sicher, ob sie schauspielern könne, und einen Text auswendig zu lernen sei ihr vermutlich gar nicht möglich. Der Bote lächelte sie an und schlug vor, sie könne ja bis zum Eintreffen der Filmcrew mit ihm üben. Sie erwiderte sein Lächeln und meinte, dass dies sehr freundlich von ihm sei. Ich sah, wie sie miteinander sprachen, und erkannte eine wahre Zuneigung, die sie füreinander fühlten. Hardy meinte, die Königin habe nichts anderes als sie selbst zu sein, von Schauspielerei sei keine Rede und es käme ihm niemals in den Sinn, einen Text für sie zu schreiben. Schließlich gehe es ja um die Geschichte ihres Landes, sagte er, die sie vor der Kamera erzähle, und zwar mit ihren eigenen Worten.

Da sich die nächsten Folgen der Fernsehreihe noch in der Phase der Planung befanden, wussten wir nicht, wann wir wiederkommen würden, versprachen aber, der Königin bald einen Brief zu schicken und sie über den Stand der Vorbereitungen auf dem Laufenden zu halten. Wir waren froh, die Zusage dieser geheimnisvollen Person zu haben, dankten ihr von Herzen und nahmen ihre Einladung, zum Abschluss dieses Tages eine Tasse Tee mit ihr zu trinken, glücklich an.

Später war es abermals der Vertraute der Königin, der uns durch eine dunkle Nacht den steinigen Pfad hinunter zu unserem Lager brachte. In dem schummerigen Licht unseres Yurk drehten wir den Schraubverschluss einer Flasche Cognac auf, die wir seit New Delhi in unserem Gepäck hatten. Das Feuerwasser war für eine besondere Gelegenheit gedacht, und dies hier war so eine, nicht nur wegen unseres Erfolges bei der Königin, wie sich denken ließe, sondern ganz besonders wegen der Eiseskälte, die uns im Palast und auf dem Rückweg zum Sarai in die Knochen gekrochen war. Ich musste zum zweiten Mal an diesem Tag an unser Blockhaus aus dem 20. Jahrhundert denken und an die Kamine, die unser Heim in kalten Wintern wärmten. Wir gossen nur einen Finger breit von dem Brandy in unsere Zinnbecher, die ebenso wie die starken Taschenlampen und die Buschmesser bei allen Reisen in unseren Ledertaschen stecken. Einen zweiten Finger breit vom Brandy wagten wir nicht zu riskieren, denn keiner von uns wollte mit einem himalayanischen Kopfschmerz am kommenden Morgen erwachen, der sich bei der Höhenlage von Ladakh garantiert einstellen würde. Wir stießen die Zinnbecher aneinander, riefen den Toast aus, der sonst nur bei Engländern üblich ist: »The Queen!«, zogen an dem Seil, das in der kreisrunden Öffnung über uns eine Milliarde Sterne sehen ließ, und streckten uns unter tonnen-schweren Decken mit dem Gedanken aus, was wohl der nächste Tag uns bringen würde.

Wir brauchten einen erhöhten Standpunkt für die Kamera und bauten uns ein Holzpodest. Auf der Suche nach einem Dorf für die Eröffnungssequenz des Films über Kerala, im tiefen Süden Indiens, hatten wir etwas besonders Exotisches gefunden. Herrlich grün belaubte Bäume umstanden einen Bach, der sich seinen Weg zum Dorf-platz bahnte. Es ging auf Mittag zu. Sandige Pfade zwischen geduck-ten Häusern waren menschenleer, ein Bild, das in Indien selten ist. Ich dachte mir, es muss in einem solchen Dorf doch selbst um diese Stun-de Leben geben oder ein Motiv, das ich für meine Arbeit brauchen konnte, und machte mich auf, danach zu suchen. Abseits der gepflas-terten Straße lagen alle Wege staubig da. Häuser aus Lehmziegeln waren in heller Ockerfarbe angestrichen. Eine enge Gasse wand sich, schlangengleich, zur anderen Seite des Dorfplatzes zurück. Vor einem zweistöckigen Haus stand ein Fahnenmast, von dem die Flagge Indiens schlaff herunterhing. Durch einen Torhof kam eine Gruppe halb-wüchsiger Burschen auf den Platz hinausgelaufen. Sie rannten auf mich zu und zogen eine Wolke grauen Staubes hinter sich her. Es gelang mir noch rechtzeitig, die Kamera unter mein Buschhemd zu halten, bevor die Staubwolke mich erreichte. Von weitem war ein Gong zu hören, und gleich darauf sah ich, wie mehr und mehr Knaben aus den Türen der ockerfarbenen Gebäude stürzten. Es waren Knaben jeden Alters, Hunderte müssen es gewesen sein, und sie liefen mit hellen Schreien auf mich zu. Ich sagte mir, dass dies eine Schule sei und dass sie zur Mittagspause ihre Tore öffnet und dass die Schüler minderjährig seien, doch dann sah ich, wie aus dem Torhof eines düster dreinblickenden Hauses eine Anzahl Burschen kam, die das Knabenalter lange schon verlassen hatten. Junge Männer waren das, und als sie mich erblickten, verlangsamten sie ihre Schritte, und die Art, mit der sie sich mir näher-ten, nahm einen fast drohenden Charakter an. Alle von ihnen, Knaben ebenso wie Männer, trugen weiße Hemden zu schwarzen Hosen, und ihre Mienen schienen mich zu fragen, was wohl eine Frau, allein, schutzlos und mit einer hellen Haut, mitten auf dem Platz vor ihrer Schule wolle. Als Antwort fiel mir ein, auf meine Kamera zu deuten, mit einem Lächeln tat ich das, erst auf die Kamera und dann auf sie, um zu sagen: »Ich mache Fotos hier und sonst gar nichts.« Mehr und mehr Burschen kamen angelaufen und begannen sich gegenseitig zu schubsen und zu zerren und zu lachen und ein Geheul auszustoßen, und was sich da an mich drängte, musste eine Menschenmasse sein, die an die Tausend zählte. Die Männer begannen, nach mir zu greifen und mich zu kneifen. Meine innere Stimme rief: »Mach was! Und zwar schnell.« Ich schaltete den automatischen Blitz ein und richtete die Kamera auf ihre Gesichter und auf die langen schwarzen Haare und begann, die Rowdies zu fotografieren. Das schuf Stillstand und Schweigen, allerdings nicht länger als ein paar Sekunden lang. Dann trat mir einer der Kerle von hinten die Beine weg, und andere prügelten auf mich ein, prügelten meine Arme und prügelten meinen Rücken. Ich stürzte in den Staub, lag auf dem Boden, sah die Stiefel, sah die schwarzen Hosenbeine, hörte das Geschrei und hörte auch mein Herz. Ich hörte, wie mein Herz zum Zerbersten schlug.

Weit entfernt, am Bach und von dem Podest der Kamera herunter, sieht Hardy, wie eine Masse junger Burschen eilig zu dem Dorfplatz strömt. Er sieht das mit Verwunderung. Für gewöhnlich sind Dorfbewohner, ganz gleich in welchen Ländern dieser Welt, von einer Filmkamera magnetisch angezogen. An anderen Tagen stehen Menschen wie Trauben, dichtgedrängt, hinter der Absperrung, sehen stundenlang den Filmarbeiten zu, finden exotisch, was da vor sich geht. An allen anderen Tagen ist das so, sagt sich der Mann auf dem Podest. Immer. Warum nicht jetzt? Er sieht sich um. Seine Crew ist drehbereit. Nur die Fotografin ist nicht, wo sie hingehört. Nachdenklich steigt er zum Bach hinunter. Folgt den Burschen auf dem Weg zum Dorfplatz hin. Hört das Gejohle der erregten Masse. Sieht, wie Männer auf etwas eintreten, das am Boden liegt. Weiß sofort, wer dieses Etwas ist. Mit wilder Wut stürzt er sich in die Menge, lässt die Fäuste fliegen, links und rechts, findet den staubbedeckten Körper seiner Frau, greift nach dem Kerl, der zu ihren Füssen kauert, schlägt ihm ins Gesicht, schlägt ihn hart, hebt die Verängstigte vom Boden auf, rennt neben ihr zum Geländewagen, sieht sich nach der hasserfüllten Menge um, brüllt seiner Crew entgegen, alles einzupacken, ohne Aufschub, schnell, und im Konvoi aus dem Dorf zu fahren.

Am Abend traf ich mich mit Protima zum Tee. Protima ist eine indische Tempeltänzerin. In dem Film über Kerala war sie die Hauptperson. Die Szene auf dem Dorfplatz hatte sie von ihrem Wagen aus mitangesehen. Meine erste Frage an dem Abend war, was ihrer Ansicht nach junge Inder zu so gewalttätiger Handlung treiben könne, und als sie erwiderte, Männer in abgelegenen Gegenden hätten eben keinen Respekt vor einer weißen Frau, gab ich zu verstehen, dass dies für mich keine befriedigende Erklärung sei. »Wenn ein indischer Mann auf sich allein gestellt einer indischen Frau begegnet«, sagte Protima, »ist er gehemmt, schüchtern, zart. Kaum aber ist der gleiche Mann einer von vielen, befindet sich in einer Gruppe Gleichgesinnter, so will er die anderen mit seiner Maskulinität übertrumpfen. Er wird aggressiv und fordernd und wetteifert mit den anderen Männern um den Respekt der Frau.«

Hundert Antworten liefen durch meinen Kopf. Ich sagte mir: »Dumpfe Maskulinität umschreibt das Gehabe dieser Sorte Mann sehr viel besser, und Worte wie Einschüchterung oder Unterwürfigkeit sollten das Wort Respekt ersetzen.«

Protima trank ihren Tee und empfahl mir, in Zukunft vorsichtiger zu sein. Ich musste lachen, denn eine Stunde zuvor hatte mich mein galanter Retter bereits an unsere Abmachung erinnert, die da lautete: Stets in Sichtweite der Kamera-Crew bleiben und, falls dies nicht möglich ist, Sichtweite durch Hörweite ersetzen.

Sichtweite, Hörweite. Leicht gesagt, doch oftmals schwer getan. Denn es ist ja so: Am Ende eines jeden Weges, hinter jedem Hügel wartet ein Bild auf mich, ich muss das Foto haben, und in Sichtweite bleiben bedeutet das Ende jeder Freude an meiner Art, die Welt zu sehen.

Protima

Einmal, während Dreharbeiten im wilden Norden Kanadas, hatte mich mein Angetrauter vor den gefletschten Zähnen eines Schäferhundes der Mounties retten müssen. Es war wieder einmal eine von diesen Stunden gewesen, in denen HK mich schon länger nicht mehr hatte sehen können, weil er mit einem der rotberockten Polizisten vor seiner Kamera eine Szene drehte, doch den gellenden Schrei aus meiner Kehle hatte er gehört, und er war auf die gleiche Weise und in Weltrekordzeit, gewissermaßen als Sprinter, bei mir angekommen, wie an dem Morgen, als ich bis zum Hals in einem Schneeloch versunken war.

Gleißendes Licht über den Rockies hatte das Eis eines Gletschers in vielen Farben leuchten lassen, es war ein Bild, das ich wie ein Geschenk hinnahm, voller Übereifer hatte ich die vereiste Landstraße verlassen und war schon beim zweiten Schritt bis zum Hals in wunderbar weichem, reinem, weißem Schnee versunken. Mit jedem Versuch, mich aus meinem Gefängnis zu befreien, sank ich tiefer in das Loch hinein. Der glitzernde Schnee schien meinen Hilferuf zu dämpfen und ich flüsterte vor mich hin: »Außer Sichtweite … von Hörweite wollen wir erst gar nicht reden.«

In New Delhi liefen wir eingehüllt in eine Hitze, die mich zu erdrücken schien. Die Luft legte sich auf uns wie ein Schleier, der schwer und orangefarben war. Schwindelanfälle kamen und gingen, und ich gestand mir ein, dass ich froh war, mich aus diesem Smog am nächsten Tag befreien zu können. Die letzte Sequenz für *Weltenbummler* in Indien war abgedreht und die Büchsen mit dem belichteten Negativ wurden um diese Zeit zum Flughafen gebracht. Morgen Abend würden sie, wenn alles gut ging, in der Kopieranstalt in Hamburg sein. Auch die Crew war gebucht auf dieser Maschine, ich aber hatte den Anführer der Bande beiseite genommen und eine Bitte vorgetragen. Es war mein Wunsch gewesen, vor unserer Heimreise den Zug nach Agra zu besteigen. Wie traurig wäre ich gewesen, wie enttäuscht, wenn wir Indien verlassen hätten, ohne das wundersam betörende Taj Mahal in uns aufgenommen zu haben. Mein Wunsch wurde mir erfüllt.

Der Zug traf schon am Morgen in Agra ein, aber wir hatten uns zurechtgeträumt, das Taj Mahal das erste Mal in unserem Leben zu bewundern, wenn die Sonne über den weißen Türmen unterging, und weil es in Agra auch noch das Rote Fort zu besichtigen gibt, was weltweit als ein architektonisches Juwel gepriesen wird, machten wir uns vom Bahnhof aus zunächst auf den Weg dorthin.

Vor dem Tor zum Fort wartete ein dürrer, kleiner Mann. Er trug einen weißen Turban und war mit dem traditionellen weiten indischen Baumwollgewand angetan. Neben ihm, an eine Besucherbank gelehnt, stand ein knorriger Wanderstab.

Ich hatte einen Reiseführer in deutscher Sprache in der Hand, und mit der Überlegung, auf welcher Seite des Forts wir mit der Besichtigung beginnen sollten, sah ich erst zur linken Seite hin und dann nach rechts. Der kleine Mann nutzte die willkommene Gelegenheit, uns seinen Ausweis entgegenzuhalten, der mehrsprachig zu verstehen gab, dass dieser staatlich bestellte Tour Guide uns seine Dienste anbot. Nun ist es so, dass ein sorgsam ausgewähltes Buch über Sehenswürdigkeiten alles beinhaltet, was der Fremde zum Verständnis braucht, und im Grunde erwandern wir beide uns, Reiseführer in der Hand, stets abseits von Tour Guides und Touristengruppen die Schlösser, Burgen oder Paläste gern in selbstgewählter Stille, aber an diesem Tag fühlten wir uns müde, faul, nach langen Dreharbeiten für Anstöße von außen aufgeschlossen, und so nickten wir und fragten nach dem Preis. Der dürre Inder gab sich hocherfreut, und während wir dabei waren, eine beide Seiten zufrieden stellende Summe auszuhandeln, sah ich das Sonderbare an des Mannes Blick.

Sein rechtes Auge war nach links gerichtet, und das linke wanderte zum Himmel hoch. Es stellte sich die Frage, mit welchem von beiden ich in Kontakt treten sollte, oder, andersrum überlegt, welches seiner Augen ihm ein Bild von uns vermittelte. Das war eine schwierige Frage, die bis zur späteren Verabschiedung vorm Festungstor nicht zufriedenstellend beantwortet werden konnte.

Der Guide begann seine Führung über die weitläufige Anlage aus roten Sandsteinbauten mit der Frage, in welcher Sprache seine Führung gewünscht sei: »G-G-G-German? Fr-Fr-French or Spa-Spa-Spa-Spanish?«

Ich glaube, dass mir der Unterkiefer den Gehorsam versagte. Mit Bestimmtheit erinnere ich mich aber daran, dass ich mir sagte: »Stottern, und obendrein noch schielen, also, so was erlebst du auch nicht alle Tage …«

Wir wählten meine Sprache, also Englisch. Die meisten gebildeten Inder sprechen ein gutes Englisch und haben einen wunderbaren Wortschatz, zu dem auch entlegenere Wörter gehören, die Amerikaner selten benutzen.

Während der kleine Mann vor uns hermarschierte, begann er mit seiner dramatischen Rede, Stottern eingeschlossen, und fuchtelte dabei ständig mit seinem Wanderstab herum. Dies ging ein paar Minuten lang so, bis ich von meinem Mann wissen wollte, und zwar flüsternd, das ist ja klar: »Welche Sprache spricht der Mann? German oder English?«

»Beides«, murmelte Hardy, »Germlish!«

Das war zu viel. Ich musste lachen. Laut. Erst ein Mal. Dann immer wieder. Schier ewig lange Zeit hatte ich mich beherrschen müssen. Doch nun brach es aus mir heraus. GERMLISH! Mein Lachen war hysterisch.

Der kleine Mann blieb stehen, drehte sich um, sah mich von unten herauf an, wollte wissen, ob sich etwas – ihm Unverstehbares – ereignet habe. Auch diese Frage wurde mit vielen Stotterern hervorgebracht, und ich wusste nicht mehr, was zu machen war. Antwort musste jetzt von Hardy kommen, denn das Lachen schüttelte mich hin und her. »Keine Sorge«, sagte er, »es ist alles gut so, wie es ist.«

Der Inder bewegte den Kopf hin und her. »Mit Ihr-rer Fr-fr-frau stimmt etwa-wa-was nicht!«, insistierte er, nachhaltig verwirrt, und setzte unseren Rundgang fort.

Zwischen meinem Gekichere und seiner gebrochenen Redeweise gelang es mir zu verstehen, dass ein Schah in der Mitte dieser Befestigung vier Häuser errichtet hatte, vier Kleinode für seine vier Frauen. Eine jede dieser Frauen hatte einer anderen Religion angehangen, »isla-la-la-misch, chr-chr-christ-lich, jüd-d-d-disch, hin-du-du-du-du-istisch«.

Ich war beschämt, weil ich wusste, wie ungezogen mein Lachen war, und brachte mich mit schnellen Schritten hinter einer Ruine in Sicherheit, wo es mir endlich gelang, den neuerlichen Anfall zu ersticken, wenn ich auch den Tour Guide zum fünften Mal fragen hörte: »Sir, w-w-wa-was ist den b-b-b-bloß mit Ihrer Frau l-l-l-lo-los?«

Ich lief den beiden Männern nach, spürte eine Hitze, die mich fast erdrückte, und war hingerissen von einer Architektur, die Schutz vor fremden Heeren bot, gleichermaßen aber von einer Schönheit war, die dem Frieden diente.

Ich bat, noch einmal zu den vier Pavillons geführt zu werden, und fand im Haus der Jüdin steinerne Überbleibsel eines Davidsterns. Das Haus der muslimischen Frau wies Fenster mit feinem Schnitzwerk auf. Sie waren so angelegt, dass sie der Gattin des Schah den Blick nach außen hin gestatteten, ohne aber sie selbst den neugierigen Augen der Krieger vom Hof her auszusetzen. In dem Haus der Christin war das Kreuz sehr schnell gefunden, doch im hinduistischen Pavillon suchte ich vergebens nach Darstellungen von Ganesh oder Lord Shiva auf Reliefs oder Mosaiken.

Der Tour Guide entschloss sich zu einem abrupten Ende seiner Führung, wobei sein rechtes Auge verwirrt in meine Richtung sah und sich das linke nahezu verklärt himmelwärts richtete. »Picasso ...«, dachte ich bei mir, »Picasso hätte den Mann gern als Modell gehabt.«

Als wir das Rote Fort durch das Tor verließen, zeigte die Uhr die zweite Stunde an. Lunchtime – und wir dachten an ein grandioses Restaurant, die Tische dort waren immer malerisch gedeckt, goldbestickte weiche Kissen ließen Träume träumen, und Teppiche leuchten in allen Farben. Die Fahrt im Taxi dahin war nicht weit, weißgekleidete Kellner geleiteten uns unter Verbeugungen zu einem Mahagonitisch, und der Maître d'Hotel wollte mit einem Lächeln wissen: »In welcher Sprache hätten Sie gern unser Menu gelesen?«

»In Germlish, bitte«, sagte Hardy.

Mein Lachanfall setzte laut und hell von neuem ein. Ich stellte mir vor, wie der Oberkellner sich verdutzt an Hardy wenden würde: »Sir, ist Ihrer Frau etwas Unerklärbares widerfahren?«

Ich sah zu dem Weißbefrackten auf, sah, wie er mich betrachtete, und hörte, wie er mir tatsächlich den Gefallen tat. »Sir«, hörte ich ihn sagen, »ist Ihrer Frau etwas Unerklärbares widerfahren?«

Ich lachte und lachte und spürte, wie Tränen über meine Wangen liefen.

»Nein.« Hardy schüttelte den Kopf. Sein Gesicht war die ganze Zeit ernst geblieben und ich fragte mich, ob er vielleicht sogar insgeheim ein Pokerspieler sei. »Was Sie unerklärbar nennen«, sagte er, »nenne ich eine sonnige Frohnatur.«

Als es zum Bestellen kam, wählte der Mann, mit dem ich ständig reise, »Geschmortes Fleisch mit Kokosmilch nach Madras-Art«. Und ich sagte, immer noch um Fassung ringend: »Fisch in fruchtig-scharfer Sauce.«

Samosas

Als Vorspeise oder Zwischengericht gehören frittierte, knusprige, lockere Teigtaschen, die entweder mit Kartoffeln, Gemüse oder Hackfleisch gefüllt und frittiert werden, zu meinen Lieblingsspeisen.

Sie eignen sich aber auch hervorragend als Beilage zu einem indischen Gericht oder als Bestandteil einer indonesischen Reistafel.

Wer nur wenig Zeit hat, sollte Fertigteig nehmen, der unter den Bezeichnungen »Wan-Tan« oder »Egg Roll Blätter« in Geschäften zu finden ist, anstatt selbst einen Teig herzustellen.

Wie der Teig selbst herzustellen ist, beschreibe ich in dem nachfolgenden Rezept.

Wer nicht frittieren will, kann die Samosas mit Öl bestreichen und bei 180° C im Ofen goldbraun backen. Das spart nicht nur Zeit, sondern auch Kalorien.

Für den Teig:
300 g Mehl
1 Teelöffel Salz
1 Teelöffel Backpulver
50 ml Pflanzenöl
150 ml Wasser
30 g Maisstärke oder Kartoffelmehl, in 125 ml kaltem Wasser aufgelöst

Mehl in einer großen Schüssel mit Salz und Backpulver vermischen.

Öl mit dem Wasser verrühren und nach und nach zur Mehlmischung geben. Den Teig 10 Minuten lang kneten.

Auf einem mit Mehl bestreuten Holzbrett mit einem Tuch abdecken und 10 Minuten ruhen lassen.

Anschließend in 8 Portionen teilen und diese jeweils zu runden Fladen von 15 cm Durchmesser ausrollen. Die Fladen halbieren und aus je einer Hälfte eine Tüte formen.

Mit der in Wasser aufgelösten Maisstärke (oder Kartoffelmehl) die Schnittstelle der Halbierung (lange Kante) bestreichen und festdrücken. Mit dem übrigen Teig ebenso verfahren.

In jede Teigtüte 2 gehäufte Teelöffel der Kartoffelmischung oder Hackfleisch füllen und die Teigränder mit angerührter Maisstärke (oder Kartoffelmehl) in Wasser aufgelöst verschließen.

Pflanzenöl in einem Topf – nicht zu stark – erhitzen. Samosas darin goldgelb frittieren.

Würzige Kartoffelfüllung:
4 Kartoffeln (500 g), geschält und gekocht
1 kleine Zwiebel, gehackt
1 Stück Ingwer, 2–3 cm lang, sehr fein gehackt
1–2 Teelöffel Koriandersamen
2 grüne Chilischoten, von Samen befreit
75 g Erbsen (frisch oder gefroren)

1 Teelöffel Garam Masala
1 Esslöffel Zitronensaft
1 Esslöffel Pflanzenöl
2 Teelöffel Salz

Die Kartoffeln klein schneiden.
Zwiebel, Ingwer, Koriandersamen und
die Chilischoten 5 Minuten lang in
heißem Pflanzenöl anbraten.
Kartoffeln dazugeben, Erbsen und
Garam Masala untermischen,
Zitronensaft und Salz hinzufügen,
alles gut durchrühren und ein paar
Minuten köcheln lassen.
Die Mischung sollte eine trockene
Konsistenz haben. Abkühlen lassen.

Das Öl in einer Pfanne erhitzen.
Zwiebel darin goldbraun braten.
Knoblauch, Chili und Ingwer dazugeben und ein paar Minuten mit-
braten.
Das Fleisch in der Mischung anbraten,
bis es nicht mehr rosa ist.
Kurkuma einstreuen und 75 ml
heißes Wasser hinzugeben. Zudecken
und bei mittlerer Hitze unter häufi-
gem Umrühren köcheln lassen.
Wenn die Flüssigkeit verdampft ist,
den Topf vom Feuer nehmen,
Zitronensaft und Garam Masala
unterrühren, abkühlen lassen und als
Füllung für Samosas verwenden.

Sookha Keema

Diese würzige Hackfleischmischung
kann ebenfalls als Füllung der
Samosas verwendet werden, anstatt
der Kartoffelfüllung.
Sie zählt zu meinen Favoriten.

2 Esslöffel Pflanzenöl
1 große Zwiebel, sehr fein gehackt
4 Esslöffel Knoblauch, fein gehackt
2 Chilischoten, von Samen befreit und
fein gehackt
500 g Rinderhack
1 Teelöffel Kurkuma
1 Teelöffel grobkörniges Salz
3 Teelöffel Garam Masala
2 Teelöffel Zitronensaft
2 Esslöffel Korianderblätter, fein gehackt
1 Teelöffel Ingwer, fein gehackt

Spinatsuppe Udaipur-Palast

600 g Tiefkühlspinat, gehackt,
aufgetaut
3 Esslöffel leichtes Pflanzenöl
250 g Zwiebeln, in dünne Scheiben
geschnitten
1 Teelöffel Knoblauch, fein gehackt
1 Teelöffel Garam Masala
1 Teelöffel schwarzer Pfeffer
1 Teelöffel Meersalz
250 g Reis, gekocht
1 l kräftige Hühnerbrühe
1 l Milch
125 g Crème fraîche
Streifen einer Limettenschale (zum
Garnieren)

Öl in einer Pfanne erhitzen und
Zwiebeln und Knoblauch glasig düns-

ten. Garam Masala, Pfeffer und Salz hinzufügen.

Die Hühnerbrühe angießen und zum Kochen bringen.

Spinat löffelweise in die kochende Brühe geben.

Vom Herd nehmen, gekochten Reis, Milch und Crème fraîche hinzufügen.

Mit Salz und Pfeffer abschmecken.

Mit Limettenschale garnieren.

Ergibt 4 bis 5 Portionen.

Gemüseeintopf Ladakh

250 g Linsen

450 g Rosenkohl, geputzt und am Ansatz kreuzweise eingeschnitten

300 g frische grüne Bohnen, geputzt und in 3 cm lange Stücke geschnitten

2 Kohlrabi, in Stücke geschnitten

1 Teelöffel Kurkuma

120 ml Gemüsebrühe

2 große Tomaten, enthäutet und fein geschnitten (eine für den Gemüseeintopf, die andere zum Garnieren)

4 Esslöffel Sesam-Öl

1 Teelöffel schwarze Senfkörner

1 Teelöffel Bockshornklee-Samen

2 Esslöffel Knoblauch, fein gehackt

1 Esslöffel Garam Masala

1 Teelöffel rote Pfefferschoten, zerkleinert

1 Teelöffel Meersalz

3 Teelöffel Zitronengras vom inneren, unteren Teil, fein geschnitten

Die Linsen in einem großen Topf mit knapp 1 l Wasser und dem Kurkuma zum Kochen bringen.

Bei mäßiger Hitze zugedeckt sehr weich kochen. Etwas Gemüsebrühe hinzugeben und weiterkochen, bis die Masse eine cremige Konsistenz hat. Bei Bedarf mehr Brühe hinzugeben.

Vom Herd nehmen und mit einem Schneebesen aufschlagen.

Das Öl in einer großen Bratpfanne stark erhitzen.

Vorsichtig die Senfkörner hinzugeben und 5 – 10 Sekunden dünsten, anschließend die Bockshornklee-Samen hinzugeben und weitere 10 Sekunden dünsten.

Knoblauch, Zitronengras, rote Pfefferschoten (zerkleinert), Garam Masala und Salz hinzugeben. Gut verrühren.

Grüne Bohnen, Rosenkohl und Kohlrabi hinzugeben und so lange braten, bis das Gemüse anfängt braun zu werden.

Hitze reduzieren, die fein geschnittene Tomate hinzugeben.

So viel Brühe zugießen, dass der Boden der Pfanne bedeckt ist. Zugedeckt das Gemüse weich schmoren.

Linsen mit Salz abschmecken und auf einen Teller geben. Das Gemüse dazugeben.

Mit einer fein geschnittenen Tomate garnieren.

Mit indischem Brot servieren.

Ergibt 4 bis 6 Portionen.

Eiercurry Srinagar

1 mittelgroße Zwiebel, fein gehackt
2 Knoblauchzehen, fein gehackt
60–90 g Butter
2 Esslöffel Currypulver, selbst
gemischt oder fertig gekauft
1 Tomate, enthäutet und klein
geschnitten
120 ml Gemüsebrühe
Meersalz (nach Geschmack)
1 Esslöffel Zitronensaft
5 Eier, hart gekocht und halbiert

Als Beilage:
Gehackte, ungesalzene Erdnüsse
Mango Chutney
Rosinen
Zitronenschale
Fein gehackte rote Zwiebeln
Kokosnuss
Weißer Reis

Zwiebel und Knoblauch in Butter
goldbraun dünsten.
Currypulver, Tomaten und so viel
Brühe hinzugeben, dass eine Sauce
entsteht.
Köcheln lassen. Mit Zitronensaft und
Salz abschmecken.
Eier in eine Schüssel legen und die
Sauce über die Eier geben, damit diese
warm werden.
Mit Reis und Beilagen servieren.
Ergibt 4 Portionen.

Badaami Murgh

(Hähnchen mit cremiger Mandel-
Kräuter-Sauce)

Die aromatische, cremige Sauce mag
ich besonders gern, weil sie keinen
Tropfen Sahne enthält.

8–10 Hähnchenstücke ohne Haut
1 Teelöffel Zitronensaft, frisch gepresst
2 Teelöffel Fleur de sel (es kann auch
Koscher Salz oder grobkörniges Salz
verwendet werden)
6 Esslöffel Olivenöl
8 Esslöffel Mandeln, gehackt
120 g Zwiebeln, gehackt
120 g rote Zwiebeln, gehackt
3 Esslöffel Knoblauch, fein gehackt
1 Esslöffel frischer Ingwer, fein gehackt
1 Teelöffel Kardamom, gemahlen
1 Teelöffel Nelken, gemahlen
1 Teelöffel Kumin
1 Teelöffel Koriandersamen, gemahlen
1 Teelöffel Kurkuma
1 Teelöffel Cayennepfeffer
150 g Tomaten, enthäutet und klein
geschnitten
1/8 l Hühnerbrühe
10 Esslöffel blanchierte Mandeln,
gemahlen
Frische Korianderblätter, gehackt,
zum Garnieren

Die Hähnchenstücke mit Zitronensaft
und Salz einreiben. Mindestens
4 Stunden in den Kühlschrank stellen.
Die gehackten Mandeln im Ofen
rösten.

Öl in einer großen Bratpfanne erhitzen. Die Zwiebeln darin goldbraun anbraten.

Knoblauch und Ingwer hinzufügen, umrühren. Kardamom, Nelkenpulver, Kumin, Koriander, Kurkuma und Cayennepfeffer hinzufügen und gut unterrühren.

Tomaten, gemahlene Mandeln und die Hühnerbrühe hinzufügen. Zum Kochen bringen, Hähnchenstücke hineinlegen und zugedeckt etwa 45 Minuten köcheln lassen, bis das Hähnchen gar ist.

Eventuell noch mehr Brühe zugeben, falls die Flüssigkeit zu schnell verdampft. Mit Salz abschmecken.

Mit gerösteten Mandeln und Korianderblättern garnieren.

Mit Kartoffeln oder Reis servieren.

Ergibt 4 bis 6 Portionen.

Nudeln Himalaya

325 g Spinatnudeln
Olivenöl (nach Belieben)
1 Bund Petersilie, gehackt
6 Knoblauchzehen, im Ofen geröstet
3 Esslöffel Black-Bean-Sauce
5 Esslöffel Limettensaft
1 Teelöffel Rote Pfefferschoten, zerkleinert
1 Teelöffel Oregano, zerrieben
100 g rote Zwiebel, in Scheiben geschnitten
200 g Karotten, in feine Streifen geschnitten

100 g Lauch, nur den weißen Teil, in feine Streifen geschnitten
Insgesamt 200 g weiße Rüben, Steckrüben, Pastinake, jeweils einzeln und in feine Streifen geschnitten, oder eine Mischung davon.
1/8 l Gemüsebrühe
Salz und Pfeffer

Etwas Olivenöl in eine Kasserolle oder einen Wok geben. Bei mittlerer Hitze das gesamte Gemüse anbräunen.

Knoblauch, Rote Pfefferschoten, zerkleinert, und Oregano zugeben und gut durchrühren. Gemüsebrühe in kleinen Mengen zugeben, sodass das Gemüse feucht bleibt.

Vom Feuer nehmen, Black-Bean-Sauce und Limettensaft hinzufügen.

Zudecken und beiseite stellen.

Wasser in einem Topf zum Kochen bringen und die Spinatnudeln darin garen.

Die Nudeln abgießen und auf eine Platte geben. Gemüse darüber verteilen, mit Salz und Pfeffer abschmecken und mit Petersilie garnieren.

Ergibt 4 Portionen.

Würzige Kichererbsen mit Eiern Oder: Italienische weiße Bohnen mit Eiern

2 Zwiebeln, geviertelt
1 gelbe Paprikaschote, von Samen und Innenwänden befreit und klein gewürfelt

6 feste, reife Tomaten
2 Esslöffel Ingwerwurzel, gehackt
2 Esslöffel Pflanzenöl
1 Esslöffel Garam Masala
1 Teelöffel rotes Chilipulver
1 Teelöffel Salz
2 Dosen Kichererbsen, 425 g (oder
weiße italienische Bohnen), gewässert
und abgetropft
3 Esslöffel Zitronensaft, frisch gepresst
2 Esslöffel frische Korianderblätter,
fein gehackt
6 Eier, hart gekocht

Zwiebeln, gelbe Paprikaschote, Tomaten und Ingwerwurzel im Mixer oder
mit dem Pürierstab pürieren.

Das Öl in einer Pfanne langsam erhitzen. Püree hineingeben und unter
gelegentlichem Umrühren 20 Minuten
schmoren.
Garam Masala und Chilipulver hinzufügen und weitere 5 Minuten
köcheln lassen, dabei ab und zu umrühren.
Salz und Kichererbsen (oder Bohnen)
hinzufügen und umrühren, bis die
Hülsenfrüchte warm sind.
Zitronensaft und Koriander unterrühren.
Das Curry über die hart gekochten Eier
verteilen und mit warmem indischen
Brot servieren.
Ergibt 4 bis 6 Portionen.

Zwei Fremde in Japan

Üppiges Grün, dunkles Grün, nass, silbern tropfend, erhob sich vor der hölzernen Veranda. Regen war seit Tagen auf Bäume und Sträucher ohne Unterlass gefallen, und Wolkenfetzen hingen tief an Berghängen entlang. Winzige Vögel flatterten mit lautem Zwitschern umher und machten sich nicht das Geringste aus der kühlen Nässe oder Trübnis in dem grauen Licht. Ihr zirpender, fröhlicher Gesang ließ mich glauben, wir wären nahe an einem Regenwald, irgendwo in Afrika, doch beim Aufschieben einer Tür aus dünnem Papier kehrten meine Gedanken zu unserem Leben in Japan zurück …

Ich streifte meine Sandalen ab und lief über die weiche, sanfte Grasmatte in den Raum hinein, der seit dem Tag zuvor unsere Unterkunft in dem alten Haus geworden war. Den meisten Platz im Raum nahm ein Alkoven ein, neben dem ein Pergamentbild hing. Goldene Äffchen waren auf dem Pergament zu sehen, die durch elegant gestutzte Bäume sprangen. Aus einer schlichten schwarzen Bodenvase streckte sich eine dunkelrote Pfingstrose in das schummerige Licht. In der Mitte des Raumes stand HK und sah mit sich selbst zufrieden aus. Der Anlass seiner Zufriedenheit war in dem Kimono zu suchen, den er über seinen unbekleideten Körper gezogen hatte und der für einen Europäer von angemessener Länge war. Bei japanischen Männern, meist von kleinem Wuchs, reicht so ein Kimono bis zu den Zehenspitzen hinunter, im Falle von HK jedoch endete der Saum kurz unterm Knie.

Unser Raum war getäfelt, schön, aus dunklem Holz, doch ansonsten leer, möbellos, es gab nicht einmal das eine oder andere Kissen, auf dem es sich wohlig räkeln ließ. Dieses ehrwürdige Gebäude war ein *ryokan*, ein traditionelles Gasthaus der Japaner, und ein wunderbares Wochenende lang wollten wir – Möbel hin, Möbel her – einmal wie zwei Japaner leben.

Eine zierliche Frau schob still, ohne jeden Laut, eine weiß-papie-
rene Wand zur Seite, verbeugte sich mit zartem Lächeln, deutete auf
unsere Sandalen und gab mit leichter Geste zu verstehen, ihr hinaus zu
einem holzbebohlten Außenkorridor und von da aus zum *o-furo*, dem
japanischen Baderaum, zu folgen. Eine weitere Papierwand glitt zurück, und HK wanderte großartig winkend in sein Männerbad hinein,
mir aber wurde schweigend kundgetan, über einen schmalen Gang hinweg das Bad des Frauenhauses zu betreten.

Gespannt auf das, was mich erwarten würde, in der Kühle des
Regentages unter meinem Kimono bibbernd, trat ich in die Wärme
des Frauenhauses ein. Das gedämpfte Plaudern der Badenden brach
bröckelnd ab. Dunkle Augenpaare, asiatisch, mandelförmig, starrten zu
mir her. Ich überlegte, was zu machen war. Was hieß wohl *Hello there!*
auf Japanisch? Suchst du erst ein Handtuch? Oder legst du zuerst die
dünne Hülle ab?

An der Wand zu meiner Linken hingen Kimonos. Ich sagte mir, also
so ist das, und hängte den meinigen dazu. Eine Frau, die einen weißen

Rot, Silber und Gold

Kittel trug, kam auf mich zu, gab mir ein Tuch. Dunkelblau. Klein. Die Hälfte eines Handtuches, wie es bei mir zu Hause hängt. Sollte das ein Badetuch ersetzen? So eines, wie die bunten, großen daheim neben meiner Whirlpool-Wanne?

Ich sah mich um. Aus einer langen Wand kamen Wasserhähne. Warmes Wasser lief in Bottiche aus Holz. Auf niedrigen Schemeln saßen Frauen, die sich eingeseift hatten und sich mit dem warmen Wasser wuschen. Ein junges Mädchen stand von seinem Schemel auf, goss aus einem Bottich kaltes Wasser über seine geschrubbte Haut und ließ dabei einen kleinen Schrei des Schreckens hören.

Die Mitte des Badehauses nahm ein langgestrecktes Becken ein. Niemand schwamm darin. Das Wasser in dem Pool schien mir heißer noch zu sein als heiß. Dämpfe stiegen daraus auf, drehten sich um Frauenkörper, die aufrecht in dem Wasser standen, unbewegt.

Hinter den Frauen stieg ein Felsen hoch. Ich glaubte darauf Rinnsale auszumachen, die plätschernd ihren Weg zum Wasser fanden, und ging hinüber nachzusehen. Über den Rinnsalen auf dem Felsen waberten Dämpfe, es waren die gleichen Dämpfe wie jene in dem Becken, und ich sagte mir, dieses Ryokan steht auf heißen Quellen.

Ich machte mich auf die Suche nach einem Schemel und konnte die Blicke der Frauen auf meinem Körper spüren. Es mag sein, dass sie eine nackte Amerikanerin nur aus dem Kino kannten, und wenn ich auch nicht sonderlich groß bin, so war ich doch weitaus größer als sie. Der Gedanke an meinen kurvenreichen Körper ließ mich wie eine Amazone fühlen, jedenfalls im Vergleich zu ihren gedrungenen Gestalten, den kurzen Beinen, den flachen *derrières* und den recht kleinen Brüsten.

Wie sich herausstellen sollte, war das halbe Handtuch für alles ausreichend, für das Einseifen ebenso wie fürs Abspülen und sogar für das Trockenreiben.

Es war mit einer gewissen Erregung, dass ich in das Becken mit seinem siedend heißen Wasser hinunterstieg, denn ich fragte mich, wie viele Sekunden es wohl dauern würde, bis ich wieder hinaussprang. Ich hielt es aber doch länger aus als angenommen, und da mir das Wasser in dem flachen Pool nur bis zum Bauchnabel reichte, sah ich beim Aufsteigen über den Beckenrand, dass meine Beine und mein Po die Farbe eines gekochten Hummers angenommen hatten. Der obere Teil meines Körpers hingegen hatte die helle Haut meiner Vorfahrinnen behalten. Als ich das blaue Handtuch nahm, begegnete ich entsetzten Augen und offenen Mündern. Möglich, dass ich in dieser Stunde einer wahren Patriotin glich: rot, weiß und blau!

Über mich selber lachend und noch immer von dem heißen Wasser schwitzend, schob ich die Papiertür auf und sah, dass sich der Raum verändert hatte. Eine niedrige Plattform, quadratisch und aus Holz, stand auf dem Boden, und zwei Kissen lagen darum herum. Ganz ohne Frage, sagte ich zu mir, ist dies die japanische Version von Esstisch mit zwei Stühlen, und wartete auf den Mann, der mit mir das Dinner teilen würde. Ich war begierig zu erfahren, wie es dem großen Blonden mit den blauen Augen im Männerbad der Japaner ergangen war. Mein nächster Gedanke richtete sich an Buddha, und ich betete zu ihm in der Hoffnung, dass wir uns zum Dinner nicht wieder einem glitschigen Fisch gegenübersehen würden, dessen Augen uns sterbend und mit einem Blinzeln betrachteten. Bereits auf dem Flug von Los Angeles hierher hatten sie uns Sushi und Seetang vorgelegt – zwei Speisen, die ich mir nicht als Henkersmahlzeit wünschen würde. Das Dinner damals über den Wolken kommt mir heute vor wie ein Fingerzeig auf das, was mich auf meiner Reise ins Land der aufgehenden Sonne erwartet hatte. Ein jeder weiß, dass allein schon der Gedanke an rohen Fisch die Münder des Volkes von Nippon wässrig werden lässt, was möglicherweise aber nicht einem jeden geläufig zu sein hat, ist dies: Als unwiderstehliche Delikatesse muss dem Japaner ein Fisch erscheinen, dessen Augen leben, blinken, blinzeln, glänzen, wenn er, neben anderen Köstlichkeiten, auf den Teller kommt. In Deutschland kann ich mich nicht einmal bei Matjeshering überwinden. Hardy sagt dazu: »Wat der Bur nich kennt, dat freet er nich.« Mag ja sein, dass es so ist, aber ein jeder von uns hat nun einmal seine Schwäche, und eine von meinen Schwächen macht es mir immer wieder möglich, einen Gastgeber in Japan traurig zu stimmen, wenn er mitansehen muss, wie sein roher Fisch unangetastet auf meinem Teller liegen bleibt. Jedes Mal, wenn ein solches Dinner dann vorüber war, bin ich, hungrig wie ein Bär kurz nach dem Winter, schnurstracks zum nächsten Bahnhofskiosk gelaufen und habe eine Hand voll Schokoladenriegel zurück in unser Ryokan gebracht.

Eines Abends aßen wir in einem Restaurant, dessen Spezialität Kobe-Rind war. Im Scherz sagte ich zu Hardy: »Warte nur, hier kriegst du Rindfleisch roh serviert, ganz genau wie anderswo den Fisch.« Er lachte und meinte: »Mach bloß keinen Quatsch.« Es stellte sich aber als das Gegenteil von Quatsch heraus, denn weil es uns gelungen war, mit unseren Fingern auf das einzige Kobe-Rind-Gericht zu deuten, das die Japaner roh zu sich nehmen, konnte der Kellner nichts anderes als perfekt marmoriertes, rotes Fleisch zu uns bringen. Wir schlugen die Hände vors Gesicht und baten den Mann, unser Fleisch ausnahmsweise auf den Grill zu legen, was er auch tat, kopfschüttelnd und ohne uns noch einmal anzusehen.

Nach dem Dinner schlenderten wir in unser Ryokan zurück und sahen der Stunde entgegen, in der unser Bett bereitet wurde. Die Zeremonie begann ein jedes Mal mit zwei zierlichen Frauen, die leise unsere Schiebetür beiseite schoben. Sie trippelten in den Raum und machten unsere Futons bereit. Als Nächstes öffneten sie einen Wandschrank, den ich anfangs gar nicht bemerkt hatte, und holten sorgsam gefaltetes Bettzeug daraus hervor. Mit raschen Bewegungen wurde das Leinen auf den Tatami-Matten ausgebreitet, die den Fußboden bedeckten. Abschied nehmend verneigten sich die Frauen, verließen rückwärts den Raum und schoben die Tür geräuschlos zu. Der Tag war zu Ende. Die Japaner sind Frühaufsteher, und dem Rhythmus des Ryokan folgend, war ich am nächsten Morgen schon um halb sechs wach, lang bevor der Wecker klingeln konnte. Wenn unsere zierlichen Bediensteten erscheinen würden, wollte ich bereits angekleidet sein. Daran, dass jemand die Tür aufschob, ohne angeklopft zu haben, konnte ich mich nicht gewöhnen.

Blasses Licht eines frühen Morgens kam, von der papierenen Tür gefiltert, mit den beiden Frauen in den Raum. Ihr Guten-Morgen-Gruß war lächelnd, still. Mit flinken Bewegungen wurde das Bettzeug vom Boden aufgenommen, in den Schrank zurückgelegt, und ebenso flink kam ein flacher Tisch an die gleiche Stelle. Die beiden Schweigsamen begannen, unser Frühstück auf den Tisch zu stellen. Schalen aller Größen kamen auf den Tisch, angefüllt mit Eiern, Reis, verschiedenen Suppen, Seetang und mit einer Abalone. Verwundert sahen wir mit an, wie eine der Frauen eine Kerze anzündete und die Abalone in einer kleinen Pfanne über die Kerze stellte. Meeresfrüchte sind nicht meine erste Wahl, wenn es ums Frühstück geht, aber so lange die Abalone nicht roh sein würde, hatte ich nichts dagegen, sie zu kosten. Um es genau zu sagen: Ich hatte an diesem Morgen so lange nichts dagegen, sie zu kosten, bis aus dem Topf ein schrilles Wimmern kam! Eine Abalone mit Stimme, sagte ich, kommt mir nicht auf meinen Teller und die mir zugedachte Portion trockenen Seetanges bleibt ebenfalls unberührt! Ich entschied mich für ein hart gekochtes Ei, dankbar, dass überhaupt etwas Essbares für mich auf dem Tisch zu finden war, doch als ich es aufschlug, quoll, ungekocht, schlabbriger Glibber zwischen meinen Fingern durch. Es gehört zu einer erfahrenen Reisenden, dass sie sich in jeder Lage zu helfen weiß. Schweigend wusch ich mir die Hände, nahm meine Handtasche und machte mich in der Gewissheit auf den Weg zum Bahnhof, dass dort eine Schachtel Mandeln mit Schokoladenüberzug käuflich zu erwerben war.

Langsam, durch grauen Wolkendunst und hinweg über dunkelgrüne Bäume, trug uns eine Seilbahn steil bergan den Koya San hinauf. Weiter oben wich der Baumbestand niedrigen Sträuchern zwischen Felsen. Bei der Bergstation erwartete uns gänzlich Neues. Wir hatten uns zur Übernachtung in einem buddhistischen Kloster angemeldet. Ohne jede Vorstellung, was uns da begegnen würde, zog die Neugier mit uns himmelan. In Bangkok, in den *klongs*, hatte ich buddhistische

Mönche in ihren safrangelben Gewändern fotografiert, wie sie in flachen Booten, geflochtene Schalen auf dem Schoß, von Haus zu Haus glitten und sich ihre tägliche Portion Reis erbettelten. In Ladakh hatten wir vor ihren Klöstern gesessen, einen Blick zu den Mönchen hineingeworfen, wie sie da vor farbenprächtigen Wandteppichen und langen Tüchern saßen.

Wir haben ihren Gesängen zugehört und das Drehen ihrer Gebetsmühlen miterleben dürfen, doch in ihre *gompas* hineinzugehen, war uns nicht vergönnt. In die Philosophie der Buddhisten hatte ich mich hineingelesen, aus Bildbänden war mir bekannt, wie und wo die Mönche lebten, und dennoch umgab sie für mich stets ein großes Rätsel. Sie schienen mir vertraut mit einem Geheimnis unsres Lebens, das ich nie ergründen würde.

Als wir aus der Seilbahn stiegen, kam ein sehr junger Mönch in einer safrangelben Robe auf uns zu.

Wortlos folgten wir ihm durch einen herrlich angelegten Park auf der Höhe des Berges Koya. Der Weg endete vor einem Gebäude aus Holz, das auf Anhieb einen neu gebauten Eindruck machte, bei näherem Hinsehen aber alt war, ehrwürdig, im traditionellen Baustil der Japaner, und dessen Dach tief über einer umlaufenden Veranda hing. Im Innern des Hauses schob der Mönch geräuschlos eine Wand aus Holz zur Seite und gab den Blick frei auf unsere Bleibe für die Nacht. Auch dieser Raum wies, ähnlich unseren früheren Unterkünften in Japan, keine Möbel auf. Ich sah einen Alkoven, ein Rollbild und ein Blumengesteck. Nur der Boden wich von dem ab, was uns geläufig war. Hier lagen keine strohgeflochtenen Tatami-Matten. An ihrer Stelle war ein zinnoberroter Teppich ausgespannt, was mich an einen Fußboden denken ließ, der knöcheltief aus rotem Chilipulver war. Der Mönch setzte unsere Reisetaschen in einer Ecke des leeren Zimmers ab. Er bedeutete uns, ihm zu folgen, und schob eine Tür aus weißem Papier und dunklen Holzleisten auf. Draußen, im Licht des Tages, lag ein sorgsam angelegter Garten, kreisrund, mit kleinen Steinen dekoriert und einer Statue aus dunklem Holz. Es war ein Garten, der den Betrachter gelassen stimmte, friedvoll und ein wenig nachdenklich.

Erinnerung an verstorbene Kinder

Ein Gongschlag war zu hören, und der Mönch beeilte sich, uns zu einem Garten aus ornamental gestutzten Kiefern zu führen, vorüber an dem Gong, der von dem Schlag mit einem Klöppel noch immer leise dröhnte, und weiter noch zu einem Tempel aus behauenem Stein. Mir schien der Tempel riesig groß. Säulen aus Holz, kunstvoll geschnitzt, standen als eindrucksvolle Reihe in dem langgestreckten Raum. Auf dem Steinfußboden waren tibetische Teppiche in gedeckten Farben ausgebreitet.

Die Zeremonie des Abends hatte schon begonnen. Hunderte safrangelb gewandeter Mönche saßen auf den Teppichen, aufrecht, Beine überkreuz. Monoton, mit einer Andeutung von Trance, kam Gesang aus tiefen Stimmen. Ein Mönch schwenkte ein kleines Kupferfass mit Räucherwerk an langen Schnüren durch die Luft, was silbrig weiße Nebel an den Safranroben vorüberziehen ließ und mit seinem schweren Duft die Sinne zu betäuben schien. In einem Rhythmus, der sich wiederholte, schlug ein anderer Mönch hinwiederum mit einem Hammer aus Metall gegen eine Glocke, die hell und jubilierend klang. Es wurde uns bedeutet, zu einer freien Fläche hinzugehen, die Mönchen offenbar nicht zustand, auf der aber mehrere japanische Paare Platz genommen hatten. Wir falteten die Beine unter uns zusammen, nahmen ein wenig Raum gleich neben dem Teppich der Japaner ein, lauschten dem Sprechgesang und harrten der Dinge, die da kommen sollten. Es kam nichts, was neu gewesen wäre. Der Gesang blieb monoton, mehr und mehr wohlriechende Silberschleier zogen zu der Glocke hin, die in steter Regelmäßigkeit ertönte. Nach langem Warten begann ich mich zu fragen, wie viel Zeit inzwischen wohl vergangen war. Dem Gefühl von Taubheit meiner Beine nach zu urteilen, musste eine gute Stunde wohl vergangen sein. Vom Steinboden her und durch den Teppich kroch Kälte in unsere Knochen. Als ich sah, wie japanische Besucher sich die Freiheit nahmen, nach Belieben im Tempel ein und aus zu gehen, warf ich dem Kumpan neben mir einen Blick zu, der eigentlich eine Frage war, woraufhin von ihm auch prompt wortlos (was uns in Japan zur Gewohnheit wurde) die Antwort kam, wir hätten hier lange genug gesessen. Die Monotonie der tiefen

Stimmen begleitete uns, als wir unsere steifen Glieder streckten und ich mich auf dem Weg nach draußen fragte, ob es in diesem schönen Bergrefugium nicht auch noch anderes zu entdecken gab. Unser junger Mönch schien die Rastlosigkeit der beiden Fremden bemerkt zu haben, denn unverhofft stand er zwischen den Krüppelkiefern und führte uns mit einem Gesicht, das reglos war, zu einem großen Raum, in dem sich die Küche des Klosters befand. Mönche rührten in Kupferkesseln, aus denen es appetitanregend duftete. Berge von Gemüse und die verschiedenartigsten Küchenkräuter wurden zubereitet und gehackt. Der Mönch ließ uns an einem Holztisch niedersitzen, der durch Gebrauch und Schrubben über Jahrhunderte hinweg glatt und glänzend geworden war. Ein kleiner Mönch stellte schweigend Schüsseln vor uns hin, dampfend heiß, mit einer köstlichen Suppe aus Spinat. Kaum hatten wir die Suppe ausgelöffelt, kamen Teller mit verschiedenen Gemüsen auf den Tisch. Zuckerschoten, Karotten, Pilze und Bambussprossen erkannte ich auf den ersten Blick, aber anderes war nur vom Geschmack her zu erraten. Ich entschied mich für Wurzelgemüse und Süßkartoffeln. Die Mischung war unter Rühren schnell gebraten worden und schien mir mit einer sehr leichten Sojasauce gewürzt zu sein. Das Gemüse war wunderbar frisch, knackig und lag auf einem Bett aus Nudeln, die mit gerösteten Sesamkernen bestreut waren.

Mit meinem Dank an Buddha, der uns eine Mahlzeit ohne rohen Fisch, ohne Seetang beschert hatte, liefen wir durch eine neblig kühle Bergluft zurück zu unserem Zimmer mit dem knöcheltief roten Chilipulver. Die Futons waren bereits ausgebreitet. Glücklich ließen wir uns auf die harten, doch nicht unbequemen Betten sinken. Ich zog meine Tasche mit stets vorhandenem Notproviant heran und holte zwei Saketässchen heraus, bevor ich die Überraschung sehen ließ: eine Flasche Rotwein, die ich in Kyoto erstanden hatte. Den Châteauneuf-du-Pape in kleinen Schlucken aus den Minitassen trinkend, machten wir Pläne für den nächsten Tag, und exakt in dem Moment, als einer von uns sagte: »Hör mal, die Flasche sieht mir auf dem weichen Teppich etwas wacklig …«, fiel die Flasche um und dem strahlenden

Rot des Teppichs wurde eine weitere Farbnuance hinzugefügt. Der dunkelrote Fleck nahm die Konturen des italienischen Stiefels an. Eilig machte ich mich daran, die Rotweinflecken zu entfernen. Des Kleckerfritzen wegen, zu dem ich vor vielen Jahren einmal sagte: »Ja, ich will«, halte ich den deutschen Rekord im Entfernen von Rotweinflecken, und so lief ich ins Badezimmer, wo ich zwei winzig kleine Badetücher fand. Die aber vermochten nicht viel von Italien aufzusaugen. In der Absicht, unseren schweigsamen Mönch um zusätzliche Handtücher zu bitten, stürzte ich in den Korridor hinaus. Einem ungeschriebenen Gesetz folgend, war bei dieser Notlage natürlich wieder mal und nirgendwo auch nur die kleinste Menschenseele anzutreffen. Ich sagte mir: »Wer weiß, wozu das gut ist, denn Alkohol wird in einem Buddhistenkloster sicherlich nicht gern gesehen.« Wir rafften alles zusammen, was an Kleenex in unseren Reisetaschen war, ließen auch Unterhosen, Socken, T-Shirts den Châteauneuf-du-Pape aufsaugen, und eine Stunde später war Italien blass geworden. Der Teppich war so schön wie an dem Morgen, als wir ihn das erste Mal betraten. Ich zog ernsthaft in Erwägung, meine Reiseutensilien für die Zukunft um eine Flasche Fleckenteufel zu erweitern.

Der Karte zufolge musste Fuji San sich unmittelbar zu unserer Rechten aus dem flachen Land erheben, aber dicke graue Wolken hingen um den majestätischen Berg herum. Glücklich, ein Stück Landschaft gefunden zu haben, das nicht zugebaut war mit Haus neben Haus und Dorf an Dorf, nahmen wir uns vor, Fuji San so lange zu umrunden, bis er uns den Gefallen tat und sein Haupt aus den Wolken streckte. Um es gleich vorwegzunehmen: Es wurde nichts daraus. Der herbeigewünschte Berg ließ sich nicht betrachten.

Auf dem Armaturenbrett unseres Mietwagens lag ein Polaroidfoto mit dem Namen eines Bahnhofes, von dem aus wir am Abend den *bullet train* Richtung Süden nehmen wollten. Diesen Bahnhof wiederzufinden hielten wir für schwer, denn alle Richtungsschilder an japanischen Straßen sind außer für Japaner für niemanden gemacht, und wer diese exotische Schrift nicht lesen kann, findet sein Ziel so gut wie nie. Also hatte ich ein Polaroid von dem Bahnhofsschild gemacht, denn wenn wir verloren gingen in diesem tiefsten schwarzen Nippon, würden wir einer Passantin das Foto zeigen, mit der Frage: »Wo ist das von hier aus, bitte?« in den Augen. Mit dieser Methode hatten wir in den letzten Wochen immer wieder Erfolg gehabt, doch nie bei männlichen Passanten, Erfolg gab's immer nur bei Frauen. Ich weiß, weibliche Wesen können rechts von links nicht unterscheiden und Osten nicht von Westen, doch frag mal einer in Japan einen Mann, wie von A nach B zu kommen ist, dann wird außer einem tiefen Atmer nichts zu hören sein und außer toten Augen nichts zu sehen. Fragt einer in seiner Not hingegen eine Frau, wird die Japanerin bescheiden lächeln und versuchen, sich an den einen oder anderen Brocken Schulenglisch zu erinnern, um dann fehlerlos den Weg zu weisen. Nach dem Grund für diesen Unterschied im Verhalten einem Fremden gegenüber habe ich mich oft gefragt und komme nur zu einem Schluss: Es muss wohl daran liegen, dass in Japan das Männliche in einem Mann ihm nicht erlaubt, die Antwort in einer fremden Sprache grammatikalisch fehlerhaft zu geben. Unhöflich zu sein ist denkbar. Das Gesicht zu verlieren aber würde er sich nie verzeihen.

In meiner Kameratasche gibt es viele Fächer. In einem davon steckt ständig eine Polaroid. Ohne sie gehe ich nicht auf Reisen.

Während einer Fahrt mit der Transsibirischen Eisenbahn haben uns Fotos von kleinen Kindern, mit dieser Polaroid gemacht, im wahrsten Sinn des Wortes ernährt. Die Kinder waren ganz entzückende Geschöpfe. Manche hatten mongolische Gesichtszüge und sahen damit wie Eskimo-Zwerge aus. Andere waren unverkennbar slawisch, und das Haar aller Mädchen war mit großen Schleifen bunt geschmückt. So lange mein Vorrat an Filmen es erlaubte, machte ich von jedem Kind ein Foto mit der Polaroid. Die meisten Mädchen standen stramm wie kleine Soldaten, wenn sie sahen, dass sie fotografiert werden sollten, und setzten dazu ernste Gesichter auf. Ihr Erstaunen kannte keine

Grenzen, als sie mitansahen, wie auf dem weißen Fotopapier ganz allmählich sich ihr Abbild formte. Ehrfürchtig nahmen sie das Rätselhafte in beide Hände und liefen eilig damit zu ihren Müttern, die in Unterkleidern auf den Pritschen der stickig heißen Nachbarabteile lagen.

Entzückt von den Fotos, gleichzeitig ihre Männer aber auch ärgerlich beschimpfend, weil sie keine solch wundersamen Fotoapparate zu konstruieren wussten, bedankten sich die Mütter bei uns auf ihre Weise. Sie brachten Wurst, Brot, Gurken, hartgekochte Eier, Schokolade und Branntwein ins Abteil. Die russischen Passagiere auf der Transsibirischen hatten beim Einsteigen Pappkartons mit Proviant und Körbe voller Flaschen in ihre Abteile getragen, weil sie wussten, dass die Schaffnerin des Speisewagens bereits in der ersten Nacht ihre Vorräte an jeder Haltestation verkaufen würde. Ahnungslose Reisende, die keine Russen waren, bekamen von der Schaffnerin ein barsches »Njet« zu hören, wenn sie im Speisewagen ihr Mittagsmahl bestellen wollten. Die Beamtin in Uniform muss einen kräftigen Gewinn erzielt haben, Fahrgäste aus fremden Ländern aber mussten quer durch Sibirien hungern, es sei denn sie hatten, so wie wir, ein Wunderwerk kapitalistischer Fototechnik im Gepäck.

Gerade noch rechtzeitig sprang ich ein paar Schritte rückwärts, als ein schwer beladener Karren in beängstigender Geschwindigkeit an mir vorüberraste. Seidig glatte Fische von der Farbe eines schweren Unwetters waren auf dem Weg zur Auktion. An Deck eines Thunfischbootes, vor der Küste Südaustraliens, hatte ich mir zum ersten Mal Thunfische voller Neugier angesehen. Manch einer ist erstaunlich groß, riesig geradezu, die Schwanzflosse ist perfekt geformt, und ich habe mir gedacht: »So ein Fisch sieht wie nasser Gummi aus.«

Die künstlich wirkenden Fische, die jetzt eilig an mir vorübergeschoben wurden, brachten hart arbeitenden Fischern auf dem Tsukiji-Fischmarkt in Tokio ganz sicher ein paar tausend Dollar ein. Dieser größte Fischmarkt der Welt befindet sich in einem unansehnlichen, fabrikartigen Gebäude. Von der Decke hängen große runde Lampen, die auf endlose Reihen fangfrischer und gefrorener Fische herableuchten. Die Auktion beginnt schon um halb sechs Uhr in der Früh. Dies ist kein Ort für einen, der noch nicht richtig wach geworden ist, denn die Fahrer tonnenschwer beladener Wagen kennen keine Höflichkeit. Die Betriebsamkeit ist laut in dieser Halle, die Hektik und das Gewühl erschreckt jeden, der bei Anlieferung der Ware, vor Beginn der Auktion, zu diesem Markt gekommen ist, und dennoch lassen Touristen es sich nicht nehmen, das Kaufen und Verkaufen aus der Nähe anzusehen, um dann zum Frühstück in einem der ausgezeichneten Fischlokale einzukehren, von denen es in der gleichen Halle viele gibt. Eine derart erstaunliche Menge und Vielfalt von Fischen hatte ich bisher noch nicht gesehen: Hai, Krabben, Kamm-Muscheln, Schwertfisch und alles Mögliche an Meerestieren, die kein Tourist bei Namen nennt.

Vor Jahren einmal, als ich in Alaska mit meinen Fotoapparaten über einen Fischmarkt ging, stieß ich auf einen gewaltig großen Fang von Heringen. Brathering ist eines der Gerichte, die es meinem Mann angetan haben, doch weil Hering im Süden Kaliforniens nur sehr schwer zu finden ist, fragte ich den Kapitän des Bootes, warum das wohl so sei, denn schließlich wird in Alaska viel davon gefangen. Die Antwort des Mannes konnte ehrlicher nicht sein: »Japaner bieten uns Fischern einen weitaus höheren Preis, und deshalb finden Heringe in den Staaten ihren Weg nur selten zu den Märkten und außerhalb großer Städte ohnehin so gut wie nie.« Nun, auf uns Hinterwäldler in den San Bernardino Mountains, stundenweit von den Märkten in Los Angeles entfernt, trifft das zu: Hering gibt es nicht bei uns, und deshalb nehme ich als Notbehelf Forellen. Die kommen zwar an den Fettgehalt von Hering nicht heran, sind aber als Ersatz überraschend gut.

Es gibt noch etwa anderes, wofür japanische Importeure höchste Preise bieten. Wir sind darauf an einem Tag gekommen, an dem ich mir ein weiteres *singing-abalone-breakfast* im Ryokan nicht antun wollte, und so gingen wir zu einem westlich anmutenden Lokal hinüber, dessen Tür schon morgens offen stand. Bis dahin hatte ich den besten

Kaffee meines Lebens auf einer Plantage in den Blue Mountains von Jamaika getrunken: schwarz, dickflüssig und mit einem Anflug von Schokoladenaroma. Der gleiche Kaffee wurde uns nun in diesem Frühmorgenlokal serviert. Als ich wissen wollte, woher der Kaffee käme, überraschte mich die Antwort nicht. »Jamaika«, sagte der Wirt, »die Sorte heisst Blue Mountain. Ich glaube, sie ist die teuerste von allen, und dennoch kauft Japan fast die gesamte Ernte der Blue Mountain auf.«

Voll beneidenswerter Energie, unbekümmert und mit lautem Kichern bestieg eine Gruppe junger Mädchen den Zug auf einem Bahnhof außerhalb von Tokio. Wir hatten mit Absicht nicht den *bullet train* genommen und sahen mit an, wie der Zug langsam aus dem Bahnhof rollte. Sein Zockeln und Ruckeln bewegte uns auf der schmalen Bank hin und her und her und hin, und durch die Fenster zogen Bilder von kleinen Häusern und terrassierten Feldern. Auf manchen Terrassen standen Reispflanzen in dunklen Wassern, auf anderen wurde Gemüse angebaut. Wenn ich solche Felder sehe, wünsche ich mir jedes Mal, die Bauern würden Schilder aufstellen, damit wir nicht raten müssen, was da draußen angebaut wird. Beim zweiten Gedanken sage ich mir leise lachend, dass die Bauern in diesem Land gleichzeitig auch eine Übersetzung ihrer kunstvollen Zeichen auf die Schilder schreiben müssten …

Parallel zu den Geleisen zog sich ein Sandweg hin, auf dem ein halbwüchsiger Junge so wild in die Pedale seines Fahrrads trat, dass er dabei eine Wolke Staub aufwirbelte. Er strampelte sich in dem Bemühen ab, unseren Waggon einzuholen, und als er sich neben unser offenes Fenster geradelt hatte, ließ er die Lenkstange los, winkte heftig zu uns herauf und rief mit der ganzen Kraft seiner Knabenstimme: »Herrrrrrroh!«

»Herrrrrrroh«, rief ich zurück und musste selbst darüber lachen, dass auch ich das »l« in ein »r« verwandelt hatte. Anderes blieb mir nicht zu tun, denn sein strahlendes Gesicht ließ wissen, wie stolz der Junge auf den gelungenen Gruß in einer fremden Sprache war. Ich hätte es nicht

Esperanza

übers Herz gebracht, ihn zu korrigieren. Das Strahlen blieb zurück, verlor sich in der Ferne und bald war der Knabe nur noch ein dunkler Fleck aus pechschwarzem Haar hinter dem letzten Waggon des Zuges.

In meinen Gedanken leben viele Kindergesichter aus allen Gegenden der Welt. Es sind nicht so sehr die Gesichter von Kindern, die gut genährt sind, ordentlich gekleidet, und die in wirtschaftlich stabilen Gesellschaften zu Hause sind, sondern auf eindringlichere Weise sind es die Gesichter der Kinder in den Bomas von Ostafrika. Ich sehe noch immer, wie kleine Hände hungrig nach Obst griffen oder nach Brot, wenn wir es ihnen reichten. Ich sehe auch die abgestumpften, altgewordenen Augen von Kindern in dem Bambusgeviert eines Klassenzimmers mitten im sonnenversengten Busch, als das Leid von Armut und von Krankheit sich bereits aus ihren Gesichtern lesen ließ, bevor sie noch sechs Jahre alt geworden waren.

Aus einem Dorf am Fuß einer tief eingeschnittenen Schlucht der Anden brachte ich ein Tongefäß mit nach Hause. Es zeigt einen Mädchenkopf mit Augen, die auf sanfte Weise schielen. Die Vase ist das Werk eines kleinen Mädchens mit Namen Esperanza. Auch Esperanza schielt. Sie und ihr Bruder José folgten uns tagelang, versteckten sich hinter Sträuchern oder Lehmziegelmauern, als Hardy und ich ihr Dorf zu erkunden suchten, das Rio Grande heißt. Ein Bach teilt den Ort in Hälften, den großen Fluss, der Rio Grande seinen Namen gab, konnten wir nirgendwo entdecken, und von den sechsundzwanzig Einwohnern der Ansiedlung aus Lehmsteinen bekamen wir nur wenige zu Gesicht. Es heißt, ein durchreisender Arzt aus Santiago de Chile habe angeboten, Esperanzas Augen zu operieren, kostenlos. Die Mutter der Kleinen wollte jedoch davon nichts wissen, weil sie es für das Werk des Teufels hielt, das Schielen zu beheben. Mein Tongefäß trägt den Namen Esperanza, und wenn ich zu Hause bin, fülle ich es mit bunten Blumen.

Tief im afrikanischen Busch, in der Mitte von Nirgendwo, bin ich mit meiner Kamera drei barfüßigen Mädchen begegnet, die über eine heiße steinige Straße zur Schule gingen. Dieselben drei Mädchen wandern jetzt über unseren Küchentisch, daheim in Kalifornien. Ich

Esperanzas Vase

habe das Foto einer Malerin gegeben, die in Iowa zu Hause ist. Die Frau hat ein Gemälde daraus geschaffen. Aus dem Bild ist unser Küchentisch geworden. Ich lächele und sage *hello* zu den drei Mädchen, jedes Mal tue ich das, wenn ich den Tisch fürs Dinner decke. Ganz bestimmt würden die Mädchen ihre Köpfe schütteln, verlegen lachen und es als Zauberei ansehen, wenn sie sich sehen könnten, alle drei, beim Weg zur Schule, auf einem Tisch in den weit entfernten Staaten von Amerika.

Fest in meine Erinnerung sind auch die jungen Japanerinnen eingebettet, in dem Zug damals, als ich mit HK auf dem Weg von Tokio nach Hiroshima war. Diese Mädchen schienen dem Bild eines modernen Japan entsprungen. Fröhlich waren sie, quicklebendig, übermütig, und der Gruß des Knaben auf dem Fahrrad hat sie mit hellen Stimmen lachen lassen. Eine von ihnen, auf der Bank uns gegenüber, nahm ihren Mut zusammen und fragte uns in einem Englisch, das überlegt und doch ein wenig schüchtern war, wo wir wohl hergekommen seien? Aus Amerika? Sie hatte die Herald Tribune in meiner Hand gesehen und aufmerksam zugehört, wenn wir beide Fremdgesichter miteinander sprachen. Als ich sagte: »Ja, aus Amerika«, brach der große Jubel aus. Die Mädchen waren außer sich vor Freude. Aufgeregt, übersprudelnd, ließen sie uns wissen, dass sie zu einem *softball team* gehörten, was aus ihren Mündern als »softaballa« kam. Ihr großer Traum sei es, so sprudelte es heraus, eines Tages in die USA zu reisen und »softaballa« gegen eine amerikanische Mädchenmannschaft zu spielen. Fröhlich durcheinander redend und flüsternd sich beratend, stimmten sie darüber ab, was sie uns als Nächstes fragen könnten, und nach Abschluss der Beratung sahen sie zu Hardy hin und wollten – in ihrem überraschend guten Englisch – von ihm wissen, mit welchem Beruf er wohl seine Frau ernähre. Es war Hardy nicht entgangen, dass die Augen der Mädchen immer wieder seine Cowboystiefel unter den Blue Jeans abgetastet hatten, und so erwiderte er seelenruhig, in der maulfaulen Art eines Westernhelden, der aus Texas angeritten kam, dass er Cowboy sei. Der Satz führte zu Turbulenzen. Die Schranken zweier Kontinente fielen. Schwarze Augen schickten Blitze aus. Die Mädchen kreischten, lachten und wollten Schläger, Softballs und Jerseys gegen Pferde oder Lassos tauschen. Ein Cowboy aus Amerika! In der größten Bahnfahrt ihres Lebens!

Der Cowboy und seine Braut wurden zum gemeinsamen Lunch gebeten. Das »softaballa«-Team öffnete seine Lunchpakete und breitete köstliche kleine Snacks vor uns aus. Wir aßen getrockneten Fisch mit Reisbällchen und tranken schwarzen Tee dazu.

Bevor der Zug in den nächsten Bahnhof einfuhr, packten die Mädchen ihre Softball-Ausrüstung zusammen und machten sich bereit für ihr Turnier, das sie zu bestreiten hatten. Wir wünschten ihnen Glück, und sie riefen uns vom Bahnsteig Abschiedsworte zu. Der Cowboy winkte den Mädchen aus seinem Abteilfenster lange nach, so lange, bis sie nicht mehr zu sehen waren.

Ein zarte, melancholische Weise erfüllte den Raum. Mit verhaltener Sinnlichkeit zupfte eine schlanke, zierliche Geisha die Saiten eines *koto*. Wir saßen bei einem Abendessen im gedämpften Licht, das papierene Wände in einem hellen Beige erscheinen ließ, atmeten den frischen, angenehmen Duft der Tatami-Matten ein und lauschten den verführerischen Klängen der Musik. Neben mir saß Toshiro Mifune mit einem Ausdruck von Zufriedenheit auf seinem wunderbar markanten Gesicht.

Toshiro hatte uns wenige Tage zuvor durch ein japanisches Dorf vergangener Jahrhunderte geführt, das für einen Samurai-Film vor den Hallen seines Filmstudios aufgebaut worden war. Unsere Tage in Japan neigten sich dem Ende zu, und Toshiro stellte nachdenklich die Frage, ob ich noch einen Wunsch hätte, der auf unserer Reise durch sein Land unerfüllt geblieben war. Nun, einer meiner Wünsche war unerfüllt geblieben. Ich würde traurig sein, Japan verlassen zu müssen, ohne jemals mit einer Geisha Gedanken ausgetauscht zu haben. In Kyoto waren sie durch den frühen Abend getrippelt, in ihren eleganten Kimonos und den schwarzseidenen Perücken, und ich bedauerte sehr, dass ich mit keiner von ihnen hatte sprechen können. Sie waren eine Facette des japanischen Lebens, die mir unbekannt bleiben würde. Ein Blick in Toshiros verblüfftes Gesicht ließ mich glauben, eine solche Bitte, an ihn gerichtet, würde ungebührlich sein. Mein zweiter Wunsch wäre gewesen, seine junge Frau kennen lernen zu dürfen, die, wie es hieß, von außerordentlicher Schönheit sei, weil sie aber erst wenige Tage zuvor ein kleines Mädchen geboren hatte, blieb diese Bitte unausgesprochen.

Kurz vor dem Flug zurück nach Deutschland lud Toshiro uns zum Abendessen ein. Aufmerksam, wie er mir stets begegnet war, fragte er uns über unsere Vorlieben oder Abneigungen aus, wenn es um die japanische Küche ging. Ich verschwieg meine Intoleranz gegenüber rohem Fisch mit Tang und nannte ihm stattdessen alle Gerichte, die wir besonders schätzten.

Wir waren lange von zu Hause fortgewesen und während unserer Entdeckungsfahrten durch Japan hatten wir in Deutschland oder Kalifornien eine Adresse hinterlassen müssen, über die wir stets erreichbar sein würden. An die hundert Jahre vor uns war Somerset Maugham das gleiche Problem auf seine Weise angegangen: Vor jeder seiner Schiffsreisen hatte er sich in fernen Häfen bei den Bürochefs von Reuters und bei den Agenten der Cunard Steamship Company angemeldet und sich deren Mithilfe bedient. Wir sagten uns, dass von dem berühmten Engländer zu lernen sei, und ersetzten Cunard durch Lufthansa und Reuters durch die ARD. In dem Jahr unserer Reise war Gerd Pelletier Auslandskorrepondent des Ersten Deutschen Fernsehens in Tokio, und als er sich liebenswerterweise bereit erklärte, unsere Anlaufstelle in Tokio zu sein, gaben wir die Nummer seines Telefons an Toshiro weiter. Das Filmstudio Mifune erkundigte sich oftmals im Büro der ARD nach unserem Wohlergehen in Nagasaki, Osaka, Kochi oder wo auch immer wir gerade waren, und als es in Tokio zu unserem Abschiedsessen kam, hatte Toshiro die freundliche Hilfe Pelletiers nicht vergessen. Er dehnte die Einladung zum Dinner auf Gerd und seine Frau Ingrid aus.

Die zierliche Geisha spielte ihre anrührenden Weisen auf dem Koto lange Zeit für uns. Japanischer Art folgend, saßen wir um einen sehr niedrigen Tisch herum, unsere Beine verschwanden unter dem Rechteck in einer Versenkung, die Kissen waren fremd und schön, ich fragte mich, was ein Abend mit Geishas wohl noch alles bringen würde, und genoss diese wundersame Stunde, die Toshiro uns bescherte. Als lautlose Dienerinnen geflochtene Schalen mit verschiedenen Gerichten zu uns trugen, beendete das Mädchen mit dem weißgeschminkten Gesicht sein Spiel auf dem Koto, nahm den Platz neben Shiro ein, Mifunes Sohn, und füllte dessen Glas mit Wein. Einem jeden von uns war eine Geisha zur Seite gegeben. Aufmerksam füllten die Frauen unsere Gläser, gaben uns von den schön dekorierten Speisen, schnitten Fleisch auf ihren Tellern zu und hätten die Bissen mit ihren Stäbchen ganz gewiss auch bis zum Mund der Fremdlinge gebracht, sollte dies ihr Wunsch gewesen sein.

Die jungen Frauen waren in Konversation geschult, sie beherrschten die englische Sprache geradezu perfekt, zwei von ihnen sprachen

Bezaubernde Geisha

sogar ein wenig Deutsch, gaben aber zu verstehen, dass sie der englischen Sprache den Vorzug geben würden.

Als Toshiro sah, wie wohl sich seine Gäste fühlten, lehnte er sich entspannt zurück und warf einen Blick zu Hardy hin. Der prostete ihm zu und lachte. Toshiro lächelte zurück. Es sah ganz danach aus, als würden zwei Schauspieler ein Geheimnis teilen.

Toshiro beugte sich über den Tisch hinweg zu mir. »Hat Ihnen Ihr Mann jemals erzählt, mit welchem Missklang unsere gegenseitige Zuneigung begann?« Ich wusste, dass die beiden sich seit Malaysien kannten, seit den Dreharbeiten zu *Paper Tiger* – David Niven, Toshiro und Hardy waren die Stars des Films gewesen –, und sagte: »Soweit mir bekannt, hat Hardy Sie in Kuala Lumpur kennen gelernt, bei *Paper Tiger.*«

Mifune schüttelte den Kopf. »Hardy hat mich nicht kennen gelernt«, sagte er, »Hardy hat mich ausgelacht. Gleich am ersten Drehtag! Ausgelacht!« – »Unmöglich«, rief ich, »so etwas würde ganz und gar nicht zu ihm passen! Und – ist es denn nicht so, dass Schauspieler ausgesprochen respektvoll miteinander umgehen?«

»Schon, schon«, wehrte Toshiro ab und begann die Geschichte zu erzählen. Mifune, der große Darsteller der Samurai, hatte eigens für den Film *Paper Tiger* Englisch lernen müssen. Seine Rolle war die des japanischen Botschafters in einer asiatischen Metropole. Es wurde ihm angeboten, die Rolle in seiner eigenen Sprache zu spielen, um dann von einem anderen Schauspieler auf Englisch synchronisiert zu werden. Mifune lehnte höflich, aber bestimmt ab. Er büffelte Grammatik mit Erfolg, doch der harsche Tonfall eines sehr maskulinen Japaners blieb ihm bei der Intonation des Englischen erhalten. In der ersten Szene mit Hardy hatte der Botschafter ärgerlich zu sein und musste eine machtvolle, starke Rede halten. Toshiro trat mit donnernder Stimme auf. Doch Hardy verstand kein Wort von alledem, was er da brüllte. Bei der nächsten Einstellung war es nicht viel anders: Hardy platzte los und lachte und lachte und lachte.

Krüger entschuldigte sich bei Mifune und bat darum, die Szene wiederholen zu dürfen. Als auch diese Einstellung abgedreht war, bat der Japaner den Deutschen vor die Tür und wollte wissen, was das Lachen zu bedeuten habe. »Weil ich kein Wort verstanden habe«, kam die Antwort: »Verzeih mir, Toshiro, aber du hast gebellt wie ein Hund.«

Toshiro war verblüfft, dachte nach, und begann dann selbst zu lachen. Er hatte sich in die Wut des Botschafters hineingesteigert und darüber die englische Aussprache außer Acht gelassen. Lachend schlug er Hardy auf die Schulter. So begann ihre Freundschaft. Toshiro arbeitete mit großem Eifer an der englischen Aussprache, und der Film wurde beendet mit der Stimme des großen Mifune im Original.

Eine Geisha, die bei Ingrid Pelletier gesessen hatte, erhob sich vom Tisch und nahm ihr Instrument zur Hand, das aussah wie ein Banjo und *shamisen* hieß. Sie begab sich in die Nähe des Eingangs zwischen den Wänden aus Papier und begann, eine heitere Melodie auf dem Shamisen zu spielen. Als sie geendet hatte, erhob ›meine‹ Geisha sich von dem Kissen neben mir, brachte einen hölzernen, ovalen Fächer zum Vorschein, der mit dunkel-violetten Iris bemalt war, und führte einen sanft gleitenden, bestechend einfachen Tanz vor.

Die Unterhaltung, von Toshiros Geishas uns geboten, setzte sich an dem Esstisch fort, als die weißgeschminkten Frauen begannen, kindliche Spiele vorzubereiten, wie wir sie bei uns daheim von Kindergeburtstagen her kennen. Es waren viele Spiele, mit Scharaden wie etwa dem Erraten der nächsten Zeile in einem Gedicht, und schließlich wurde ein Ei auf den Tisch gelegt, dem mit dunkler Tinte ein Pfeil aufgemalt war. Eine Geisha versetzte das Ei in eine kreisrunde Bewegung, und die Person, auf die der Pfeil am Ende dieses Eiertanzes zeigte, war auserkoren, ein Lied zu singen. Die Geishas spielten alle Spiele mit kindlicher Begeisterung, und ein Lied nach dem anderen musste von uns Ausländern gesungen werden. Das ging so

Abschieds-geschenk, der Fächer einer Japanerin

lange gut, bis der Pfeil auf Hardy deutete. Der war dieses Teils des Abends überdrüssig geworden. Was also tut mein Clown? Er nimmt das Ei, schlägt es gegen die Tischkante, bricht die Schale auf, lässt Eiweiß und Eigelb in ein Glas plantschen und schüttet, mit entschlossener Gebärde, das glitschige Zeug in seinen Schlund hinein.

Der Aufschrei an Gelächter, die Heiterkeit in unserem Raum muss durch die papierenen Wände hinaus in die Stadt gedrungen sein. Unsere Geishas klatschten wie Kinder in die Hände und waren außer sich vor Freude.

Als es Zeit zum Aufbruch war, legte mir ›meine‹ Geisha den Fächer ihres Tanzes in die Hände. An heißen Sommernachmittagen in Kalifornien, auf meiner Veranda, kommt es vor, dass ich mir Luft zufächle mit den gemalten Irisblüten und dass ich meine Gedanken wandern lasse zurück zu einem Abend, der unwiederbringlich ist.

Es war spät geworden damals, als Mifune seine Gäste vor das Haus geleitete, das mit seinem dunklen Holz, tief geduckt, fast unauffällig, seit Hunderten von Jahren einen Platz in der Geschichte Japans hat. Ich sah noch einmal zum Licht der inneren Räume hin, in der Hoffnung, einen der großen Politiker Japans zu entdecken. Toshiro hatte mir nämlich erzählt, dass in diesem unauffälligen Gebäude sich Industriekapitäne mit Ministern treffen, Tag für Tag, und die Geschicke seines Landes lenken. Rings um das alte Haus stehen Wolkenkratzer, sie stehen in einem Stadtteil Tokios, der Akasaka heißt, und mit ihren glitzernden Säulen aus Stahl und Glas und Licht erhellen sie die Nacht. Auf meinem Weg durch Helligkeit und dunkle Flecken, fort von dem alten Haus, über einen Pfad aus Stein, begann ich mir Geishaspiele für meine nächste Dinnerparty auszudenken.

Kalte Kyoto-Gurkensuppe

2 große Gurken ohne Kerne
1/8 l eiskaltes Wasser
3 Teelöffel Meersalz
1 Avocado (wenn möglich eine
schmackhafte Haas-Avocado)
1 Esslöffel Weißweinessig
1 Esslöffel Limettensaft
250 ml Crème fraîche oder Joghurt
(wenn weniger Kalorien gewünscht
werden)
1 Teelöffel Wasabi-Paste (Meer-
rettichpulver mit Wasser vermischt)
1 Esslöffel Petersilie, gehackt
1 Esslöffel Schalotten, fein gehackt
Eiswürfel (aus etwa 1/4 l Wasser)
Frisch gemahlener Pfeffer

Gurken, eiskaltes Wasser und zwei
Teelöffel Meersalz im Mixer oder mit
dem Mixstab pürieren, beiseite
stellen. In einer anderen Schüssel Avocado mit Limettensaft und dem restlichen Salz zerdrücken.
Crème fraîche oder Joghurt, Wasabi-
Paste, Petersilie, Schalotten und frisch
gemahlenen Pfeffer nach Geschmack,
aber aus der Mühle, unterrühren.
Mit dem Mixer zu einer weichen
Paste vermengen. Kurz vor dem
Servieren die Gurkenmasse im Mixer
mit den Eiswürfeln vermischen.
Die Suppe in flache Schalen geben und
die Avocado-Mischung darüber verteilen. Ergibt etwa 6 Portionen.
Die Suppe eignet sich hervorragend für
heiße Sommerabende.

Japanischer Rindfleisch-Apfel-Salat mit Chili-Limetten-Sauce

Marinade für das Rindfleisch:
4 mittelgroße Rinderfilets
3 Esslöffel frisches Zitronengras,
gehackt (von den unteren 10 Zentime-
tern, ohne die äußeren Blätter)
2 Esslöffel Schalotten, gehackt
4 Teelöffel asiatische Fischsauce
4 Teelöffel Soyasauce
2 Teelöffel Zucker

Für die Limetten-Sauce:
3 Esslöffel frischer Limettensaft
Schale einer Limette
3 Esslöffel Wasser
3 Esslöffel Zucker
3 Esslöffel asiatische Fischsauce
1 große Knoblauchzehe, gehackt
1 Teelöffel frischer Chili, gehackt
(oder 1/2 Teelöffel Cayennepfeffer)

Für den Apfelsalat:
4 Äpfel (vorzugsweise Granny Smith)
30 g kleine frische Basilikumblätter
30 g frische Korianderblätter,
gehackt
100 g gesalzene, geröstete Erdnüsse,
gehackt

Das Filet gegen die Maserung in
dünne Streifen schneiden.
Die Streifen in die vorbereitete Marinade legen, gut vermischen und
zwanzig Minuten bei Zimmertemperatur ruhen lassen.

Alle Zutaten für die Limetten-Sauce im Mixer oder mit dem Mixstab pürieren.
Die geschälten und entkernten Äpfel in dünne Streifen schneiden.
Mit Basilikum, Koriander, Erdnüssen und der Limettensauce vermischen.
Etwas der Limettensauce beiseite stellen.

Die Filetstreifen auf dem heißen Grill (oder in einer Bratpfanne) in wenig Öl je nach Geschmack rosa oder gar braten.
Apfelsalat auf die Teller verteilen und das Fleisch darüber geben.
Die restliche Limettensauce über das Fleisch gießen.
Ergibt vier Portionen.

Yakitori

Yakitori sind wunderbare, mundgerechte Hähnchenstücke, die in eine Knoblauch-Ingwer-Marinade eingelegt werden. Meist werden sie als Vorspeise serviert, aber ich reiche sie auch gern mit Nudeln oder Reis als Hauptgericht.

3 ganze Hähnchenbrüste, ohne Knochen und Haut, oder, wenn man saftigeres Fleisch bevorzugt,
3 Hähnchenschenkel ohne Haut
3 Esslöffel Sojasauce
2 Esslöffel trockener Sherry
1 Esslöffel Zucker

1 Esslöffel Knoblauch, fein gehackt
1 Esslöffel frischer Ingwer, geschält und gehackt
24 Bambusspieße, 20 cm lang

Die Bambusspieße ein paar Stunden lang in Wasser einweichen, damit sie auf dem Grill nicht verbrennen.
Die Hähnchenbrust in dünne Scheiben schneiden und in eine flache Schüssel legen.
In einer anderen Schüssel die restlichen Zutaten vermischen. Die Marinade über das Fleisch gießen und alles gut vermengen. Zugedeckt bei Zimmertemperatur 2 Stunden ziehen lassen.
Kohle- oder Ofengrill vorbereiten.
Mehrere Fleischstücke auf die Spieße stecken und erneut mit der Marinade bestreichen.
Die Spieße etwa zehn Zentimeter von den Heizstäben entfernt bzw. über der Glut garen, ca. 2 Minuten auf jeder Seite. Dabei hin und wieder mit der restlichen Marinade bestreichen.
Ergibt 4 Portionen als Hauptgericht.

Ein Hauch von Südpol

_L_ange Schatten legten sich über das Objektiv meiner Kamera. Als ich hochblickte, sah ich zwei Albatrosse mit enormer Flügelspannweite über die Insel gleiten, die in den Seekarten als _King George Island_ eingetragen ist und zu den südlichen Shetland-Inseln vor der Nordküste der antarktischen Halbinsel gehört. Albatrosse nisten auf der König-Georg-Insel, und ich war stundenlang durch hüfthohes grünes Gras gestapft, das im Wind wogte, hatte Fotos von den Albatros-Küken gemacht und von den Müttern ebenso. Die Mütter behielten ihre Kleinen stets im Blick, doch mein Eindringen schien die schönen Vögel nicht gestört zu haben, sie hatten wohl gespürt, dass von mir kein Schaden für ihre wuscheligen Babies zu befürchten war.

Bekleidet mit meinem Schneeanzug, einem roten Parka der _Explorer Expedition_, kniehohen Gummistiefeln, Strickmütze und Handschuhen, unter der schweren Kameratasche bei jedem Schritt gebeugt, war ich unbeholfen über die Insel gestapft und hatte froh mit angesehen, dass die Albatrosse mich, das fremde Wesen, furchtlos duldeten. Ich hätte gern noch länger dort verweilt, aber dem Kamerateam und mir war Anweisung gegeben worden, die Insel zu verlassen und mit unserem Schlauchboot, einem dickwandigen Zodiac, aufs offene Meer hinauszufahren. Ein Mann namens Werner, der unser Schlauchboot steuerte, hatte Order, einem Zodiac zu folgen, der sich weit draußen einen Weg durch die Wellen bahnte. In dem Gummiboot saßen Hardy und der Kapitän eines deutschen Expeditionsschiffes, das _MV Society Explorer_ hieß, und auf dem wir Gäste waren. Die beiden Männer warteten darauf, dass unser Kameraboot endlich längsseits kam und, mit der _Explorer_ im Hintergrund, die Dreharbeit beginnen würde. Der Wind frischte auf und ließ die Wellen höher steigen. Starke Böen und erschreckend hohe Wellenberge sind am südlichen Ende der Drake

Passage keine Seltenheit. Anstatt die Wellen sorgsam seitlich schräg anzugehen, fuhr unser Bootsmann den Zodiac frontal in sie hinein, was zur Folge hatte, dass wir Wasser übernahmen, Welle auf Welle, immer wieder. Der Mann dürfte sich kaum zum Ziel gesetzt haben, eine unglückliche Filmcrew in seinem Boot zu sehen, doch seine unangemessenen Fahrmanöver erreichten das nichtgesteckte Ziel auf grandiose Weise. Es gefiel ihm, die gleichen Tricks so oft zu wiederholen, bis Kamera, Mikrofon, Tongerät und wir alle trieften. Hardy meldete sich über Walkie-Talkie mit der Frage, ob die Einstellung von Kapitän und ihm und dem großen Schiff im Kasten sei. »Nein«, war die Antwort, die er hörte, die Kamera sei niemals nah genug an seinen Zodiac herangefahren worden, der Wellengang sei zu brutal, und alle seien bis auf die Haut eiskalt und durchnässt. Vorsichtig zog ich eine trockene Plastiktüte über einen meiner Fotoapparate, den ich unter meinem Parka in Sicherheit gebracht hatte, bevor Werner den nächsten Wasserfall würde produzieren können. Von dem zweiten Apparat, den ich in der Hand hielt, tropfte es bereits, und der Wollmütze des Toningenieurs erging es ebenso. Als er sich über seine Gerätschaft beugte, rutschte die Mütze über seine Brille. Tropf, tropf, tropf machte es, und eiskaltes Salzwasser rann von den Spulen in sein Tongerät hinein.

Über Walkie-Talkie kam von HK die Anordnung, unverzüglich zur *Explorer* zurückzukehren. Ich stellte mir vor, wie er sich sagte, dieser Werner ist für ein Kameraboot alles andere als erste Wahl. Beim Verpacken meiner Ausrüstung lief die Stimme von Mae West durch meinen Kopf: »Lehn dich zurück, Süße, und genieß den Rest der Reise!« In einem alten Schwarzweiß-Western hatte ich sie das sagen sehen, und genauso würde ich das jetzt und hier auch machen.

Aus den Wellen waren rollende, hohe Saphirberge aus besonders dunklem Blau geworden, und den heulenden Wind fand ich störend, aber nicht besonders kalt. Der Himmel war aus hellem Blau, Wolken zerfledderten an ihren Rändern und weiße Albatrosse glitten über uns dahin. Ich fand das alles wunderschön.

Wir nahmen noch immer Brecher über, aber das rote Schiff schien nicht allzu weit entfernt, und deshalb war ich mir sicher, dass Werner nunmehr sein Bestes geben und uns, ohne zu kentern, zurück zur *Explorer* steuern würde. Bei einer der Unterweisungen an Bord hatte der Erste Offizier uns einmal darüber aufgeklärt, dass ein Mensch, sollte er in diese Wasser fallen, höchstens fünfzehn Minuten überleben kann. Dies aber nur, wohlgemerkt, wenn der Mensch bekleidet ist und eine Schwimmweste trägt. Nun, ich hatte nicht die Absicht, in der Antarktis über Bord zu gehen. Weder bekleidet, noch ohne jede Faser von Textilie an.

Es fiel leicht, Mae Wests Vorschlag zu folgen, denn ich fühlte mich wie ganz oben drauf auf unserer Welt, obgleich ich doch ganz ›unten drunter‹ war. Ich musste lachen. Die Luft war kristallen, frisch, mit einer Temperatur von etwas über Null, und der Gedanke, in der Antarktis sein zu dürfen, machte aus mir ein Mädchen, wie es ein glücklicheres kaum geben kann.

In der Vermutung, dass die Crew mein Strahlen als unziemlich empfinden würde, behielt ich die gute Laune für mich selbst. Die Männer sahen tragikomisch aus. Mit dem Bewusstsein, die Einstellung von Zodiac und rotem Schiff nicht gedreht zu haben, waren die Gesichter lang geworden.

Weiter fort von uns, auf dem dunkelblauen Meer, hatten Hardy und der Kapitän inzwischen bei der *Explorer* angedockt. Es war deutlich auszumachen, wie die beiden an Deck kamen und ihre Ferngläser auf uns richteten. Ich winkte ihnen zu, fröhlich, voller Schwung, was sagen sollte, bald, ganz bald, werden auch wir auf der *Explorer* sein.

Der Wind begann sich zu drehen und über die Wellen wehte Gischt. Statt unserem Ziel näher zu kommen, gelang Werner das Unmögliche: Er ließ unser Boot in die entgegengesetzte Richtung treiben und fuhr große Kreise. Die *Explorer* schien weiter und immer weiter von uns entfernt. Mein Mann war inzwischen nur noch zu einem winzigen Punkt auf dem Aussichtsdeck des Schiffes geworden. Ich sah zu ihm hin und hörte Werner sagen, es wäre unnötig, sich zu ängstigen, schließlich sei er ein Steuermann mit Erfahrung, wir würden unser Ziel erreichen, wenn auch wegen der ungewöhnlich hohen See an Kleidern und Ausrüstung von Salzwasser durchtränkt. Zwei Stunden später sahen wir die Backbordseite der *Explorer*. Wie und warum wir dahin gelangt waren, blieb uns allen rätselhaft, denn in den beiden letzten Stunden hatte unser schwarzer Zodiac seine Kreise stets vor dem weit entfernten Steuerbord gedreht, und auch die Plattform unter der Gangway, über die wir an Bord zu gehen hatten, war an Steuerbord. Werner, der Erfahrene, begann mit den Zähnen auf der Unterlippe herumzukauen, doch just in dem Moment rettete ihn ein zweites Rätsel aus der Not: Er schaffte es, einen geraden Kurs zu steuern, brachte das Boot auch auf den Wellenkämmen nicht zum Kentern und schrammte längsseits an die Plattform, auf der zwei muskulöse philippinische Matrosen die vermisste Kameracrew erwarteten.

Doch damit war die Gefahr des Tages noch immer nicht gebannt. Wer bei extremem Wellengang vom Schlauchboot auf die Plattform will, darf den rechten Augenblick nicht verpassen. Auf dem schwankenden Gummiboden des Zodiacs stehend, die Ellenbogen an den Körper gepresst, Unterarme und Hände den Filipinos entgegengestreckt, hatte ich im Auge zu behalten, wie der Zodiac vom Wellenkamm ins Wellental hinunterstürzte, und haargenau in dem Moment, wenn Schlauchboot und Plattform auf gleicher Höhe waren, hatten die Matrosen, einer zur Rechten, einer zur Linken, mich bei Unterarm und Ellenbogen zu packen und meinen Sprung auf die Plattform mit ihren Schultern abzufangen, während das Schlauchboot mit den Filmleuten unter mir im Wellental versank.

Neben den beiden Muskelmännern standen, bis zu den Knien vom Meerwasser umspült, Hardy und der Kapitän. Wohl ahnend, dass mein Mann mich als Erste aus dem Zodiac befreien würde, wie er das immer tat, versuchte ich in dem Schwanken und Tosen aufzustehen, doch meine innere Stimme sagte mir: »Daraus wird wohl heute nichts.« Sie sollte Recht behalten: Die Männer sprangen auf im Boot, drängten sich an mir vorbei, taten alles, um nicht über Bord zu gehen, streckten hilfesuchend ihre Arme aus und wurden, einer nach dem anderen, von den Matrosen auf die Plattform gehievt. Vor Nässe tropfend stapften sie an Hardy vorüber und stiegen die Gangway hoch. Keiner sprach ein Wort. Nur der Tonmann ließ sich hören. Er war am Tag zuvor seekrank gewesen, was er nicht vergessen hatte, und jetzt hielt er seine triefende Ausrüstung, Mikrofon und Tonbandgerät, an die Brust gepresst. Die Brille hing baumelnd an einem seiner Ohren, und lautstark brüllte er in das Heulen des Windes hinein, nie, nie, nie wieder würde er in dieses Gummiboot steigen! Er gab ein Bild ab, bei dem niemand ernst bleiben konnte, und Hardy brach auch prompt in schallendes Gelächter aus. Grinsende Filipinos zogen mich als Letzte hoch. Eine der vielen Episoden während unserer Dreharbeiten hatte sich in dieser Stunde wiederholt und ich sagte mir: Als einzige Frau in einem Männerteam nimmst du wohl besser, und mit einem Lächeln, Abschied von dem galanten *Ladies first*.

Der Zodiac wurde auf das Verladedeck gehievt. Die Filmcrew wusch das Salz des Meeres aus den Geräten, fönte alles trocken und freute sich auf eine heiße Dusche. Wir holten unsere einzig guten Kleidungsstücke aus den Seesäcken, denn an diesem Abend sollte es das *Captain's Dinner* geben, während die *Explorer* Kurs auf Eisberg und Antarktis nahm.

Vor unserer Kabine trafen wir Passagiere, die sich bereits für das Dinner umgekleidet hatten. Die *Explorer* ist ein Forschungs- und Erkundungsschiff, nicht die *QE 2*, weshalb niemand Abendkleid oder Smoking trug. Unsere Mitpassagiere strebten der kleinen Schiffsbar entgegen. Sie waren erwartungsvoll, fröhlich, lebendig, und ich musste daran denken, wie sie noch vor wenigen Tagen, südlich von Kap Horn, alles andere als fröhlich und lebendig gewesen waren. Jener Tag am Kap hatte in einer frühen Morgenstunde mit dem Ablegen im chilenischen Puerto Williams begonnen, und alle Passagiere, ebenso wie wir, hatten sich mit Spannung auf die berüchtigte Südspitze dieses Kontinents gefreut. Unsere Mitreisenden waren vorwiegend Amerikaner, eine freundliche Gruppe, voller Enthusiasmus und auf Abenteuer aus.

Am Kap Horn sollte eine Überraschung auf uns warten. Ich hatte mir eine felsig karge Halbinsel vorgestellt, die ins Meer abfällt. In Wirklichkeit aber bot sich uns das Kap als eine recht kleine Insel dar, die von wunderschön geformten, winzigen Moosen und Gräsern überwachsen ist. Kriechpflanzen klammern sich an Felsen fest, Moose ebenso, und was sie da bilden, sind faszinierende Formen und Muster, die mit gedämpften roten, grünen und rostbraunen Farben wie ein Gobelin aussehen. Ähnliche Gewächse habe ich in den kanadischen Rocky Mountains gefunden und versucht, Bilder aus ihnen zu machen, doch von meinen Fotos war ich jedes Mal enttäuscht. Das Ungewöhnliche der Muster an dem Felsgestein der Rockies vermochte meine Kamera nicht einzufangen, und am Kap Horn erging es mir nun ebenso.

Nach unserer Wanderung über die kleine Insel mit dem berühmten Namen waren wir in See gestochen, und kaum dass dieses Kap Horn nicht mehr auszumachen gewesen war, hatte die *Explorer* sich in ein Geisterschiff verwandelt. Beim Gang übers Achterdeck fragte ich mich, wo denn bloß die Passagiere waren. Keine Menschenseele ließ sich sehen, und der Gang zum Speisesaal war wie ausgestorben. HK hatte um zwölf Uhr mittags in den Funkraum gehen müssen. Das Produktionsbüro in Hamburg erwartete über Kurzwelle ein Lebenszeichen von uns allen, und danach wollte er sich mit mir im Speisesaal zum Mittagessen treffen.

Das Schiff kämpfte gegen eine lange Dünung an, der Bug stieg über die Kimm hinweg, um gleich darauf, vorwärts stürzend, mit Macht in ein Wellental zu tauchen und enorme Wassermassen über das Vordeck zu nehmen. Das Stampfen des Bootes ließ die Wand im Korridor neben mir erzittern. Auf dem Weg zum Speisesaal kam ich mir wie ein Yo-Yo vor, und ich hielt mich nur mit Mühe an dem Geländer fest. Ich hatte, wie jeder andere Mensch auf dieser Welt, gelesen, wie gefürchtet die Drake Passage bei Matrosen und Passagieren ist, und an jenem Tag taten die Gewalten dieser See ihrem Ruf gründlich Ehre an: In den Kojen der *Explorer* lag so gut wie jeder krank, und es soll Passagiere gegeben haben, die, mit Fotos ihrer Kinder in den Händen, von diesem Leben hatten Abschied nehmen wollen.

Beim Öffnen der Tür zum Speisesaal sah ich nur eine einzelne Person vor einem der vielen Tische sitzen: Gerd Wange, der Kameramann im Team, ließ sich sein Mittagsmahl durch nichts und niemanden verderben. Kaum hatte ich schwankend, unsicher, bei ihm Platz genommen, schob sich »Vollmatrose Hardy« in die Tür, in seinem Schlepptau war Joseph, ein Steward, der aus Schwaben stammte. Als Erstes brachte uns Joseph einen weißen Bordeaux, gut gekühlt, und was er uns dann servierte, wurde im wahrsten Sinn des Wortes zu einem Fest auf hoher See.

Unser Lunch begann mit einer klaren Tomaten-Fenchel-Consommé, aus der eine Andeutung von frischem Dill zu schmecken war. Als Nächstes kam eine leicht geräucherte Forelle auf den Tisch, mit grob gemahlenem Pfeffer und geriebener Zitronenschale leicht bestreut. Dazu wurden ofenfrische Baguettes gereicht. Das Hauptgericht bestand aus *coq au vin*, mit kleinen Zwiebeln und Pilzen in einer tiefroten Weinsauce.

Kaum hatte Gerd gesagt, er könne jetzt keinen Bissen mehr herunterkriegen, wurde die Klapptür zur Kombüse aufgestoßen und der Smutje brachte uns schwankenden Schrittes eine Schale saftig reifer Erdbeeren, über denen ein Hauch von braunem Zucker lag. Der Koch sagte zu Gerd mit breitem Grinsen, diese Bissen müsse Herr Wange aber doch noch runterkriegen, schließlich seien wir drei seine einzigen Gäste an diesem Tag, und wenn die unzufrieden ihren Tisch verließen, wäre er seinen Job mit Sicherheit am Ende der Reise los. Er winkte Joseph eine Geste zu, die besagen sollte, bring doch mal die kleinen Gläser her. Der Steward stellte drei schön geschwungene Schalen auf den Tisch, sagte: »Sodele« und schenkte acht Jahre alten Cognac ein. Ich fand es erstaunlich, dass der Schwabe dabei nicht einen Tropfen danebengoss, obgleich das Schiff sich schlingernd einen Weg durch die Drake Passage bahnte.

Das war an dem Tag geschehen, als wir Kap Horn verlassen hatten, meine *fellow Americans* seekrank in ihren Kojen lagen, jetzt aber, an dem Tag nach King George Island, als ich wernergeschädigt, salzwassertriefend bei unserer Kabine vor kerngesunden Amerikanern stand, mussten sie bei meinem Anblick lachen, nicht schadenfroh, doch lautstark gutgelaunt.

Es dauerte an dem Tag schon seine Zeit, bis eine heiße Dusche das Salz aus meinen Haaren spülen konnte, und als ich im Seesack ein paar begeisternd schöne Schuhe mit hohen Absätzen gefunden hatte, hörte ich meine innere Stimme sagen: »Tu's lieber nicht. Heute ist zwar die Gelegenheit, dich endlich einmal wieder elegant zu kleiden, jedoch – hohe Absätze und hohe Wellen – die beiden passen nicht zusammen!«

Ich gab der inneren Stimme recht und entschied mich für ein paar flache Schuhe. Auch mein Kleid für den Abend hatte in dem Seesack verstaut gelegen. Es war von beiger Farbe, lang, aus einem Stoff aus Mikrofaser, also knitterfrei. Nach vielen Jahren langer Reisen weiß ich, dass ein Kleid aus Mikrofaser für mich unerlässlich ist.

Gedämpftes Licht, Tischtücher aus Damast, kräftig geformte Gläser, Champagner, eisgekühlt, und Blumen warteten auf die Passagiere der *Explorer*. Der Kapitän kam in seiner besten Uniform, und seine Passagiere trennten sich von der kleinen Bar, in der sie sich über die Erlebnisse des Tages unterhalten hatten. Gutgelaunt wurde die Frage in den Speisesaal gerufen, ob es wohl besser sei, diese neumodischen Heftpflaster gegen Seekrankheit auf die Schläfen zu kleben, und ebenso gutgelaunt ließ Kapitän Lampe seine Gäste wissen, für den Rest des Abends werde die Fahrt durch sanfte Wellenberge gehen. In der fröhlichen Atmosphäre, die während der ganzen Antarktis-Expedition herrschte, begann das Fest. Champagnerkorken knallten, der Kapitän hielt eine kurze Rede, die Passagiere erhoben sich von ihren Stühlen und stießen ihre Gläser mit den Worten aneinander, wie sehr sie sich darauf freuten, den Kontinent der Eisberge, Seehunde und Pinguine aus allernächster Nähe anzusehen. Ein weiterer Toast wurde auf unsere wagemutigen Forscher vergangener Zeiten ausgebracht und auf alle Entdeckungen, die wir diesen unerschrockenen Seefahrern zu verdanken haben. Als auch das geschehen war, ließen wir uns auf bequem gepolsterten Sesseln nieder, und es begannen Tischgespräche, die von Ernest Shackleton über Robert Scott bis zu politischen Ereignissen in der Heimat reichten. Neben mir begann eine Dame davon zu sprechen, wie besorgt ihre alte Mutter gewesen sei, als sie von der Antarktis-Reise ihrer Tochter hörte. Immerhin hatte ja in dem Prospekt gestanden, dass die Funkverbindung mit einem Schiff in Südpolnähe vorübergehend unterbrochen werden könne. Sollte sich nun in der Heimat ein Notfall

ergeben haben, fand die Mutter, so sei die Rückkehr in die Vereinigten Staaten der Tochter nur mit großem Zeitverlust möglich, denn
einen Flugplatz für Linienmaschinen, das habe sie inzwischen in Erfahrung gebracht, den gebe es in dem ewigen Eis ja nicht. »Was machst
du, bitte schön, wenn du den langen Weg nach Hause schaffst, aber ich
bin bereits tot?«, hatte die alte Dame wissen wollen. »Mutter«, war die
Erwiderung der Tochter gewesen, »mit dem Sterben musst du eben
warten, bis ich wieder zu Hause bin!« Bei dem letzten Wort legte sich
die *Explorer* vehement und gefährlich weit zur Seite. Frauenstimmen
schrien auf und Kapitän Lampe machte sich eilig auf den Weg zur
Brücke. An den Tischen waren Leute aufgesprungen und von überall
kam die besorgte Frage, ob uns wohl eine Wiederholung der Drake
Passage beschieden sei. Gleich darauf mussten wir erleben, wie das
Schiff ein zweites Mal stark nach Backbord krängte, bevor es sich
wieder aufrichtete und das Schlimmste überstanden schien. Käpt'n
Lampe kam mit den Worten zurück, er habe den Kurs geringfügig geändert, was das stärkste Schlingern verhindern würde, wenn auch nicht
ganz, denn der Wind habe aufgefrischt und schwerer Seegang werde
unser Schiff von der Seite treffen. Kaum war dem Kapitän das letzte
Wort über die Lippen gekommen, warf eine kräftige Woge das Schiff,
wie zur Bestätigung krachend, abermals seitwärts in ein Wellental
hinein, und wenn einer von den Passagieren aufrecht gestanden hatte,
wurde er jetzt mit Macht in seinen Sessel zurückgeworfen. Wie in Zeitlupe sah ich Schüsseln, Gläser, Bestecke, Blumenvasen hintereinander
von rechts nach links den Tisch herunterrutschen und sich lärmend,
splitternd, weit über den Boden hin verteilen. Als letzter aller Gegen-
stände kam eine Flasche Champagner vom oberen Ende des Tisches
auf mich zugerutscht. Es war die Buddel, die der Steward nicht hatte
entkorken können, woraufhin ich einen alten Trick, den ich gegen
widerspenstige Sektkorken erfunden hatte, an ihn weitergab: Man
nehme ein feuchtes Frottétuch in die Hand und drehe den Korken
spielend leicht aus dem Flaschenhals heraus. Der Trick funktioniert so
gut wie immer, überall, und er funktionierte auch auf dem Weg in die
Wasser der *Antartica*.

Sehend, was sich über den Damast da näherte, verschaffte ich mir mit der einen Hand einen kräftigen Stand am Tisch und streckte die andere sichernd aus. Die Flasche glitt geradewegs in meine erwartungsvollen Finger und blieb auch, fest umklammert, dort. Immerhin war sie noch voll, die Flasche, und sie sollte nicht bei all dem ausgelaufenen Wein und Champagner auf dem Boden enden. Den *Taittinger* steil in die Luft haltend, vergoss ich keinen Tropfen von dem edlen Nass und ließ mich, ungeachtet der rollenden Schiffsbewegung, in meinen Sessel fallen, wobei ich die Verblüffung im Gesicht des mir angetrauten Herrn genoss.

Auf dem Boden lag nunmehr ein wahrer Berg zerbrochener Teller, Gläser, Flaschen. Nicht einem einzigen Tisch war noch irgendein Gegenstand auf dem weinfleckigen Damast verblieben. Ein paar der Passagiere waren mitsamt der Sessel umgestürzt und hockten benommen zwischen Scherben. Die einzige noch unberührte Champagnerflasche befand sich in meiner Hand. »Soll man das für möglich halten?«, war meines bevorzugten Reisegefährten letztes Wort, bevor er lauthals lachte.

Die Leute halfen sich gegenseitig auf die Beine. Niemand war verletzt, und alle nahmen lächelnd hin, dass Kleider und Anzüge voller Flecken von Whiskey, Rum oder Rotwein waren.

Frische Gläser wurden vor uns hingestellt, ich schenkte aus der geretteten Flasche ein, Stewards räumten Scherben fort, und weil die *Explorer* weiter von einer Seite zur anderen krängte, machte sich Käpt'n Lampe mit gekonnten Seemannsschritten quer über den schwankenden Boden abermals zur Brücke auf. Tische waren bald schon wieder frisch gedeckt, und gutgelaunte Rufe wurden laut: »Eine perfekte Nacht auf See«, rief der eine, und: »Endlich was, worüber es sich lohnt, nach Haus zu schreiben«, rief ein anderer, und als wenig später der Herr über das Schiff seinen Platz am *captain's table* wieder einnahm, krängte die *Explorer* nicht mehr in den hohen Wellen, vielmehr stampfte sie dagegen an. Der alte Seebär hatte wieder mal den Kurs geändert, und das Dinner in seinem Namen wurde später von allen Anwesenden gelobt.

Das Captain's Dinner begann mit kleinen Kartoffelpuffern, die goldbraun und knusprig gebraten waren. Dazu wurden Keta-Kaviar, hauchdünn geschnittener Räucherlachs und saure Sahne gereicht. Als Hauptgericht gab es Steak Diane, das am Tisch zubereitet und kurz vor dem Servieren mit einem Spritzer Cognac flambiert wurde. Geradezu spektakulär war der Nachtisch: ein ganzer Berg aus schneeweißer Meringue, der eine Füllung von Schokoladenkuchen hatte und mit schmelzender Eiscreme übergossen war. Der Smutje und seine Helfer, von allen Passagieren stets gelobt, hatten sich in ihrer Kombüse wieder einmal übertroffen.

Aus einem tiefblauen Wasser schossen schwarze Raketen mit weißen Flecken auf der Vorderseite. Es waren Pinguine, die im Rudel längsseits der *Explorer* jagten. Mit geöffneten Schnäbeln fischten sich die kleinen Kerle ihre Mahlzeit Krill, was als ihre Lieblingsspeise gilt. Vom obersten Deck der Explorer sah ich ihnen zu, wie sie aus dem Wasser schnellten und wieder eintauchten, dabei stetig vorwärts stürmten, und ich staunte darüber, mit welcher Geschwindigkeit sie durch das Wasser glitten, ohne ihre Stummelflossen zu Hilfe zu nehmen. Sie schienen mir die zufriedensten aller Geschöpfe in diesem Paradies zu sein.

Weit draußen auf dem Meer sah ich einen Eisberg, der die Form eines gewaltig großen Edelsteines hatte. Wie ein Aquamarin funkelte er unter dem grellen Licht des Himmels. Er war viereckig geformt, vor Gewicht strotzend und hatte scharfe Kanten. Neben ihm gab es andere, die wegen ihrer Zartheit auf mich wirkten. Wesen, die mir leicht und verletzbar erschienen, schwammen in diesen Wassern, sinnlich in ihren Rundungen, weich, sensibel und von innen leuchtend. Für die Zarten hatte ich mir insgeheim den Namen »Eishügel« ausgedacht.

Die Spiegelung der Sonne, vom Wasser und von dem Packeis zu mir geworfen, würde mich ohne dunkle Brille schmerzhaft blenden. Ein Albatros flog, Schwingen weit ausgebreitet, hinter der *Explorer* her. Auf welcher abgelegenen Insel würde der weiße Vogel wohl den Tag beenden?

Ich ließ meinen Augen Zeit, sich an die Brillanz des Lichts zu gewöhnen, und nahm die verschiedenen Schattierungen des Eises in mir auf. Die Landschaft der Antarktis erstrahlte so intensiv, dass ich glaubte, mich für die Farben Blau, Weiß, Schwarz und Grün zum ersten Mal in meinem Leben zu begeistern. Wie so oft, wenn mich die Wanderlust in ferne Länder führt, sah ich mich als kleinen Punkt auf einem großen Globus und sagte mir, dass die Australier irren, wenn sie von sich sagen, *sie* würden *down under*, also »unten drunter« leben. Denn während ich so an der Reling stand und die exotische, zerklüftete Schönheit dieses Kontinents bewunderte, sah ich mich, den kleinen Punkt tief unten auf dem Globus, und wusste, dass *ich* in das Reich des wahrhaften *down under* eingetreten war.

Das schrille Rasseln von Eisen über Eisen riss mich aus der Lektüre eines Buches, das ich in der Schiffsbibliothek gefunden hatte. Es war das Buch über Ernest Shackletons letzte Reise in die Antarktis. Der Erforscher des Südpols war 1915 mit seiner *Endurance*, einem Windjammer, tief in das Packeis hineingefahren, ein Temperatursturz hatte ihn überrascht, das Eis war meterdick geworden, im Nu waren lose Eisschollen erstarrt und hatten die *Endurance* zur Gefangenen gemacht. Die Temperatur war tiefer und tiefer gesunken und das Eis hatte den Rumpf des Schiffes in den eisernen Griff eines unaufhaltsamen Todes genommen. Aus dicken Eichenplanken wurden Splitter, hohe Masten brachen wie Streichhölzer zusammen, und alles was lebte, Männer, Schweine, Hühner, Schlittenhunde, rettete sich auf Eisschollen, die scharfkantig festgefroren waren. Es sollte fünf Monate dauern und geradezu unmenschliche Anstrengungen, Mut und Ausdauer im Kampf gegen die todbringenden Elemente der Antarktis erfordern, bevor es Shackleton und seiner Mannschaft gelang, in die Zivilisation zurückzukehren.

Unter der Besatzung der *Endurance* hatte es einen Fotografen gegeben, und das ganze Drama wurde von diesem Mann gefilmt. Im

Jahr vor unserer Reise mit der *Explorer* hatten wir uns den Dokumentarfilm angesehen, und ich war beeindruckt gewesen, aber auch ein
wenig nachdenklich geworden.

Jetzt, ein Jahr später, hatte mich der schrille Schrei von Eisen aus
dem Drama Shackletons herausgerissen, und ich sagte mir, das muss
die Ankerkette sein, die sich lärmend von der Winde spult. Auf dem
Vordeck schlug eine Glocke an, was der Brücke verkündete: Der
Anker ist gesetzt. Noch eine halbe Stunde, und die Filipinos würden
uns von der Plattform aus in die Zodiacs helfen, wir würden die Außenborder anwerfen und uns auf den Weg zur Küste machen.

Beim Blick durch das Bullauge unserer Kabine sah ich, dass uns ein
trister, neblig-grauer Tag erwartete, mit Wolken, die sich auf den Boden
senkten. Ich nenne so etwas *Hamburg day*, einen von diesen Tagen im
Winter, die nichts anderes schicken als Schmuddelwetter, wenn der
Himmel keinem einzigen Sonnenstrahl erlaubt, auf uns arme Sterb-
liche herabzuscheinen. In solchen Stunden habe ich die schöne Stadt
im deutschen Norden in »Grauburg« umgetauft. Um fair zu sein,
muss ich erwähnen, dass ich sie im Frühjahr, Sommer und im Herbst
»Grünburg« nenne, weil die Hansestadt mir in solchen Monaten der
Wärme mit ihrem dichten smaragdgrünen Laub und der Vielfarbig-
keit der Blumen leise Rufe der Begeisterung entlockt, jedes Mal, wenn
ich durch Hamburgs Straßen gehe.

Dieser Morgen hier war nicht der Beginn eines Wintertags in der
Antarktis. Der Monat Februar neigte sich dem Ende zu, und das ist
Spätsommer in diesem Teil der Hemisphäre. Das Wetter hatte es meist
gut gemeint mit uns auf dieser Reise, azurblauer Himmel und Sonnenschein hatten mit Regen abgewechselt, die Temperatur war oftmals
mild gewesen, und der Wind war mir meist erträglich vorgekommen.
Meist. Nicht immer, denn der antarktische Sommer hatte uns auch
anderes beschert: peitschenden Regen, Graupelschauer, Schnee, von
heulenden Winden horizontal vorangepeitscht, und wütende Wellen,
die gegen das Bullauge unserer Kabine schlugen. Eine solche Kabine
hätten sich die frühen Antarktisforscher kaum erträumen können: in

einem warmen, trockenen Raum auf einem bequemen Bett zu sitzen, mit einem zweiten Bett gleich gegenüber, einem Tisch dazwischen, einem Tisch für die Leselampe, mit Kleiderhaken an den Wänden für wind- und wasserdichte Hosen und mit einem kleinen Bad. Eine solche Kabine hätte jeder dieser frühen Forscher als ein Geschenk des Himmels angesehen.

Ich holte eine Plastiktasche aus dem Bad und zog einen Polaranzug daraus hervor, der anfangs einmal weiß gewesen war, jetzt aber an vielen Stellen Flecken hatte. Besonders scheußlich fand ich die braunschwarzen Flecken an den Knien und am Hinterteil. Mit dem Auspacken strömte der scharfe Geruch von Pinguinen in die Kabine. Bei einem Erkundungsgang durch den Brutplatz von Pinguinen, dessen Eis und Felsen einem jeden Zoodirektor als Anregung für sein Freigehege hätte dienen können, bin ich auf jenem schleimigen Untergrund ausgerutscht, der den Absonderungen von Pinguinen entstammt

Der schönste Zoo der Welt

und über alle Eisinseln hinweg verbreitet ist, auf denen Pinguine sich kreischend und schnatternd ihres Daseins erfreuen. Ich stellte mir oftmals vor, wie die kleinen Kerle darauf warteten, dass wir Riesenpinguine mit unseren seltsamen Kleidern und Stiefeln und Kamerataschen ihr Territorium endlich verlassen würden, doch wenn wir das dann taten, warfen sie uns in unseren Zodiacs keine Blicke hinterher.

Seit meinem Ausrutscher zwischen Pinguinen wanderte der Polaranzug stets in eine Plastiktasche und wurde luftdicht verschlossen, denn es war mir unmöglich, den penetranten Gestank von *penguin droppings* loszuwerden, in die ich vor lauter Bewunderung für die schwarzweißen Schelme hineingefallen war.

Der Tag ohne Sonne vor dem Bullauge versprach kalt zu werden, also zog ich – Gestank hin, Gestank her – das an, was mein einziger Schutz vor Polarluft war.

Bevor mir die philippinischen Muskelmänner in das Schlauchboot helfen würden, ging ich Hardy auf der Brücke suchen. Dort konnte ich ihn immer finden, wenn wir an Bord eines großen Schiffes waren. Ich kannte seinen Spaß am Umgang mit Seekarten, Echoloten und Sextanten, und ich konnte mir auch gut denken, wie er da oben seiner Phantasie die Zügel schießen ließ und das Schiff durch vorher nie befahrene Gewässer navigierte, mit Amundsen als Erstem Offizier.

Unbeholfen aus dem schwarzen Schlauchboot steigend, dem wir den Namen *Moby Dick* gegeben hatten, sah ich einen Passagier, der schon vor uns an Land gegangen war. Der Amerikaner rief uns vom Ufer zu: »Wir sind an den Gestaden der Hölle gelandet!«, und es sah auch tatsächlich so aus. Nach kristallklaren Tagen, verzauberten Fahrten entlang an Hochplateaus aus Eis, durch Eisschollen auf einem tiefblauen Meer hindurch, vorbei an Killerwalen und ihren Fontänen, an Seehunden vorüber, die sich räkelten, und Pinguinen, die sich aufgeregt schnatternd in Großaufnahme fotografieren ließen, schob sich unser Zodiac nun über das steinige Ufer einer Einöde mit Namen *Deception Island*.

Wenn es ein Fegefeuer wirklich geben soll, dann hat der Teufel es sich hier erdacht. Diese »Insel der Sinnestäuschung« schien mir der

geeignete Ort zu sein für ganze Bootsladungen von Sündern, die trä-
nenüberströmt um Vergebung flehten: Dunkles Wasser schwappte über
dunkle Kiesel. Hinter den Kieseln stieg erstarrte Lava auf. Vor der
schwarzen Wand waberten Nebelschwaden. Ringsumher war nichts
als Grau und Schwarz und Düsternis und Untergang. Weiter fort, im
Nebel, rosteten Schiffe, Dächer, Fässer, Eisenräder neben Ruinen, die
einst die Wohnstatt von Walfischern und Soldaten waren. Allüberall
gab es Zerfall und zwischen Hausruinen lag Gerümpel: Kochherde,
Aborte, Türen, Stühle lagen da herum, und Scherben, Töpfe, Schlit-
ten, Bilderrahmen waren vor einem zerborstenen Flugboot aufgetürmt,
an dessen Rumpf eine britische Kokarde prangte. Ich sagte mir: Wir
lassen also nicht nur den Müll der Raumfahrt durch das Weltall
schwimmen, auch in der Antarktis liegen Schrott und Abfall und jede
Art von Dreck herum. Es sind die verlassenen Stationen von Militärs
und Forschern der verschiedensten Nationen, die auf einem weißen,
unberührten Kontinent der Nachwelt ihre Kloaken hinterlassen, und
mein eigenes Land steht auf der Liste der Schuldigen ganz weit oben.

Abend im ewigen Eis

Ich holte ein Buch über Deception Island aus meinem Seesack, und wir verglichen die Fotos, die in fünfundzwanzig aufeinander folgenden Jahren im stets gleichen Monat aufgenommen worden waren. Der Wandel ist den Bildern deutlich abzulesen. Die schwarzen Hügel unserer Tage waren einstmals schneebedeckt, und die höchsten von ihnen zeigten sich sogar in den Sommermonaten im Glanz von Eis. Heute aber legt sich auch auf die nur ab und an einmal ein wenig Schnee. Ich habe auch andernorts das Eis der Antarktis schmelzen sehen, und über Ozonloch oder globale Erwärmung gehen die Meinungen der Wissenschaftler auseinander, doch es scheint mir die dringende Pflicht aller Menschen zu sein, der Zerstörung Einhalt zu gebieten.

Wenn es auch ein Abkommen zum Schutz der Antarktis gibt, das die rücksichtslose Erschließung und die damit verbundene Zerstörung dieser Region verhindern soll, so sind doch Schritte nötig, die nach strengen Regeln und auf alle Zeit aus diesem Wunderland aus Eis den Naturschutzpark Antarktis werden lassen.

Lauter, rollender Donner begrüßte die *Explorer* bei der Einfahrt in die Gerlach Strait. Doch das war kein Donner, der vom Himmel kam, das grummelnde Gepolter kam von einem Eisberg, auch wenn ich das anfangs nicht für möglich hielt, und als Nächstes musste ich mich fragen, ob das, was ich da sah, auch etwas war, das ich wahrhaftig sah, denn vor meinen Augen drehte sich ein Eisberg – und es war ein gewaltig großer noch dazu – einmal um sich selbst herum! Zunächst ganz langsam, dann schneller, eilig, kehrte der Eisberg sein Unterstes nach oben! Und ließ dabei ein Krachen hören! Und schickte hohe Wellen in jede Himmelsrichtung von sich fort!

Die Antwort auf meine Frage zu diesem Naturschauspiel gab ich mir ein wenig später selbst: Während des Sommers erwärmt sich der Ozean, er tut das sogar in dieser weit entfernten Region, und das erwärmte Wasser lässt den Eisberg in seiner unteren Hälfte schmelzen. Unter der Wasseroberfläche wird der Eisberg weniger und weniger, was ihn kopflastig macht, und die Ungleichheit seines Gewichtes lässt ihn sich einmal um die eigene Achse drehen. Was einmal unten war, das ist jetzt oben.

Das Spektakel ging vorüber, bevor es noch richtig begonnen hatte. Sprachlos sah ich vom Deck aus zu, wie dieser Eisberg an unserer Bordwand vorüberglitt, und ich konnte auch sehen, wie er über dem Wasser seine Gestalt verändert hatte. Aber nicht nur das! Auch seine Farbe hatte er verändert. Was da an der Bordwand vorüberglitt, war von einem hellen Aquamarin, und blitzende Sterne, Eiskristalle, ließen das Neugeformte von innen heraus magisch leuchten.

Die Einfahrt in die Gerlach Strait erschien mir eng mit ihren steilen Felsen aus Granit, der eine links, der andere rechts, und ich fragte mich, ob es nicht eine Herausforderung ist, da hineinzufahren. Ich sah dem Bug des Schiffes zu, wie er Eisschollen beiseite schob und in

Schönheit am Ende der Welt

den Schatten des Felsens auf der Backbordseite eintauchte. Auf der Brücke, zwischen Kapitän und Rudergänger, herrschte Schweigen, ein Schweigen, das lastend auf den Männern auf der Brücke lag. Die Temperatur sank ständig und rapide. Am Ende des Sommers ist ein Temperatursturz über der Gerlach Strait keine Seltenheit. Ich sah mit an, wie die Eisschollen vor unserem Bug dicht und dichter wurden, und weil auf der Brücke dieses Schweigen lastete, fielen mir die Bilder aus dem Dokumentarfilm über Shackleton und seine *Endurance* wieder ein. Ich sagte mir: Unser Schiff hat einen verstärkten Rumpf, und bis zu einer gewissen Dicke können wir mit Eisschollen ungefährdet fertig werden, doch ein Eisbrecher ist die *Explorer* nicht …

Eine Ewigkeit später begann es zu schneien, nur ganz leicht, die Felswände zur Rechten und zur Linken nahmen mit dem Schnee einen weniger bedrohlichen Charakter an, und über dem Granit, hinter wirbelnden Flocken, hellte sich der Himmel auf. Eine Stunde später lag das offene Meer vor uns. Von der Brücke kamen Männerstimmen, die vorher verstummt gewesen waren.

Vor uns lagen neunundvierzig Stunden Fahrt zurück durch die Drake Passage, ein Gewässer, das mir lebhaft in Erinnerung bleiben wird. Weiter hoch im Norden, an den Gestaden Chiles, hatten wir eine kleine Hafenstadt anzulaufen, Punta Arenas ist ihr Name, und beim Festmachen der *Explorer* in ihrem Hafenbecken war das Ende unserer Reise dann erreicht. Es war an der Zeit, die Kleidung von Landratten anzulegen und bei der Abschiedsparty mein Glas an die Gläser der anderen Passagiere zu stoßen.

Adieu *Explorer*.

Abschied von Kapitän, Mannschaft, von den Passagieren.

Doch kein Abschied von dem Zauber der *Antarctica*.

Das Salz der Luft von Helgoland, Cornwalls Gischt vor unserem kleinen Boot, ein Killerwal in *Seaworlds* blauem Becken oder mein

Blättern durch Aufnahmen von Pinguinen bringt die Erinnerung zurück an eine Fahrt zu dem Kontinent *down under*. In die Erinnerung mischt sich Dankbarkeit. Für die Begegnung mit einem Hauch von Südpol werde ich ewig dankbar sein.

Tomaten-Fenchel-Essenz

4 große Tomaten, enthäutet, entkernt und fein gewürfelt
1 gelbe Zwiebel, in Ringe
geschnitten
2 Knoblauchzehen
2 Stangen Sellerie, in 5 cm lange
Stücke geschnitten
1 Fenchelknolle, in dicke Scheiben
geschnitten
1 Lorbeerblatt
1 kleiner Bund frischer Dill
1,5 l klares Wasser
2 Teelöffel frischer Oregano, fein
geschnitten
2 Esslöffel frische Petersilie, fein
gehackt, zum Garnieren

Alle Zutaten außer Oregano und
Petersilie in einem Topf zum Kochen
bringen. Bei sehr niedriger Hitze
2 Stunden köcheln lassen.
Vom Feuer nehmen und abkühlen
lassen.
Über Nacht in den Kühlschrank
stellen. Am nächsten Tag durch ein
feines Sieb oder Gaze streichen und vor
dem Servieren noch einmal erhitzen.
Mit Salz abschmecken.
In einem Pfännchen ohne Öl fein geschnittenen Oregano rösten.
Die Suppe mit Petersilie und Oregano
garnieren.
Ergibt 6 kleine Portionen.

Yukon-Kartoffeln

1 kg Yukon-Kartoffeln
(oder andere Kartoffeln, die möglichst
gelbfleischig sind), in dünne Scheiben
geschnitten
6 Lorbeerblätter
550 ml leichte Gemüsebrühe
Fleur de sel oder Meersalz
1 oder 2 Teelöffel Olivenöl
5 Knoblauchzehen, mit der Schale
im Backofen garen
Rosenpaprika

Gemüsebrühe in einem Topf erhitzen.
Knoblauch schälen, mit der Gabel zer-
drücken, in die Brühe geben und gut
verrühren.
Die Hälfte der Kartoffeln in eine gut
geölte, feuerfeste Form legen.
Die Lorbeerblätter darüber verteilen
und mit Salz bestreuen.
Die restlichen Kartoffeln als weitere
Schicht darüber legen.
Mit Rosenpaprika und Salz bestreuen.
Die Brühe darüber gießen, sodass die
Kartoffeln vollständig mit Flüssigkeit
bedeckt sind.
Das Ganze mit etwas Olivenöl beträu-
feln und bei 200°C im Backofen in
45–50 Minuten weich und goldgelb
backen.
Ergibt 4 bis 6 Portionen.

Steak Diane

4 Rinderfilets oder 4 kleine Lenden-
steaks, 2,5 cm dick
6 Esslöffel Butter
4 Esslöffel Cognac, erwärmt
10 Esslöffel Sherry medium dry
4 Esslöffel weiche Butter, vermischt mit
5 Teelöffeln frisch gehacktem Schnitt-
lauch
Salz und Pfeffer

Das Fleisch vom Fett befreien und
dünn klopfen.
Die Butter in einer großen Pfanne
stark erhitzen, die Steaks hineingeben
und schnell braten; dabei einmal
wenden. Den erwärmten Cognac zugeben und vorsichtig mit einem
Streichholz anzünden.
Wenn die Flammen erloschen sind,
Sherry und Schnittlauchbutter zugeben.
Fleisch auf vorgewärmte Teller legen
und löffelweise mit Sauce übergießen.
Mit Salz und Pfeffer abschmecken.
Sofort servieren, mit Yukon-Kartoffeln
als Beilage.
Ergibt 4 Portionen.

Hinweis:
Wenn Sie offenes Feuer in Ihrer Küche
vermeiden wollen, können Sie den
Cognac in der Pfanne auch erhitzen,
ohne ihn anzuzünden.
Wenn Sie den Cognac anzünden, beugen Sie sich bitte nicht über die Pfanne
und legen sie einen passenden Deckel
bereit, um die Pfanne zuzudecken
und die Flammen zu löschen, wenn
sie zu hoch auflodern.
Mit einem kleinen Brenner und einem
Rechaud eignet sich dieses Gericht
auch hervorragend für die Zuberei-
tung am Tisch.

Gebackene Antarktik

Dieses Dessert sieht tatsächlich aus wie
ein schwimmender Eisberg.
Für den Kuchen kann man einen
fertigen Biskuitboden oder jeden anderen festen, trockenen Kuchen nehmen.
Wahlweise kann man aber den im
Folgenden beschriebenen Schokoladenkuchen backen.

Zutaten für den Kuchen:
3 große Eier, zimmerwarm
125 g ungesüßtes Kakaopulver
1/4 Teelöffel Salz
100 g Zucker
125 g Butter
150 g Zartbitterschokolade

Für die Füllung:
2 l Vanilleeis
225 g Pistazien, gehackt

Für die Meringue:
Eiweiß von 8 großen Eiern
150 g Zucker
1/4 Teelöffel Zitronensaft, frisch
gepresst
1 Prise Salz

Eine Schüssel von etwa 23 cm Durchmesser mit Plastikfolie auslegen; Folie ein Stück über den Rand der Schüssel hängen lassen, um die Eiscreme später leichter herausnehmen zu können.

Eiscreme und Pistazien mischen, in die Schüssel geben, gut zudecken und sehr hart gefrieren.

Backofen auf 190° C vorheizen.

Boden und Rand einer Springform von 20 cm Durchmesser buttern. Mit gebutterter Alufolie auslegen und ein Stück über den Rand hängen lassen.

Schokolade und Butter im Wasserbad schmelzen lassen.

Die Schoko-Butter-Masse in eine Schüssel geben und Zucker unterrühren. Nacheinander die Eier hineinmischen. Salz und Kakaopulver zugeben und die Masse gut verrühren. In die mit Alufolie ausgelegte Springform gießen und 20 bis 25 Minuten backen. Mit einem Zahnstocher prüfen, ob der Kuchen gar ist. Wenn am Zahnstocher nur Kuchenkrümel (keine flüssige Masse) kleben bleiben, ist der Kuchen fertig.

Auf einem Gitter abkühlen lassen. Die Folie mit dem Kuchen aus der Form nehmen. Auf der Folie komplett abkühlen lassen.

Die Eiscreme aus dem Gefrierfach nehmen. Den Kuchen vorsichtig aus der Folie lösen, auf die gefrorene Eiscreme legen und behutsam andrücken. Gut zugedeckt noch einmal mindestens 30 Minuten in den Gefrierschrank legen.

Backofen auf 220° C vorheizen.

Die acht Eiweiße mit einer Prise Salz schaumig schlagen. Zitronensaft darüber träufeln und das Ganze sehr steif schlagen.

Eiscreme und Kuchen aus dem Gefrierschrank nehmen.

Etwas heißes Wasser ins Spülbecken geben und die Schüssel hineinstellen, damit sich die Plastikfolie von der Schüssel löst.

Den Eiscreme-Kuchen von der Plastikfolie in eine feuerfeste Form gleiten lassen. Das steif geschlagene Eiweiß darüber verteilen, sodass die Eiscreme mit dem Kuchen komplett bedeckt ist. Mit der Rückseite eines Löffels ein Wellenmuster formen.

Im vorgeheizten Backofen etwa 10 Minuten backen, bis die Meringue goldbraun ist. Immer wieder nachschauen, denn manchmal ist die Backzeit sehr viel kürzer.

Die Torte auf eine Platte schieben, in Stücke schneiden und sofort servieren.

Ergibt 8 bis 10 Portionen.

Vierundzwanzig Stunden in Rangoon

hre Brust hob und senkte sich im Gleichklang mit ihren langen, tiefen Atemzügen. Die Ruhe, die von ihrem zerbrechlichen Körper ausging, verlieh ihr etwas Schwebendes über dem spiegelblanken Marmorboden, auf dem sie kniete. Das Mädchen war jung, hübsch, hatte seidiges langes schwarzes Haar und ein chinesisch anmutendes Gesicht. Die Innigkeit, mit der sie einen Strauß leuchtend gelber Orchideen in den Händen hielt, ebenso wie das Lächeln in den Winkeln ihrer fest geschlossenen Augen ließen sie der drückenden Hitze und dem Geplapper der anderen Besucher dieser Pagode entrückt erscheinen. An einem ihrer schmalen Handgelenke trug sie einen Ring aus Jade, einen Armreif, wie ihn die Chinesen ihren Töchtern bereits im Babyalter überstreifen. In Hongkong bin ich Frauen begegnet, die solch meergrünen Kindheitsschmuck bis ins hohe Alter an ihren Handgelenken tragen.

Das Mädchen war in einen tief violetten Sarong und eine eng anliegende, kurzärmelige weiße Bluse gekleidet. Unter dem Saum des Sarong lugten die zartgliederigen Zehen ihrer nackten Füße hervor.

Ich stand eine ganze Zeit lang da, ihr tiefes, ruhiges Atmen hatte mich dabei fast in Trance versetzt, und ich spürte, wie die friedvolle Hingabe und ihre exotische Schönheit mich bezauberten. Zum ersten Mal wurde mir die wahre Bedeutung der Meditation bewusst und zum ersten Mal sah ich mit an, wie eine Frau mit der Kraft ihres Willens ihr ganzes Sein auf eine höhere Ebene hob.

Zu meinem Bedauern hielt sie ihre Augen fest verschlossen. Mit leisen Schritten wandte ich mich dem Schrein zu, vor dem sie meditierte, und sah den kleinen Buddha, der dort saß. Dünne Blättchen gelben Goldes waren in dichten Reihen an die Statue geheftet und bewegten sich glitzernd in einem leichten Wind. Die Statue stellte den

Buddha dar, der Wundertätiges vollbringt. Welches Wunder würde Buddha für dieses Mädchen wohl vollbringen, das in ein tiefes Zwiegespräch mit ihm versunken war?

Mönche, die mit kleinen Sonnenschirmen ein wenig Schatten für ihre kahl geschorenen Köpfe schufen, liefen an mir vorüber und würdigten die Knieende mit keinem Blick. Ich trennte mich von ihr und fand meinen Weg zu der Shewagon-Pagode, in der es einen *reclining Buddha* gibt. Vor dem Liegenden, der mit verklärtem Gesicht dem Nirwana entgegensieht, stand der einzig andere Ausländer an diesem Morgen, mein Mann. Wir schlenderten durch ein Labyrinth aus Pagoden, Pavillons und Stupas, verwundert wegen der Vielfalt und Unterschiedlichkeit der Schreine, die unter einem grellen Sonnenlicht Gold aufblitzen ließen und sich in mannigfaltigen Farben zeigten. Wir sahen Familien, die auf dem Weg zu einer Marmorfläche waren, die wie ein Stern erstrahlte und von der es hieß, sie sei der Ort, an dem Wünsche sich erfüllten. Trotz der frühen Stunde saßen bereits viele Menschen vor diesem heiligen Ort. Kinder tollten umher, während ihre Eltern beteten. Die Körper der Erwachsenen waren in einer angespannten Haltung erstarrt, was mich das Dringende oder gar das Lebensentscheidende des einen oder anderen Wunsches ahnen ließ.

Wir schlenderten weiter und sahen kleine Läden, die Blumen verkauften, Sonnenschirme, verschiedene Kärtchen mit Schriftzügen, die wir nicht lesen konnten – vielleicht waren es Gebete oder die Weisungen Buddhas –, und standen unverhofft vor der steilen Treppe, die nach Rangoon hinunterführt und an der wir unsere Schuhe zurückgelassen hatten.

Am Fuß der Treppe kam ein Mann auf uns zugerannt. Es war eine erschreckend magere Gestalt, in einem wehenden *longi* kam sie auf uns zugerannt, mit schwarzen Haaren und stechenden dunklen Augen. Der Mann sah wie ein Inder aus und hatte den unverwechselbaren Akzent der Einwohner von Kerala. Bei seinen letzten Schritten deutete er mit beiden Armen hinter sich. Auf dem holperigen Pflaster, in Richtung seiner Gesten, stand ein Auto, klein, beige, mit rissigem Lack. Na gut, sagten wir, und wenn er wolle, könne er uns zum Strand Hotel bringen, woraufhin er den Kopf von recht nach links bewegte, in einer schüchtern wackeligen Weise, so wackelig, dass der Kopf ihm nicht mehr zu gehorchen schien, was möglicherweise sagen sollte: Nein, tut mir Leid. Was er aber wirklich sagte, das war: Ja! Sehr gern sogar! Wir hatten uns bei früheren Reisen lange in Kerala aufgehalten, im tiefen Süden Indiens, und die Kopfbewegungssprache der Menschen dort war uns vertraut. »Ach so«, sagte ich, »Sie sind aus Kerala ...«, worauf sein Kopf jetzt nickte, genauso wackelig wie bei der Geste von rechts nach links zuvor, was in diesem Fall nun aber besagen sollte: Nein, nicht aus Kerala, wenn auch ..., und dann fügte er in Worten an, er habe viele Jahre in Kerala gelebt, der Arbeit wegen, insofern stimme unsere Vermutung schon, jedoch sei er gebürtiger Burmese und sein Heimatort sei Mandalay. Seine nächste Frage war, und Konversationen beginnen in diesem Teil der Welt stets auf die gleiche Weise, ob wir schon einmal in Mandalay gewesen seien, weil das ja doch viel schöner und interessanter sei als Rangoon. Als Antwort gab ich ihm zu verstehen, dass wir seinem sicherlich bewundernswerten Land diesmal nur einen Kurzbesuch abstatteten, und eine Fahrt nach Mandalay müsse leider bis zur nächsten Reise warten.

Der Gewohnheit solchen *small talks* folgend wollte ich von ihm wissen, warum er denn hier in der Hauptstadt lebe, wo die sich doch mit seinem Mandalay auf keine Weise messen könne. Als Antwort kam wieder einmal das Wiegen seines Kopfes. Doch das hieß weder »Ja« noch »Nein«, das Wiegen kam mit einem Lächeln, schüchtern, und besagte: Memsahib, es gibt dafür so viele Gründe, frag mich bitte nicht weiter danach ...

Ich überlegte, was die Begegnung mit dem kommunistischen Burma uns wohl noch alles bringen würde, und stieg in das kleine Auto ein. Dies war der Mittag unseres Besuches in Rangoon, am Morgen, nach der Ankunft, hatte das Taxi vom Airport aus den gleichen Weg genommen, ich hatte mich über die hässlichen Gebäude aus Beton gewundert, an der die Fahrt vorüberging, und mir gesagt, ganz offensichtlich glaubt die Regierung ihren Untertanen mit dieser Ansammlung architektonischer Monstrositäten aus besonders stabilem Mate-

rial einen Gefallen zu tun, doch für ein tropisches Land müssen Wohn-
häuser aus Beton völlig ungeeignet sein. Ich wagte mir nicht vor-
zustellen, wie unerträglich heiß es hinter jenen grauen Wänden wohl
jetzt war.

Ein wenig später waren die Betonkolosse Häusern gewichen, die
sich niedrig gaben, traurig anzusehen waren, heruntergekommen.
Häuser im Kolonialstil waren das, errichtet zu einer Zeit, als Britannia
Anspruch darauf erhob, die Weltmeere zu beherrschen. Das Hotel,
vor dem wir aus dem Taxi stiegen, war in der gleichen Zeit erbaut.
Das Strand, so habe ich mir sagen lassen, gilt in unseren Tagen, nach
umfangreicher Erneuerung, als Herberge der Sonderklasse, doch bei
unserer Ankunft an jenem Morgen damals schien es besser, die Augen
ganz fest zuzumachen und sich die Eleganz auszumalen, die diesem
Haus früher einmal zu seinem Erfolg verholfen hatte.

Auch im Speisesaal machte ich zunächst mal meine Augen zu, doch
als die Speisen auf den Tisch kamen, war ich mit der zerbröckelten
Pracht versöhnt, denn im Strand wurde ausschließlich die Küche des

Letzte Erinnerungen an koloniale Zeiten

großen kommunistischen Bruders angeboten, und ich muss sagen, die chinesischen Gerichte im Strand waren, zu unserer Überraschung, gut. Enttäuschend fand ich nur, dass *crab Rangoon* nicht auf der Speisekarte stand.

An der Innenseite eines meiner alten Kochbücher klebt ein vergilbtes, brüchig gewordenes Rezept, das ich mit sechzehn Jahren aus den Chicago Daily News geschnitten hatte. Damals glaubte ich, *Krabben à la Rangoon* würden in einem Land zubereitet, in dem alles aus Gold gemacht war und die Menschen sich auf Elefanten fortbewegten.

Während unserer vierundzwanzig Stunden in Rangoon sah ich zwar nicht einen einzigen Elefanten in den Straßen, aber das Gold der Tempel war noch da, und bis zum heutigen Tag kommt bei uns zu Haus eine Vorspeise auf den Tisch, die seit meiner Jugend mir die liebste ist: *crab Rangoon.*

Hardy hielt mir seine Hand entgegen und zog mich zu einem Gehsteig hoch, der gut einen Meter über der Straße angelegt und aus Beton gegossen war. Kleine Holzhäuser säumten Straße und Gehsteig. Türen und Fenster standen offen, Abendessen wurden vorbereitet, doch in keiner Küche brannte Licht, und die Zurufe von Haus zu Haus, die Scherze, das Gelächter am Ende eines harten Arbeitstages gab es nicht. Eine bedrückende Stille, vermischt mit fahler Dunkelheit, lag über dieser Straße.

Es hatte bereits zu dämmern begonnen, als wir aus dem Hotel gegangen waren, und der Manager war besorgt gewesen: »Bitte seien Sie vor Einbruch der Dunkelheit zurück.« Ich hatte Hardy einen Blick zugeworfen, und um seinen Mund war ein Lächeln gelaufen, denn in seinem ebenso wie meinem Leben musste es lange her gewesen sein, dass wir eine elterliche Stimme sagen hörten: »Aber wenn es dunkel wird, seid ihr mir ja wieder daheim!«

Der Manager versuchte seine wahre Besorgnis zu verdecken, und ließ sich die fadenscheinige Erklärung einfallen, dass es Schlaglöcher auf den Straßen gebe, tiefe, bei Dunkelheit sei es schwierig, die zu sehen, und er wolle nicht, dass wir uns die Knochen brächen. Mit dem Satz, dass wir in dem Punkt ganz genauso dächten, zeigten wir ihm unsere Taschenlampen. Der Mann war beeindruckt, als er an dem Lichtstrahl meiner Lampe sah, wie unglaublich stark die Batterien waren, doch dann rückte er mit dem wahren Grund heraus, der ihm Sorge bereitete: die Ratten nämlich, die am Abend aus ihren Löchern kröchen, jeden Abend, und in großer Zahl, weshalb die Menschen bei Dunkelheit vorzugsweise zu Hause blieben. Ich schüttelte den Kopf. Eine Wanderung durch die abendliche Stadt war uns nicht mehr auszureden. Wir wollten wissen, zu welchen Aktivitäten die Menschen von Rangoon sich nachts zusammenfänden, und zogen los, uns das einmal anzusehen.

Unser Burma-Flug lag Jahre vor der Zeit, als Aung San Sun Kyi, diese bewundernswerte Streiterin für Demokratie und Menschenrecht, von den kommunistischen Machthabern zu Hausarrest verurteilt wurde. Wäre es anders gewesen – unsere abendliche Promenade hätte vor Aungs Haus geendet. Ich bin mir da recht sicher.

Wir begegneten kaum einmal einem Menschen in der Dunkelheit. Eine Straßenbeleuchtung gab es nicht. Hinter den vermutlich wichtigsten Durchgangsstraßen verbargen sich sandige Gassen mit offenen Kanälen. Im Schein unserer Lampen sahen wir ein Rinnsal von Seifenwasser, menschlichen Exkrementen und Gemüseresten gassenabwärts laufen.

In einer dieser Gassen kam uns ein Mann entgegen, der mir in mittlerem Alter zu sein schien. Er trug einen karierten Baumwoll-Longi. Ein Longi ist einem Sarong nicht unähnlich und wird in Burma von Männern und Frauen gleichermaßen getragen.

Der Burmese forderte uns mit kleinen Gesten auf, ihm zu einer der Gasse abgewandten Hauswand zu folgen, was wir auch taten, ohne besorgt zu sein. Es war überall zu lesen, mit welcher unglaublichen Strenge in Burma Verbrechen geahndet werden, also hatten wir keinen Grund, ihm nicht zu folgen, und fragten uns nur, was er wohl im Sinne habe. Der Mann zog einen Stoffbeutel aus seinem Longi und schüttelte fünf oder sechs ungeschliffene Edelsteine auf seine offene Hand.

Im Schein unserer Lampen sahen wir, dass es Smaragde und Saphire waren, die er uns anbot – und das, wie er behauptete, zu einem Preis, der nicht zu unterbieten sei. Vielleicht waren das wirklich Smaragde und Saphire, vielleicht aber auch nicht. Was immer sie auch sein mochten – wir zuckten nur mit den Schultern und gingen, ohne ein Wort zu sagen, langsamen Schrittes von dem Burmesen fort. Unser Schlendern sollte jedem Polizisten sagen, der zufällig des Weges kam: Diese beiden da werden niemals bei jemandem stehen bleiben, der heiße Ware zu verkaufen hat. Wir wussten, wie gefährlich so ein Stehenbleiben sein konnte, denn bereits am Morgen, nach der Landung, hatten die Zollbeamten auf dem Flughafen davon gesprochen, wie blühend der schwarze Markt für Edelsteine in Burma sei und wie viele Jahre der Abnehmer in einer Zelle, vor sich hin rottend, zu verbringen habe. Die

Aung San Sun Kyi, unermüdliche Kämpferin
für Demokratie in Burma

Zöllner hatten eine Art zu drohen, wie ich sie aus dem Kino von der Gestapo kannte, und sie machten mich auf die gleiche Weise besorgt, wie die Sowjetsoldaten in Chabarowsk mich beunruhigt hatten, als wir einmal, von Japan kommend, in Sibirien gelandet waren.

Eine Ratte, die mir so groß wie eine Katze schien, huschte vor uns durch den Sand. Konnte es sein, dass eine Ratte, über den Weg gelaufen, das gleiche Unglück wie eine schwarze Katze bringt? Allerdings, sagten wir uns, das konnte sein, und spuckten lachend dreimal über die rechte Schulter. Bevor das Schicksal uns noch einen zweiten Anbieter verbotener Schätze bescheren konnte, machten wir uns auf den Weg zurück zum Strand Hotel.

Am nächsten Morgen, vor der Fahrt zum Airport, murmelte der Kofferträger in der Hoteltür etwas von preisgünstigen Saphiren vor sich hin, und im Taxi hatte der Driver einen Cousin dabei, der teure Steine billig abzugeben hatte. Wir lehnten lachend ab. Unser Flug an jenem Morgen ging nach Bangkok, und mein Mann flüsterte mir ins Ohr, dass er da einen Laden kenne, der teure Steine teuer abzugeben habe, und mit so einem Gefunkel in meinem Dekolleté sei ich nicht in einem kommunistischen Gefängnis, sondern viel schöner im Speisesaal des Oriental aufgehoben.

Krabben à la Rangoon

250 g Frischkäse (oder Philadelphia
Cream Cheese), in Zimmertemperatur
1 Esslöffel Milch
1 kleine Zwiebel, fein gehackt
1 Esslöffel Meerrettich, frisch geraspelt
oder aus dem Glas
1 Prise Creole-Gewürz (oder Cayennepfeffer mit einer Prise Salz)
Schwarzer Pfeffer, frisch gemahlen,
nach Belieben
175 g Krabbenfleisch aus der Dose
(frische Krabben sind vorzuziehen)
30 g Mandelblätter

Käse in der Milch glatt rühren.
Alle Zutaten, außer den Mandeln,
vermischen und in eine gefettete
flache Backform geben. Die Mandeln
darüberstreuen.
Bei 180° C etwa 20 Minuten backen
(bis die Oberfläche gebräunt ist).
Als Vorspeise heiß servieren und
Cracker dazu reichen.
Ergibt 4 Portionen.

Burmesisches Pilzragout

1 kg frische Pilze
2 Teelöffel Chilipulver
2 Teelöffel Senfkörner
2 große gelbe Zwiebeln
5 Knoblauchzehen
3 Teelöffel Kurkuma
3 Teelöffel Anchovispaste
375 ml Gemüsebrühe

60 ml Limettensaft (bei Belieben
weniger)
60 ml Erdnussöl
750 g kleine Garnelen, geschält und
vom Darm befreit
Meersalz (nach Belieben)
Frisch gemahlener Pfeffer (nach
Belieben)

Die Pilze säubern, putzen und vier-
teln.
Das Öl in einer Kasserolle erhitzen,
die Senfkörner hineingeben, zudecken
und bei mittlerer Hitze braten, bis die
Senfkörner hochspringen.
Die Kasserolle schütteln, bis die Senf-
körner sich wieder beruhigt haben.
Zwiebeln und Knoblauch hinzu-
fügen, dünsten, bis die Zwiebeln
glasig sind. Dann die Pilze bei-
mengen und alles einige Minuten
braten.
Nun Kurkuma, Chilipulver und
Anchovipaste dazugeben und das
Ganze unter ständigem Rühren einige
Minuten dünsten.
Garnelen und Gemüsebrühe ein-
mischen und zugedeckt etwa 5 Minu-
ten schmoren lassen, bis die Schalen-
tiere rosa werden.
Limettensaft angießen, mit Salz und
Pfeffer abschmecken.
Mit indischem Brot, Pappadams oder
Chapati servieren.
Ergibt 4 bis 6 Portionen.

Köstliches Thailand

Schweiß malte einen dunklen Fleck über den Rücken von Hardys Khakihemd und formte mit seinen Rändern die Konturen von Südamerika. Ich saß in dem schmalen Boot hinter ihm und erfreute mich an einem Muster, das Erinnerungen an die schneebedeckten Anden in mir erweckte. Sein Hemd, das ihm am Rücken klebte, regte meine Phantasie auf eine Weise an, die alles, was das Flussufer an Bildern bot, verblassen ließ. Seine Hände zogen den Kragen des Khakihemdes schützend über einen Nacken, den die Sonne längst verbrannt hatte und der keines Schutzes vor der Sonne mehr bedurfte. Das Licht ringsum war fahl, der Himmel über uns hatte sein Blau verloren und war diesig-weiß geworden. Der Lärm des Motors hinter mir war schrill, brutal und zusätzlich zu der Hitze dieses Tages störend. Der Motor erhob sich am Heck des enorm langen, schmalen Holzbootes wie ein Koloss, ein Koloss aus Metall, wie er in Rennwagen zu finden ist. Der Koloss trieb eine silbrig glänzende, enorm lange Welle an, die an ihrem Ende einen Propeller hatte. Der Propeller schien das Flusswasser zu peitschen, und das Boot lärmte mit enorm hoher Geschwindigkeit über den schlammig-braunen Fluss. Die silbrige Antriebswelle wirkte wie ein langer Schwanz am Boot, weshalb der Volksmund ihm den Namen *longtail* gab.

Wir lärmten über einen Fluss, der noch zu Thailand gehört, aber nur ein paar Steinwürfe weiter auf burmesischem Gebiet in den mächtigen Saluen mündet. Am Flussufer waren, der nahen Grenze wegen, Soldaten mit Maschinengewehren postiert. Die Männer standen zwischen Büschen am Rande eines Dschungels, der ausgedörrt, braun dalag. Die Soldaten waren dunkelhäutig, mit Gesichtern, die mir hart vorkamen, auf gewisse Weise zornig. Ab und an waren Beobachtungsstände zu sehen, die sich über Wald und Fluss erhoben. Die Gesichter der Soldaten, die oben auf den Plattformen Wache standen, sahen nicht ganz so grimmig aus wie die ihrer Kameraden. Möglich, dass es da oben eine leichte Brise gab. Unten aber, auf dem Fluss, brannte die Sonne, und die Luft, vom lärmenden Longtail aufgewirbelt, war heiß und voller kleiner schwarzer Fliegen, die sich auf unsere schweißnassen Gesichter hefteten. Meine Arme schützend, rollte ich die Ärmel meiner weißen Bluse bis auf die Handgelenke hinunter und hörte währenddessen meiner inneren Stimme zu, die mich daran erinnerte, dass englische Damen vergangener Zeiten in den Tropen Handschuhe aus Baumwolle trugen, und wenn meiner inneren Stimme das früher eingefallen wäre, würden meine Hände jetzt keinen Sonnenbrand bekommen.

Mit einem großen Aufatmer nahm ich wahr, wie der brutale Lärm des Motors einer wunderbaren Stille wich. Der Thai, der uns flussaufwärts gefahren hatte, stand vor seinem Monster-Motor auf und ließ das Longtail auf den Sand des Ufers gleiten. Ein staubiger Pfad verlor sich unter dörren Bäumen, mannshohes Buschwerk verdeckte die Sicht nach vorn, und ich fragte mich, ob dies wohl einer der Pfade sei, die von der burmesisch-thailändischen Grenze aus zum Fluss hin führten und auf dem die Thai-Soldaten des anderen Ufers burmesische Schmuggler mit Amphetaminen und Heroin erwarteten.

Es war gut, nach langer Fahrt im engen Boot die Beine wieder strecken zu können. Wir gingen den vermeintlichen Schmugglerpfad hügelan und über einen Sandweg hin, der zu Holzhäusern führte, die an beiden Seiten des Weges standen.

Unter Strohdächern, auf Veranden, erhöht, saßen Frauen vor ihren Häusern, die aus dunklem Holz gezimmert waren. Die Frauen saßen in einer Weise auf den Veranden, als hätten ihre Männer vom Stamm der *karin* sie dort, wie auf einer Bühne, als Gruppenbilder ausgestellt. Buntgewebte thailändische Tücher, Postkarten, Hüte aus Stroh und geflochtene Wollhandtaschen rahmten weibliche Geschöpfe ein, die ihr Stamm stolz *longnecks* nannte. Die Hälse dieser Frauen waren tatsächlich ungewöhnlich lang, und ich sah sie vor allen Häusern dieser langen Straße sitzen. Sie saßen auf Hockern und auf Stühlen, doch keine dieser »Langhälse« sah ich stehen, laufen, in die Küche gehen oder das Nachbarhaus besuchen, und ich fragte mich, warum? Die Frauen trugen an ihren langen Hälsen Messingringe, viele, und es musste, schien es mir, an diesen Messingringen liegen, wenn so eine Frau sich nicht von ihrem Stuhl erhob, denn das Gewicht der Ringe würde sie zwingen, nach vorn gebeugt zu gehen, und weil sie auch um die Fesseln und um ihre Handgelenke Messingringe trug, war ihr das Gehen schwer gemacht.

Die Frauen schwatzten miteinander, lachten und sahen uns Fremde nur ganz flüchtig an. Eine von ihnen reichte mir einen Zettel zur Straße runter. In englischer Sprache war darauf nachzulesen, was es mit den langen Hälsen auf sich hatte: Im Alter von fünf Jahren, so stand es auf dem Papier, ehrt der Stamm das Mädchen mit einem Messingring, den es um den Hals gelegt bekommt und der ein ganzes Kilo wiegt. Im darauf folgenden Jahr wird ein weiterer Ring hinzugefügt, dann ein dritter und so geht es fort, bis der Hals lang und länger wird und der Schmuck vierundzwanzig Kilo wiegt. Über die Ringe um Fesseln und

Longneck-Frau vom Stamm der karin

um Handgelenke gab der Zettel keine Auskunft. Ohne Frage war auch dieser Schmuck sehr schwer.

Ich sah das bunte Bild der Frauen auf der Veranda und stellte die Überlegung an, wo der gesunde Menschenverstand geblieben sei. Vierundzwanzig Messingringe hatten den Hals einer jeden Frau wesentlich verlängert, um gut dreißig Zentimeter verlängert, wie mir schien, und die Frage ist, wie wirkt sich so ein gewaltsames Strecken auf heranwachsende Halswirbel eines jungen Mädchens aus? Aber es gab noch andere Fragen: Wie lebt Haut ein Leben lang unter Messingringen? Wie lebt ein Mensch, ohne je den Kopf zu drehen? Wie kann eine Frau schlafen mit schwerem Metall am Körper? Zeigt das Röntgenbild vom Hals einer Karin-Frau eine Speiseröhre, die extrem verlängert ist? Beim nächsten Gedanken gelang es mir nicht, mein Lachen zu unterdrücken: Der Anblick der »Langhälse« ließ mich an jene geheimnisumwitterte Quelle denken, die den Watergate-Reportern Bernstein und Woodward das entscheidende Material geliefert hatte. Unverhofft erhielt diese Person durch den Anblick der Longnecks für mich eine neue Anatomie. Bernstein und Woodward hatten ihre Quelle *deep throat*, tiefen Schlund, genannt.

Der Weg fort vom Dorf, mit den Frauen auf den Veranden beiderseits der Straße, bereitete mir Unbehagen. »Wie ist das«, wollte ich von HK wissen, »ob wohl auch bei diesem Stamm der Bräutigam nach der Trauung die Braut über die Schwelle seines Hauses trägt?«

»Schwerlich.« Hardy nahm die Schultern hoch und zog gleichzeitig die Mundwinkel herunter: »Bei dem Gewicht an Hals und Beinen?«

»Er könnte …«, sagte ich und ging ein wenig schneller, »… er könnte die Angebetete über seine Schwelle rollen …«

Mein Sitz über der trockenen, grauen, faltigen Haut des Elefanten war mit einem Stück Teppich ausgelegt, und im Passgang des Dickhäuters rutschte ich in dem Sitz ständig hin und her. Aus den Augenwinkeln nahm ich wahr, dass mein liebster Reisegefährte ständig gähnte und den Ausritt ganz offensichtlich nicht genoss. Diesen Mann, der lange Jahre seines Lebens in der Wildnis von Ostafrika zu Hause war, zum Besuch eines Camps dressierter Elefanten zu überreden, hatte meiner ganzen Überredungskunst bedurft, und jetzt, an unserem letzten Tag im Goldenen Dreieck, ritten wir auf einer freundlichen Elefantendame, die *Sophia* hieß, durch einen Urwald im thailändischen Norden.

Der Name *Loren* war nicht mit hineingestickt worden in eine Decke, die Sophia auf ihrem Rücken trug. Bevor wir hinaufgeklettert waren auf diesen breiten Elefantenrücken, hatten wir ihr und anderen Darstellern in der Herde zugesehen, als sie vor Publikum zeigten, wie gewaltig ihre Kräfte waren. Riesige Baumstämme heranzuschleppen und aufzuschichten, wie zu Zeiten, als in Thailand ganze Teakwälder geschlagen wurden, schien den Tieren ein Leichtes zu sein, und als Belohnung hatten sie von den *elephant boys* ganze Stauden überreifer, brauner Bananen bekommen.

Am Ende der Vorführung gab es auch für das Publikum eine Belohnung, einen Ritt in den Urwald, wie es hieß. Es wurde ein Schaukeln auf Elefantenrücken, durch eine Wildnis, die aus kümmerlichem Buschwerk, farblosen, verdorrten Bäumen und viel Staub bestand. Mit der trockenen Hitze waren wir vertraut, denn es kommt vor, dass auch auf unseren Wald, in Kalifornien, ein halbes Jahr kein Tropfen Regen fällt, die Monotonie dieser Wildnis aber, die Fliegen, die Moskitos und die unbarmherzige Sonne ließen in mir ein Gefühl aufkommen, das ich wahrheitsgemäß mit einem *Ich-kann-das-Ende-kaum-erwarten-Gefühl* beschreiben muss.

Glücklicherweise kam das Ende schnell. Sophia, die diese Langeweile sicherlich schon tausend Mal durchwandert hatte, beschleunigte unverhofft ihren Schritt, stampfte durch knackendes Buschwerk und hielt auf eine roh gezimmerte Treppe zu, die den Touristen das Absteigen von Elefantenrücken leichter machte. Auf dem Weg über einen staubigen Pfad und zu einer Lichtung, die als Parkplatz diente, nahm ich mir vor, von meiner Wunschliste einen Elefantenritt zu streichen,

an dessen Ende die Begegnung mit den Tigern im indischen Benga-
len gestanden hätte.

Die Dunkelheit legte sich bereits auf die Häuser, aber der Gehsteig
gab noch immer die Hitze des Tages zurück, und als wir die Straße
überqueren wollten, sanken unsere Schuhe in einem schwarzen Asphalt
ein, der bei 45 Grad Celsius über lange Stunden hinweg weichgekocht
worden war. Auf dem Weg zu den funkelnden Lichtern eines Hauses
am Ende der Straße begann ich mir die Köstlichkeiten auszumalen,
mit denen wir uns an diesem Abend verwöhnen lassen wollten.

»Als Erstes einmal ein hohes Glas mit einem exotischen Drink«,
sagte Hardy, »Ananas-Saft auf Eis, mit einem Schuss Cointreau.
Zwischen dem Eis Erdbeerhälften und darüber gegossen dunkler Rum
und oben drauf eine Maraschino-Kirsche.« Ich stimmte ihm zu und
sah, dass wir bei einem großen Banyanbaum angekommen waren, der
uns im Garten vor dem Restaurant willkommen zu heißen schien. Das
Haus hinter dem Altehrwürdigen war in einem hellen Grün gestrichen,
zweigeschossig und hatte auf jeder Etage eine weitläufige Veranda,
die mit farbenfrohen Tüchern ausgehängt waren. An den Geländern
entlang gab es Laternen, die ihr Kerzenlicht über die Gesichter von
Menschen flackern ließen, die speisten, lachten, tranken. Das Bild
schien einem Märchen zu entstammen. Die herabhängenden Blätter
des Banyan, der warme Duft der Nacht, dieBlumenpracht im Garten
des Hauses aus kolonialen Zeiten erinnerten mich an die Villen im Stil
des *ante bellum*, wie ich sie in Louisiana gesehen hatte. Dies hier aber
war Chiang Mai, von den Ufern des Mississippi tausend und mehr
Meilen weit entfernt.

Auf dem Weg zu unserem Tisch führte uns eine graziöse Thai, deren
Lächeln ich bezaubernd fand, an einer Sammlung herrlichster Anti-
quitäten vorüber. Englische Vitrinen gab es da, antikes Meißen,
zierliche Spieltische aus dem kaiserlichen China und Gemälde aus der
Zeit des alten Siam. Blankpolierte Fußböden aus Teak waren mit in
allen Räumen bunt verteilten indischen Teppichen bedeckt. Frisch

gepflückte Orchideen schmückten einen Lüster, dessen Glas milchig rosa leuchtete und der, sicherlich vor langer Zeit, vom Kapitän eines viermastigen Handelsschiffes in Venedig erstanden worden war.

Unser Tour Guide durch die Antike, die Thaifrau mit dem Zauber ihres Lächelns, beendete ihren Gang vor einem Tisch, dessen Kristall das Flackern von Kerzen widerspiegelte, und sah meinen Mann

Bibliothek aus alter Zeit, Chiang Mai

fragend an. »Thank you«, sagte der, legte die Innenflächen seiner Hände aneinander, brachte sie nach Art der Thai an seine Stirn und verneigte sich leicht vor der Frau: »The table is very beautiful.«

Der Tisch war wirklich gut gewählt, unter dem Geländer der Veranda streckte der Banyan seine Äste aus und an der Decke über uns drehte sich ein Ventilator gemächlich, schweigsam um sich selbst. Wunderschön ist das beste Wort, wenn es mir darum geht, die Blumen auf dem Tischtuch zu beschreiben, die Bestecke, das Kristall oder das Porzellan, selbst die Servietten waren nach Origami-Mustern künstlerisch eindrucksvoll gefaltet, und sogar das Obst war, wie kleine Skulpturen, wunderschön geschnitzt.

Auf den Stühlen lagen Seidenkissen in den Tönen Blau und Grün. Wir ließen uns in die Kissen niedersinken. Ein wenig erschöpft, mit der Erinnerung an eine schmerzlich heiße Sonne in den Augenhöhlen, aber auch froh, endlich faul sein zu dürfen, faltete ich das Pergament der Speisekarte auseinander. Was ich da alles sah, ließ mir den Mund wässerig werden.

Da gab es *Chao Praya-Fleisch-Salat-Röllchen*, was ein scharf gewürztes, kross gebratenes Gemisch aus kleinen Stücken Schweinefleisch ist, mit Zutaten aus fein geschnittenen Zwiebeln, Schalotten, Ingwer, Minze und mit Erdnüssen. Das Ganze gab es in einer Chili- und Fischsauce und wurde auf knackig frischen Salatblättern serviert.

Ich sah sieben oder acht verschiedene Curry-Gerichte auf der schönen Speisekarte aus Pergament. Da stand ein *Grünes Shrimp-Curry* über einem *Rindfleisch-Curry* (scharf), und für Vegetarier war an ein *Rotes Gemüse-Curry* gedacht. Die Entscheidung war mir bei diesen herrlichen Köstlichkeiten nicht leicht gemacht, und es war die Frage, ob ich mich für Nudeln oder Reis entscheiden würde.

Mitten hinein in meine Gedanken, in die Bilder, die ich mir von diesen Speisen malte, hörte ich Hardy sagen: »Wunder über Wunder.« Ich sah fragend von der Speisekarte auf. »Wenn ich dir erzähle, was da kommt«, sagte er, »wirst du es nicht glauben.« Diskret, mit einer Bewegung seines Kopfes, deutete er auf die Thai, die lächelnd zwei hohe Gläser brachte. Lautlos trat die Frau an unseren Tisch. »Ein Gruß des

Hauses«, sagte sie, »Ananas-Saft auf Eis mit einem Schuss Cointreau. Dazu frische Erdbeerhälften, darüber gegossen dunkler Rum und oben drauf eine Maraschino-Kirsche.«

Hardy lachte, und die Thai sah mich mit einer Frage in den Augen an. »Sie können es nicht wissen«, gab ich ihr ungefragt zur Antwort, »aber das Gleiche habe ich heute schon einmal jemand sagen hören.«

Feuchter, dichter Nebel legte sich auf unser Longtail, als wir durch den Chao Praya hasteten. Der Nebel schien mir das Brüllen des Motors an diesem Morgen, der still und tintenschwarz begonnen hatte, ein wenig zu dämpfen. Wir waren Stunden vor Tagesanbruch aufgestanden, weil wir uns auf der anderen Seite des Flusses, in den Klongs, wieder einmal unter das Volk mischen wollten, zusehen, wie Mütter und Großmütter in ihren Häusern am Flussufer die Mahlzeiten des Tages zubereiteten, während Kinder und Enkelkinder lachend, jubelnd von Treppen oder Brücken in das braune Wasser sprangen. Ich freute mich darauf, die Köchinnen nach Zutaten auszufragen, wenn sie in der Kochstelle auf ihrer Veranda die mannigfaltigsten Gerichte zusammenstellten, die sie dann in ihren flachen Booten, ansehnlich dekoriert, den

Nachmittag am Klong

Schwimmender Markt

hungrigen Mitbewohnern der Klongs zum Verzehr anbieten würden, noch bevor die Sonne durch den kühlen Morgen dringen konnte.

Manchmal paddeln die Essensverkäufer ihre Boote auch von Haus zu Haus und liefern ihren Nachbarn Frühstücksgerichte an, bevor sich diese Spätaufsteher mit dem Expressboot zur Arbeit nach Bangkok fahren lassen. Wenn die Zeit des Frühstücks dann vorüber ist, liegen die Köchinnen mit ihren Booten den ganzen Tag lang auf den stillen Gewässern der Seitenarme des mächtigen Chao Praya und kochen auf Bunsenbrennern schmackhafte Gerichte für eine Kundschaft, die mit ihren Booten klongaufwärts oder klongabwärts fährt. Das Geschäft der Köchinnen in den Klongs geht gut, denn die Menschen von Bangkok nehmen tagsüber immer wieder gern mal einen kleinen Imbiss zu sich. Mal ist es ein Happen, der aus Gurken und Karotten besteht, scharf gewürzt und in dekorative, phantasievolle Formen geschnitten. Ein andermal sind es fein gehackte Gemüse, im Wok gebraten und in Reispapierblätter gehüllt. Ich habe diese Köchinnen auch kleine Fleisch- oder Fischstücke auf Spießchen über Holzkohle in ihren schwimmenden Snackbars grillen sehen. Die verschiedensten Kräuter und Gewürze, wie eingelegter Knoblauch, Ingwer, Korianderwurzel, Fischsauce, um nur wenige zu nennen, werden in kleinen Schälchen zum Würzen aller Speisen von Boot zu Boot gereicht, und wem es gefällt, seine Häppchen in eine Sauce zu tunken, bevor er sie genießerisch zum Munde führt, dem wird eine ganze Auswahl davon, und in allen Farben, angeboten.

In den Bildern meiner Erinnerung an die Köchinnen auf den Klongs ist der Himmel stets von einem hellen Blau, doch auf unserer Fahrt im Longtail an diesem Morgen wollte der dunkle Nebel nicht der Sonne weichen. Eine steife Brise schob gischtige Wellen über den Fluss, und von Norden her näherten sich dunkle Wolken, die drohend wirkten, satt mit Regen angefüllt. Unser Bootsmann steuerte den Longtail eilig in einen Klong, der jenseits des Flusses dem Oriental gegenüber lag. Als ich mich zu dem Hotel umdrehte, konnte ich die Lichter der

Terrasse durch den wabernden Nebel blinzeln sehen. Meine innere Stimme flüsterte mir zu, wie viel schöner, trockener, wärmer es doch jetzt wäre, in der bezaubernden *Authors' Lounge* mit dem weißen Dekor des Kolonialstils zu sitzen, eine deliziöse Tasse Kaffee zu trinken, die Gemälde eines Bangkok längst vergangener Zeiten an den Wänden zu betrachten, den Tagesanbruch und besseres Wetter zu erwarten.

Dieses schöne Bild zerreißend, rief der Thai vom lärmenden Motor her uns zu, das Wetter sehe nur nach einem kleinen Sturm aus, der nach Süden ziehe. Wir fuhren mit hoher Geschwindigkeit durch den breiten Fluss, aber als wir den Seitenarm erreichten, verlangsamte der Bootsmann unsere Fahrt.

Vor einem malerischen Holzhaus waren Männer dabei, Eimer mit frisch gefangenen Fischen aus dem Boot zu holen und in großer Eile über den Steg hinweg, die Treppe hoch, ins Haus zu tragen. Eine Frau,

Wandmalerei

die eine weite Hose im Stil der Chinesen und eine lange Jacke trug, kam mit Aluminiumdeckeln in den Händen aus dem Nachbarhaus gerannt, sprang in ihr Boot und verlor keine Zeit, die Töpfe mit Fertiggerichten vor dem Unwetter zuzudecken. Ich sah besorgt zum Himmel hoch, denn die dunklen Regenwolken hatten die schmale Wasserstraße jetzt erreicht. »In einer Minute ist das Wetter durchgezogen«, rief uns der Fahrer zu, »no problem!« Gleichzeitig mit den Worten »no problem« ging eine Sturzflut warmen Regens von den Wolken auf uns nieder.

Auf der Veranda eines grau gestrichenen Hauses stand ein Mann, der aufgeregt gestikulierte. Neben ihm sah ich Flammen lodern. Der Mann deutete auf eine Holztreppe, die vom Haus her zum Wasser hinunterführte, und unser Bootsmann machte an der Treppe fest. Ich hastete die Stufen hoch und als ich mich im Schutz des Daches nach meinem Gefährten umsehen wollte, stand der bereits hinter mir und sah zu den Flammen hin. Das Bild, das sich uns bot, war für unsere Augen ungewöhnlich: Dieser Raum, bestehend aus drei Wänden und einer vierten, offenen, dem Wasser des Klongs zugewandten, war die blitzblanke Werkstatt eines Schmiedes, und zwar mit allem, was dazu gehört: Amboss, Rauchfang, Löschtrog, Schmiedefeuer. Unser Retter vor dem Sturm sprach ein paar Worte Englisch und meinte, wir sollten uns doch bitte im Schutz seines Daches wie zu Hause fühlen, jedenfalls so lange, bis der Regen sich zu Ende geregnet hätte.

Lächelnd deutete er auf eine Bank und machte sich wieder an seine Arbeit, die er unseretwegen unterbrochen hatte. Er nahm ein rotglühendes Stück Metall aus dem Schmiedefeuer, und was er da auf dem Amboss zurechthämmerte, sah auf den ersten Blick nach einer Machete aus.

Wir setzten uns auf die Bank und hörten dem Regen zu, wie er auf das Dach trommelte.

Weiter hinten in der Schmiede, auf dem von vielen Füßen abgetretenen Hartholzboden, saß die Hüterin des Hauses. Sie hatte zwei Bunsenbrenner vor sich, auf dem einen stand ein schwarzer Topf, der andere erhitzte einen Wok. Hinter ihr, an der Wand, sah ich Körbe aus

Bambus und Töpfe aller Größen, die sorgsam übereinander gestapelt waren. In der Öffnung zum Fluss hin stand ein Fass aus weißem Plastik, das von der Dachrinne her und durch ein breites Rohr Regenwasser aufnahm. Das Fass war bereits am Überlaufen, und wie es mir schien, hätte dieses Unwetter eine endlose Reihe Plastikfässer füllen können.

Die Frau des Schmiedes rührte mit einem langen Löffel in dem schwarzen Topf und hörte dem lauten Hämmern ihres Mannes zu. Zwei Babies krabbelten um die Frau herum. Auf einer Matte aus Stroh saß ein drittes Kind, ein Junge, der schläfrig zu sein schien, aber uns beide, die Fremden auf der Bank, nicht aus den Augen lassen wollte.

Von oben, aus dem Stockwerk unterm Dach, kam eine kleine Frau, grauhaarig, vom Alter gebeugt. Sie trug ihr Haar straff nach hinten gekämmt, wo es zu einem Knoten aufgerollt war. Ihr Sarong war in *Ikat*-Technik bedruckt, von purpurroter Farbe, ausgebleicht. An ihren schmalen Füßen trug sie keine Sandalen, und als sie sich neben dem kleinen Jungen auf der Matte niederließ, faltete sie ihre Beine mühelos unter dem Sarong zusammen. Ihr Blick auf uns war so skeptisch, wie der Blick des Jungen von Anfang an gewesen war. In Gesellschaft zweier nicht alltäglicher Besucher setzte die Familie ihre Vorbereitungen für einen Tag fort, der noch vor gar nicht allzu langer Zeit begonnen hatte.

Gegen Mittag ließ der Regen nach. Der Schmied trug Macheten, Kochtöpfe, Spaten und Messer in seine schwimmende Eisenwarenhandlung, ließ den Motor an, winkte uns mit einem Lächeln zu und fuhr dem zweiten Teil seines Arbeitstags entgegen, der dem Verkauf seiner Waren gewidmet war. Ich sah ihm nach und sagte mir, du sitzt hier auf der Veranda, als würdest du ein Teil dieser Familie sein.

Wir gingen am Feuer vorüber zu den Frauen und den Kindern, bedankten uns für die Gastfreundschaft und stiegen über die nasse, schlüpfrige Treppe zum Boot hinunter. Beim Blick zurück zur Schmiede sagte ich mir, welches Glück uns doch vor das Haus dieses freundlichen Mannes geführt hatte, just in dem Moment, als der Wolkenbruch begann. Es war aber auch nicht das erste Mal, dass bei einem

Der liegende Buddha, Bangkok

Sturm ein hilfsbereiter Mensch uns schützend in sein Haus einließ. An einem strahlenden Morgen beispielsweise, auf einer Südsee-Insel, die Huahine heisst, ist uns das widerfahren, als wir dabei waren, auf einer Vespa die Insel zu umrunden. Wir schafften jedoch nur die halbe Strecke, waren unter den Bäumen eines tropisch dichten Regenwaldes hindurchgefahren und hatten sanfte grüne Hügel überquert, als ein Sturm mit Blitz und Donner auf uns niederging. Der einzige Schutz weit und breit war ein Banyan, der einsam in den Hügeln stand. Unter seinen weiten kräftigen Ästen und den dickfingrigen Blättern blieben wir tatsächlich eine ganze Zeit lang trocken. Dann aber drosch eine Wand aus Wasser unter Donnern und bei grellen Blitzen auf uns nieder, und von einem gelben Farmhaus her, das hundert Meter weiter am Ende eines matschigen Pfades stand, kam ein Mann heftig winkend auf uns zu gelaufen. Wir ließen die Vespa unter dem Baum zurück und rannten und rutschten durch den Modder mit dem Insulaner um die Wette hin zu seinem gelben Haus. Unsere verschlammten Schuhe ließen wir vor dem Eingang stehen, bevor wir dem gastfreundlichen Südsee-Insulaner in seine Küche folgten. Triefend nass alle drei, standen wir lachend voreinander und schüttelten die Köpfe, sprachlos vor der Urgewalt des Sturms.

Es kommt oft vor, dass ich mich frage, ob bei einem Sturm zusätzliche positiv geladene Ionen in der Luft entstehen, die bei mir für allerbeste Stimmung sorgen, ja sogar für Heiterkeit. Ich habe dieses Glücksgefühl vor einem Hurricane empfunden, unter einem aufgerissenen Himmel sitzend, als sich haushohe Wellen unter mir an Felsen brachen. Ich empfinde dieses Glücksgefühl im Winter, wenn ein Blizzard mit seiner Macht des Windes und dem Gewicht des Schnees auf meinen Wimpern mir die Augen schließt. Das gleiche Gefühl ist in mir auch entstanden, als ein elektrisch geladenes Gewitter mich schwimmend in einem See aus Quellwasser überraschte und ich Schutz vor Blitz und Donner unter einem Holzfloß suchte. Beim Prasseln des Regens auf das Dach über mir fühlte das kleine Mädchen, das ich an dem Tag damals gewesen bin, sich durch das Floß gegen alles Böse gut beschützt! Welch gefährlich unwissender, kindlicher Gedanke!

Wenn es zu Tornados kommt, befällt mich das Gegenteil von Heiterkeit. Ich bin im Mittleren Westen der Staaten aufgewachsen und habe eine ganze Reihe von Tornados überlebt. Kann es sein, dass so ein *twister* nur negative Energie aufbaut? Ich vermute es, denn ich habe immer nur eine an Panik grenzende Angst empfunden, wenn der Himmel sich verdüsterte, eine graugrüne Farbe annahm und die schwarze Trichterwolke sich zu drehen begann.

Der Sturm hingegen, den wir in der Küche des gelben Hauses auf Huahine durchlebten, war einer, der mich heiter stimmte. Alles war blitzsauber dort, hell, sorgsam aufgeräumt. An einer langen Wand sah ich Eimer stehen. Neugierig ging ich zu einem hin, der mir am nächsten stand, um nachzusehen, was der Bauer darin aufbewahrte. Ich stellte mir Früchte vor, oder vielleicht auch Fische, und so entfuhr mir ein Laut der Überraschung, als ich – rosa, glänzend und mit Wasser übergossen – die Schnauze eines Schweines sah. Im nächsten Eimer befanden sich kurze, dünne Beine mit Hufen, die blitzsauber waren. Und im dritten Eimer schließlich sah ich mir, mit Bedauern, zwei Paar vollkommen geformte rosarote Schweineohren an. Der Bauer freute sich über meinen Blick in seine Eimer und sprach davon, wie er mit dem Mästen von Schweinen seine Familie ernähren könne. Seine Frau, sagte er, würde am Nachmittag aus diesen Stücken in den Eimern ein ganz spezielles Abendessen kochen. Es gibt Gerichte mit Schweinefleisch, die ich sehr gern zubereite, aber in der Minute kam doch die Sorge in mir hoch, der Insulaner würde sagen: »Wenn Sie bleiben können, sind Sie zum Abendessen herzlich gerne eingeladen«, und so beeilte ich mich zu sagen, die andere Hälfte seiner Insel warte darauf, von uns entdeckt zu werden. Draußen kam mir der letzte Rest des Windes zu Hilfe, der nur noch schwach durch die Bäume fegte und vermutlich die Regenwolken von der Insel fort nach Süden getrieben hatte. Auf das Gras vor dem gelben Haus fielen nur noch ein paar dicke Tropfen, und so sagten wir dem Bauern Dank für seine Gastfreundschaft. Als wir uns im blendend gelben Licht einer zurückgekehrten Sonne auf die quietschnassen Sitze des Motorrollers setzten, lachte der Insulaner leise vor sich hin.

Viele Jahre später und Tausende Kilometer weit entfernt, sollte ich mich an einem regnerischen Tag von Hamburg aus noch einmal an den Südseebauern mit seinen Schweinen und die gastfreundliche Familie eines Schmiedes im Klong von Bangkok erinnern.

An jenem regnerischen Tag in Hamburg sah ich Hardys Tochter unter einer Buche stehen. Malaika beugte sich über einen Kinderwagen und zog den Reißverschluss der Pelerine zu, weil sie Pablo, ihren vier Monate alten Sohn, vor einem Regenguss zu schützen hatte, der überraschend schnell und ohne sich vorher durch drohende Wolken angekündigt zu haben von der Außenalster herübergekommen war. Unter dem Baum drängten sich noch vier oder fünf andere tropfnasse Menschen, die sich ebenso wie Malaika bei ihrem Spaziergang vor dem heftigen Sturm unter die Buche gerettet hatten.

Hardys Tochter und sein Enkel waren ein herrlich warmes Wochenende lang bei uns in Hamburg zu Besuch gewesen. Eines Nachmittags wollte Malaika ihr Baby im Kinderwagen zu den wunderschönen hohen Bäumen fahren, die entlang der Außenalster stehen, doch sie war kaum eine Viertelstunde aus unserem Appartement fort gewesen, als das Unwetter über Dächern, Straßen und Menschen niederging. Der Regen fiel so dicht, dass ich von unseren Fenstern aus nicht einmal die andere Straßenseite sehen konnte. Mit einem Schrecken fiel mir ein, dass Malaika ohne Regenmantel losgezogen war, also griff ich mir die größten Schirme, die ich finden konnte, und lief zur Tür hinaus in der Hoffnung, sie und das Baby am Ufer des Sees zu entdecken. Beim Stapfen durch die Pfützen auf dem Wanderweg sah ich, wie allein ich war. Weder links noch rechts war eine Menschenseele in dem Park zu sehen. Ich fragte mich, welchen Weg Malaika zurück zur Wohnung hätte nehmen können, und rannte in die Milchstraße hinein, wo Wassermassen mir entgegenströmten und mir die Sandalen von den Füssen rissen. Es war reines Glück, dass ich mich für die richtige Straße entschieden hatte und dass ich von weitem schon Menschen sehen konnte, die sich mit gebeugten Schultern unter einer Buche drängten. Malaika musste mich sofort gesehen haben und winkte mir auch mit beiden Armen lebhaft zu, aber ich fischte erst einmal meine Sandalen aus dem Wasser, bevor ich zu dem Baum hinlief und die Schirme aufschnappen ließ. Die anderen Leute, die bei Malaika standen, hatten sich ihre gute Laune nicht verderben lassen, sie foppten einander und lachten laut, als einer rief, dass Petrus wohl Regen für die Hamburger immer nur am Wochenende einplane. Sie machten auch Bemerkungen darüber, dass gottlob das Baby trocken geblieben war, und immerhin würden wenigstens zwei von den Armseligen gerettet werden, sagten sie, und dann lachten sie über einen Mann mit Glatze, als der rief, wenn ich ein Herz hätte, würde ich die ganze Bande, alle, wie sie pudelnass da stünden, mit zu mir nach Hause nehmen! In das Lachen der Umstehenden hinein sagte ich, nächstes Mal, beim nächsten Regen mach ich das bestimmt, und lief Mailaka hinterher, die schon, Schirm aufgespannt, kinderwagenschiebend, mit Riesenschritten auf dem Weg nach Hause war. An der nächsten Straßenecke warf ich einen Blick zurück, winkte den Menschen beim Baum noch einmal zu und sah dabei, als wär' es eine Rückblende im Kino, das Gesicht des freundlichen Mannes in den Klongs und die Augen des Bauern von Huahine vor mir.

Ich wußte, und auf meine innere Stimme brauchte ich jetzt gar nicht erst zu warten, dass der Thai, ebenso wie der Südsee-Insulaner, allen Menschen, die sich unter dem triefenden Baum dort hinten drängten, und zwar allen, ausnahmslos, unter ihren Dächern Schutz geboten hätte, jedenfall so lange, bis der Regen nicht mehr vom Himmel fiel. In Hamburg oder Kalifornien aber würde so eine Einladung ins Haus als ungewöhnlich angesehen werden.

Als ich weiterging, auf dem Weg zurück nach Haus, fühlte ich plötzlich, in welcher sorgsamen, zivilisierten, freundlichen, aber »Sei-nicht-zu-freundlichen« Welt ich lebte.

Scharfe Thai-Nudeln mit Basilikum und Pinienkernen

375 g Penne
6 Esslöffel Olivenöl (oder nach Belieben)
3 Esslöffel Knoblauch, fein gehackt
1/4 l Kokosmilch
2 Teelöffel Rosenpaprika
250 g rote Zwiebeln, fein gehackt
4 Esslöffel Fischsauce
3 Esslöffel rote Currypaste
125 g Sahne
90 – 100 g Zuckererbsen, blanchiert und in mundgerechte Stücke geschnitten
125 g rote Paprikaschoten, in dünne Streifen geschnitten
8 Esslöffel frisches Basilikum, gehackt
60 g Pinienkerne, geröstet

Wasser (mit etwas Salz) in einem großen Topf zum Kochen bringen und ein wenig Öl hineingeben.
Die Penne darin al dente kochen.
Abgießen und beiseite stellen.

Sauce:
6 Esslöffel Öl in einem Wok oder einer großen Kasserolle mäßig erhitzen, Knoblauch und rote Zwiebeln hineingeben und unter Rühren braten, bis der Knoblauch goldbraun ist und die Zwiebeln eine hellbraune Farbe angenommen haben.
Die Currypaste hineingeben, Kokosmilch, Fischsauce und Rosenpaprika hinzufügen und unter ständigem Rühren zum Kochen bringen. Sahne hineingeben und weitere 3 Minuten unter Rühren kochen.
Die Hitze reduzieren und 10 Minuten köcheln lassen. Zuckererbsen und Paprikagemüse hinzufügen.
Die Sauce über die Pasta geben und mit Pinienkernen und Basilikum garnieren.
Ergibt 4 Portionen.

Chao Praya-Fleisch-Salat-Röllchen

500 g mageres Schweinehackfleisch von der Lende
(oder 500 g gehacktes Geflügelfleisch)
2 Esslöffel rote Zwiebeln, fein gewürfelt
2 Esslöffel Schalotten, fein gewürfelt
4 Esslöffel fein gehackte Wasserkastanien
2 Esslöffel frischer Ingwer, gerieben
4 Esslöffel Erdnüsse, fein gehackt
2 Esslöffel Wasser
2 Esslöffel Zitronensaft
2 Esslöffel Fischsauce
1/2 Teelöffel rotes Chilipulver
1 Teelöffel frischer grüner Chili, gehackt
1 Esslöffel frische Minzeblätter, fein gehackt
2 Esslöffel frische Korianderblätter, gehackt
6 – 8 große Kopfsalatblätter

In einem leicht mit Pflanzenöl bestrichenen Wok das Hackfleisch (oder

Geflügelfleisch) zusammen mit
2 Esslöffeln Wasser bei mittlerer Hitze
garen, dabei ständig umrühren.
Wenn das Fleisch fast gar ist, den Wok
vom Herd nehmen, Zitronensaft,
Fischsauce, Chilipulver und frischen
Chili hinzugeben.
Umrühren, dann Zwiebeln, Schalotten, Wasserkastanien, Erdnüsse,
Ingwer, Minze und Korianderblätter
hinzufügen.
Eine Minute unter leichtem Rühren
garen.
Die ganze Mischung in die Mitte
einer Servierplatte geben und mit den
Salatblättern einrahmen.
Ein jeder Gast kann nun einige Löffel
der Mischung in ein Salatblatt legen
und sie damit einrollen.
Dazu in getrennten Schalen Chili-
sauce, Gurkenscheiben und Erdnüsse
reichen.
Ergibt 4 Portionen.

Siamesisches Omelette mit Meeresfrüchten

2 Knoblauchzehen, zerdrückt
3 Esslöffel Stangensellerie,
klein geschnitten
6 Frühlingszwiebeln,
fein geschnitten
2 Esslöffel Pflanzenöl
200 g frische Meeresfrüchte wie
Garnelen, Kamm-Muscheln,
Krebs- oder Hummerfleisch
4 Anchovisfilets, gehackt

1 Teelöffel Fleur de sel oder Meersalz
1 Teelöffel schwarzer Pfeffer
3 Esslöffel frische Korianderblätter,
gehackt
8 Eier

1 Teelöffel Pflanzenöl im Wok erhitzen
und Knoblauch, Frühlingszwiebeln,
Anchovisfilets und Sellerie darin
unter ständigem Rühren goldbraun
braten.
Die klein geschnittenen Meeresfrüchte
hinzufügen und unter Rühren garen.
Die Hälfte der Korianderblätter
hinzugeben.
Vom Feuer nehmen, mit Salz und
Pfeffer würzen, zudecken und beiseite
stellen.
In einer Omelette- oder Bratpfanne
das restliche Öl bei mittlerer Temperatur erhitzen, die Eier schlagen, mit
Salz und Pfeffer würzen und in die
Pfanne geben.
Wenn das Omelette zu stocken beginnt, die Meeresfrüchte in die Mitte
geben und (in der Pfanne) die Ome-
letteränder darüber schlagen, sodass
ein Quadrat entsteht.
Wenn das Omelette auf der Unterseite
eine goldene Farbe angenommen hat,
das Quadrat vorsichtig umdrehen und
die andere Seite bräunen.
Man kann das Quadrat auch in vier
Teile zerschneiden und dann indivi-
duell umdrehen.
Mit den restlichen fein gehackten
Korianderblättern garnieren.
Ergibt 4 Portionen.

Gebratener Reis à la Bangkok Klongs

Dies ist ein sehr leicht zuzubereitendes Reisgericht, das ich gern als schnelles, einfaches Mittagessen serviere. Jedes Gemüse eignet sich dazu, ebenso Überreste von Fleisch oder Fisch. Servieren Sie zuvor eine Tasse Brühe mit knusprigen Fischcrackern. Der Reis sollte am Tag zuvor zubereitet werden, zumindest aber abgekühlt sein.

4 Esslöffel Pflanzenöl
3 Knoblauchzehen, fein gehackt
1 Bund Frühlingszwiebeln oder eine Zwiebel, fein gehackt
6 – 8 gekochte Garnelen, klein geschnitten, oder 1 Dose Krebsfleisch, gewässert und abgetropft
150 g gekochtes Huhn, Rind- oder Schweinefleisch, klein geschnitten
250 g Weißkraut, in feine Streifen geschnitten
150 g Sellerie, gewürfelt
1 große Tomate, enthäutet, von Kernen befreit und gewürfelt
3 – 4 Esslöffel süße Sojasauce
Chilipulver (nach Belieben)
Meersalz (nach Belieben)
500 g gekochter Reis, über Nacht abgekühlt
2 große Eier, leicht verschlagen
Frische Korianderblätter zum Garnieren

Öl in einem Wok erhitzen. Knoblauch und Zwiebeln mit der Tomate bei mittlerer Hitze dünsten, bis der Knoblauch goldbraun ist. Kohl und Sellerie hineingeben und weich kochen. Garnelen, Fleisch, eine Prise Chilipulver, Salz und Sojasauce hinzufügen und 1 Minute unter Rühren dünsten. Den Reis untermischen. Diese Reismischung im Wok auf eine Seite schieben, noch ein wenig Öl dazugießen und die geschlagenen Eier darin leicht stocken lassen, dann mit einer Gabel verrühren. Ei unter den Reis mischen. Mit gehackten Korianderblättern garnieren. Ergibt 4 Portionen.

Thailändisches Rindfleisch-Curry

750 ml Gemüsebrühe
3 – 4 Esslöffel rote Currypaste
1 Esslöffel frischer Ingwer, klein geschnitten
1 Teelöffel Kumin, gemahlen
1 Teelöffel Koriander, gemahlen
1 Esslöffel getrocknetes Basilikum
1 Esslöffel Fischsauce
500 g mageres Rindfleisch, in dünne Scheiben geschnitten
Frischer Chili, in Scheiben geschnitten (nach Belieben)
100 g Bambussprossen
50 g Kohlrabi, in feine Juliennestreifen geschnitten
50 g Karotten, in feine Juliennestreifen geschnitten

2 Esslöffel frische Basilikumblätter,
gehackt
2 Esslöffel frische Korianderblätter,
gehackt

Von der Gemüsebrühe 125 ml in einer
großen Kasserolle zum Kochen bringen.
Currypaste, Ingwer, Kumin, gemahlenen Koriander und Basilikum hineingeben.
Mit dem Schneebesen rasch verquirlen,
bis die Zutaten gut vermischt sind.
Restliche Brühe hinzufügen, erneut
zum Kochen bringen, Fischsauce und
Fleisch hineingeben und köcheln
lassen, bis das Fleisch gar ist.

Probieren, ob noch zusätzlich Fischsauce nötig ist.
Fischsauce ist sehr salzig, da sie aus
konzentrierten Anchovis hergestellt
wird, daher ist Vorsicht geboten.
Wenn Sie es weniger salzig mögen,
können Sie ein paar Prisen Zucker
beigeben. Wenn Sie scharfes Curry
bevorzugen, ein wenig frischen,
geschnittenen Chili hinzufügen.
Wenige Minuten vor dem Servieren
das Gemüse untermischen.
Vom Feuer nehmen und die Basilikumblätter einrühren.
Mit Korianderblättern garnieren und
Reis dazu reichen. Ergibt 4 Portionen.

Tikis
in der Südsee

er Himmel wölbte sich über mir wie eine kostbare Decke aus schwarzem Samt. Ich lag an Deck des Segelbootes, lag auf dem Rücken, und hätte so gern mit meinen Händen einen dieser silbern leuchtenden Feuerbälle von dem Mitternachtssamt gepflückt und ihn wie einen flachen Stein über das tief dunkelgrüne Wasser des Südpazifik hüpfen lassen. Bei jedem seiner singenden Klatscher über das fast unbewegte Wasser hinweg würden sich Milliarden kosmischer Lichter von den Silbersternen lösen und in der Nacht verglühen. Nicht tausend Lichter in der Nacht würden es bei mir jetzt sein, sondern Millionen, und der *speech writer* von George Herbert Walker Bush wäre deshalb im Vergleich zu mir arm dran. Dieser Redenschreiber ist eine Frau gewesen, Peggy Noonan ist ihr Name, für den Wahlkampf 1988 hatte sie Mr. Bush den Slogan von den *Thousand Points of Light* in die Manuskripte seiner Reden hineingeschrieben, und immer wieder habe ich mich gefragt, was das wohl bedeuten solle. Tausend Lichter in der Nacht, die für den zukünftigen Präsidenten leuchten? Oder Tausende von Lichtern in den Wohnstuben Amerikas, deren Bürger ihr Schicksal getrost in die Hände eines Republikaners legen könnten? In anderen Ländern unserer Welt habe ich während langer Flüge durch die Nacht beim Blick auf die Tausende von Lichtpunkten unter mir an Peggy Noonan denken müssen, und als bei den Unruhen des Jahres 1992 schwarze Bürger von Los Angeles ihren Stadtteil South Central in Flammen aufgehen ließen, konnte ich von der Veranda unseres Blockhauses, hoch oben in den Bergen, den roten Himmel über Los Angeles tage- und nächtelang mit Schaudern sehen, und wieder einmal habe ich daran denken müssen, welch erschreckende Bedeutung dem leichtfertig hingeworfenen Slogan eines Politikers Jahre später zugeschrieben werden kann.

Das Boot, von dessen Deck aus ich in den Sternenhimmel sah, lag still in dem spiegelglatten Wasser eines Atolls. Die feuchte Luft der Nacht begann Tau über Deck und Kajütendach zu legen. Aus der Kombüse unter mir kam die Stimme von Michel Gauthier. Er rief nach Hardy und wollte wissen, ob er bereit sei für die große Operation der Nacht. »Aye aye, Captain«, rief Hardy zurück und lachte, »allzeit bereit für Hummerjagd und Korallenriff.«

»Et toi, Christa?«, hörte ich Michel als Nächstes fragen, und seine Frau antwortete: »Moi aussi.«

Michel fliegt als Kapitän bei der Air Polynésie die französischen Inseln im Südpazifik ab und Christa ist eine dieser *Vahine*, wie Paul Gauguin sie hätte malen wollen, würde er in unseren Tagen leben.

Wir hatten Michel kennen gelernt, als wir das erste Mal von Bora Bora aus zu den Marquesas flogen. Diese Reise hat uns auf den Spuren von Herman Melville, Paul Gauguin und Jacques Brel wandeln lassen, und Michel Gauthier war der Pilot des Flugzeuges gewesen.

Michel und Christa leben auf Tahiti, und von ihrem Haus in Papeete hatten wir Gummistiefel, Jutesäcke, dicke Handschuhe und eine ganze Sammlung Taschenlampen mit aufs Boot genommen.

Ich trennte mich schweren Herzens von der Stunde allein für mich an Deck und stieg die Stufen in die Kajüte hinunter, um, wie der Rest der Mannschaft, meine Ausrüstung für die Hummerexpedition in Empfang zu nehmen. Michel gab mir eine Taschenlampe, aber als ich sie ausprobiert hatte, landete sie wieder in seinen Händen, denn *mon capitaine* hatte mir eine mit einer schwachen Batterie andrehen wollen, und als ich ihm meine eigene *Mag Light* unter die Nase hielt und ihm den fast taghellen Lichtstrahl daraus vorführte, lächelte er verlegen.

Kurz darauf, an Deck, sah ich mit an, wie der Mond aufging, ich sah die Millarden Sterne auf dem schwarzen Samt und sagte mir lachend, wie unbedeutend unsere *four points of light*, unsere vier kleinen Lichterpunkte, in einer solchen Nacht von dort oben aus gesehen sich wohl ausnehmen würden. Es war ein Vollmond, der sich da über die Toamotus erhob, und er war auch verantwortlich dafür, dass wir in dieser Nacht auf Suche nach den Hummern gingen. Michel hatte

Vahine

nämlich die Behauptung aufgestellt – und jede Diskussion darüber unterbunden –, dass in einer wolkenlosen Vollmondnacht die Hummer, von Frau Luna magisch angezogen, zu Hunderten auf die Korallenriffe der Atolle von Tuamotu krochen und nur darauf warteten, von uns unerschrockenen Seglern nach ablaufendem Wasser aus den kleinen Tümpeln zwischen den Korallen aufgeklaubt zu werden. Voraussetzung für einen guten Fang sei allerdings, so Michel, erst nach Mitternacht das Korallenriff zu betreten, denn vor Mitternacht würden sich noch nicht alle Krustentiere in den Tümpeln eingefunden haben.

Bei unserem ersten Flug mit Michel Gauthier damals vor Jahren waren wir auf der Insel Nuku Hiva zwischengelandet, und beim Anflug auf die Piste hatten wir vom Cockpit aus gesehen, wie unter der glasklaren Wasserlinie Tausende und Abertausende von Hummern die Felsen bedeckten. Michel sagte beim Anflug damals, mit Blick auf das Gewimmel unter der Maschine, sein Traum sei es, sich nach seiner Pensionierung ein Flugzeug zuzulegen und damit tonnenweise lebende Hummer von Nuku Hiva nach Papeete zu fliegen, weil damit massig Geld zu machen sei.

Hummer gab es also zur Genüge in diesen Wassern, das war unbestritten, Michels Plan jedoch mit Mond und Mitternacht ließ mich insgeheim ein wenig lachen. Wie auch immer, Schlag zwölf Uhr kletterten wir vier in das Dinghi und ließen uns von seinem Eigner zu den Korallen rudern. Am Heck des kleinen Bootes hing zwar ein Außenborder, doch Michel zog die Riemen vor, ohne allerdings einen Grund dafür zu nennen. Mag sein, dass die Hummer absolute Stille wünschten, wenn sie ihr Schicksal in unsere Hände, und anschließend in Jutesäcke, legten.

Eine warme Nacht mit Sternen und mit Mond schien sich wie eine Vorahnung auf Abenteuer über das kleine Boot zu legen. Auf dem geheimen Globus, den ich mir aus den Gedanken holen kann, wann immer ich dies will, fand ich den kleinen schwarzen Punkt, der wir mit unserem Dinghi in der Weite des Pazifik sein mussten, und sah, wie weit entfernt von den Milliarden Punkten kleiner Lichter auf unserer Welt wir in dieser Stunde waren.

Aus dem Dinghi zu steigen stellte sich als schlüpfrige Angelegen-heit heraus. An dieser Stelle des Atolls gab es keinen Strand, und auf den scharfen Kanten des Korallenriffs war nur schwer fester Halt zu finden. Christa hatte klugerweise Tennisschuhe an den Füßen, und als Bekleidung einer Hummer-Fischers-Frau von Lebensart hatte sie einen Pareo über ihrer Schulter festgemacht. Wir anderen hatten Gummistiefel an, Jeans, T-Shirts mit langen Ärmeln, sogar Hand-schuhe, wie Elektriker sie bei der Arbeit tragen, und nach den ersten Schritten wusste ich bereits, dass die unsrige bei drückend schwüler Luft über dem Atoll die falsche Kleidung war.

Dies war eine Nacht für Liebende, dachte ich bei mir, Liebende, die, unter Sternen ausgestreckt, ihre Träume träumen und eisgekühlten Champagner in kristallene Gläser gießen. Dies war keine Nacht, dach-te ich bei mir, Gummistiefel von scharfkantigen Korallen aufritzen zu lassen und bei jedem Vorantasten das Gleichgewicht zu verlieren.

Die Lichter aus Hardys und Christas Taschenlampen bewegten sich ein Stück hinter mir suchend durch die Tümpel, noch immer nahe der Stelle, an der wir das Dinghi in einer seichten Vertiefung zwischen die Korallen gezogen hatten. Michel befahl mir, stets hinter ihm zu bleiben, was mich vermuten ließ, dass er der Erste sein wollte, der einen Hummer fing. Mon Capitaine schien sich von Tag zu Tag mehr in Captain Bligh auf der *Bounty* zu verwandeln, der mit seinem harschen Benehmen in Fletcher Christian, seinem Ersten Offizier, den Gedan-ken keimen ließ, auf Tahiti eine Meuterei zu wagen. Schon am Vor-mittag hatte ich die Verwandlung eines liebenswerten Piloten zum Captain Bligh mitangesehen: Beim Angeln für den Hauptgang unse-res Mittagessens war mir ein durchsichtiger grüngelber Fisch an den Haken gegangen. Ich legte ihn an Deck und wollte seine schillernde Farbenpracht bewundern, aber da schrie Michel bereits, ich solle das Ding schleunigst wieder ins Wasser werfen. Seine heftige Reaktion überraschte mich, aber ich fand, dass sie auch ihr Gutes hatte, denn vor mir lag nun nicht nur ein schöner Fisch, sondern auch ein glücklicher, weil ich sein Leben schonen konnte. Vorsichtig machte ich das Maul vom Haken los und warf den Fisch zurück in sein jadegrünes Reich.

Ob ich denn nicht wisse, dass dieser Fisch giftig sei, wollte Gauthier wissen. Nein, gab ich zur Antwort, denn zu meinem unendlichen Bedauern befinde sich in meiner Bibliothek kein Nachschlagewerk mit dem Titel *Erkennung giftiger Fische im Südpazifik.*

Nach meinem Fauxpas beim Angeln segelten wir los. Ich saß auf dem mir zugewiesenen Platz an Bord und sah den anderen bei ihren Segelmanövern zu, obwohl still dazusitzen nicht meiner Vorstellung von einem vergnüglichen Zeitvertreib entspricht. Laut strikter Anweisung des Schiffskapitäns durften wir uns an Bord nicht einmal die Haare waschen, denn der begrenzte Süßwasservorrat sei für Wichtigeres da, wie mon Capitaine uns sagte. Ich dachte an die acht Tage, die unser Segeltörn noch dauern sollte, und fand insgeheim, dass es auf dem Archipel der Tuamotus den einen oder anderen kleinen Hafen gab, und das Bunkern von Wasser hätte nicht nur das Problem des Haarewaschens lösen, sondern auch uns allen eine wohltuende Abwechslung bieten können.

Die Verwandlung von Michel Gauthier in Captain Bligh ließ mich an einen Mann aus Hamburg denken, wenn ich nicht irre, war er Anwalt von Beruf, und auf seiner eleganten Yacht vom Bootstyp Swan sind wir einmal um dänische Inseln herumgeschippert. Der Mann war gescheit, Frauen gegenüber sehr galant, und in seinem Gehabe sanft, ein wahrer Herr. Doch dies alles war er nur an Land. An Bord seiner Swan, mit uns als niederen Matrosen, veränderte sich sein Charakter vehement. Er wurde rechthaberisch, unduldsam, kurzangebunden, schlecht gelaunt. Ich erinnere mich mit Genugtuung, dass wir schon im zweiten Hafen unsere Seesäcke schnürten, Hardy und ich. *We jumped ship*, wie die Amerikaner es nennen, wenn sie ihre Flucht vor einem ungeliebten Kapitän beschreiben.

Vor dem ungeliebten Kapitän auf den Tuamotus »jumpten wir nicht ship« – um noch einmal die Mischung zwischen Deutsch und Englisch zu benutzen, über die ich stets lachen muss –, vielmehr folgten wir seinen Anordnungen bei der Hummer-Expedition. Zu mitternächtlicher Stunde trug ich dazu bei, die schlechte Laune unseres Anführers weiter zu verschlechtern, und dies, weil ich ihn angerempelt und mit dem Rempler, wie er sicher glaubte, in Gefahr gebracht hatte. Wie befohlen war ich nämlich hinter Gauthier über die Korallen gestolpert, den Lichtstrahl meines Mag Light ließ ich, nach lebensmüden Hummern Ausschau haltend, über diverse Tümpel streichen, aber ich schaltete die Lampe auch oftmals aus, weil es viel schöner war, in dieser wunderbaren Nacht zum Himmel aufzusehen. Die Nähe der Sterne empfand ich wie eine glückliche Hypnose, und da es ringsumher kein Licht aus Fenstern, Dörfern oder gar aus Städten gab, funkelten die Juwelen über mir in seltener Pracht. Der Gedanke, dass kein Mensch den Frieden dort oben je hat stören können, war ein Gedanke, der mir sehr gefiel. Meine Unaufmerksamkeit, was den Mann vor mir betraf, führte prompt auch zum Zusammenstoß. Gauthier war unerwartet stehen geblieben, zur gleichen Zeit hatte ich zu den Sternen aufgesehen, und wenn es mir nicht gelungen wäre, den Mann im letzten Moment noch festzuhalten, hätte mein Rempler ihn im nächsten Tümpel enden lassen. Gauthier erstarrte in meinem Griff, der ihn gehalten hatte. Mit Schrecken im Gesicht sah er auf seine Füße, und am Ende des hellen Strahls aus meiner Taschenlampe schlängelte sich eine Muräne über seine Stiefelspitzen! Mit weit geöffnetem Maul, drohend spitze Fangzähne zeigend, glitt das aalartige, schwarze, glitschige, scheußlich anzusehende und überaus giftige Biest in eine rötlich schimmernde Fläche flachen Wassers, in das Michel beinahe hineingefallen wäre. Ich ließ den Schein meiner Lampe über den Korallentümpel wandern und sah zu meinem Entsetzen, dass in dunklen Öffnungen, zwischen rosafarbenem Gestein, unzählige Muränen lauerten. Doch dies sollten nicht die einzigen dieser ekeligen Biester bleiben, derer wir ansichtig wurden, denn als ich Christas schrille Schreie hörte und in ihre Richtung sah, konnte ich einen Laut des Erschreckens nicht unterdrücken: Im Licht von Mond und Sternen sprang Christa hoch, hüpfte herum, lief im Kreis, und das war, als tanze sie einen *Appalachian Jig*. Sie schrie und kreischte und raffte ihren Pareo bis zu den Hüften hoch.

Wenn Christa den Tanz der Südsee-Insulanerinnen tanzt, wird das zu einer Show vollendeter Erotik. Mit einem Kranz duftender Blüten aller Farben auf dem Haar, mit Wellen schwarzer Locken über braunen Brüsten, einen leuchtend bunten Pareo um den Leib geschlungen, hat sie oft für uns getanzt.

Dies hier aber, die Sprünge auf dem Korallenriff, waren nicht der sinnliche Tanz einer Insulanerin. Im Schein unserer Lampen sahen wir mit an, wie eine lange, dünne Muräne sich von Christas Knöcheln löste und, um ihre Beine gewunden, bis hinauf zu ihren Schenkeln kroch. Christa sprang so hoch es ging, mit aller Kraft, sie wagte nicht, das giftige Biest mit den Händen von ihren Beinen zu wischen, aber als sie das von der Muräne umschlungene Knie zu schütteln begann, wild, wie im Fieber, fiel das ekelhafte Tier zwischen die Korallen und floh schlängelnd durch das Wasser und in eines der dunklen Löcher hinein. Die Götter der Maori, die über Polynesien wachen, hatten auch über Michels Frau gewacht, denn als ich den Schein meiner Taschenlampe über Christas nackte Beine streichen ließ, war kein Blut, kein Anzeichen eines Muränenbisses zu erkennen.

Christa brach in ein nervöses Lachen aus. Eine ganze Zeit lang standen wir alle vier zwischen den Tümpeln eines Korallenriffs, standen unter Milliarden Sternen, standen vor einem leuchtend weißen Mond und wussten nichts zu sagen. Unsere Mitternachtsparty war beendet. Auf Michels verspätete Ehrengäste, die Hummer, mochten wir nicht warten.

Der Sand unter unseren Körpern war von einem Weiß, das strahlte, und das lauwarme Wasser, in dem wir lagen, leuchtete um uns herum in einem hellen Grün. Wir lagen auf dem Rücken, unbewegt, und sahen mit Staunen zu den unbeschreibbar blauen Tiefen des Himmels auf. Als sich federige Wolken mit dem Blau des Himmels mischten, kam die Erinnerung an einen Gedanken zurück, den ich in der Antarktis hatte: Damals, ebenso wie an diesem Tag vor dem Atoll, war es mir, als würde ich zum ersten Male wahre Farben sehen.

Als Hardy, meine Träumereien unterbrechend, sagte, über die Abwesenheit von Hummer auf seinem Teller beim Lunch von heute müsste er sich eigentlich bei Michel beschweren gehen, verschluckte ich mich an dem Salzwasser in meinem Mund.

Am frühen Morgen hatten wir den Anker vor einem Atoll geworfen, auf dem Mangroven und Palmen wuchsen, und Michel war mit den Worten in sein Dinghi gestiegen, heute werde es ein echtes *pique-nique à la Tahiti* geben, mit loderndem Feuer in einer Mulde und mit Fischen in saftig-grüne Blätter eingewickelt.

Während wir uns reglos im Wasser ausstreckten, lag auch das Segelboot bewegungslos vor Anker. Christa putzte auf dem Achterdeck unseren Fang des frühen Morgens. Als sie damit fertig war, stieg sie, Plastikeimer in der Hand, die Klapptreppe am Heck hinunter, streckte den Eimer weit von sich und kippte Fischköpfe, Schwänze, Gräten und Eingeweide in das kristallklare Wasser des Atolls. Die ekeligen Reste trieben auf der Oberfläche und zogen Schlieren über die Wasserfläche hin, die zwischen uns und dem Segler lag. Hardy

Oase im Meer

deutete mit dem Kopf zum Atoll hinüber, und wortlos schwammen wir dem Strand entgegen. Im flachen Wasser stehend spürte ich wohlig die Sandkörner unter meinen Füssen. Ich sah die grelle Sonne, sah das Boot, sah die eklige Kloake – und sah die Flossen. Dreieckige Flossen waren das, wie kleine Segel, Rückenflossen, und sie zerschnitten die Wasseroberfläche in rasender Geschwindigkeit. Ich begann zu zählen: vier, fünf, sechs.

Ob das Delphine waren? Hardy schüttelte den Kopf. Haie! Die Rückenflossen kreisten um Michels Segelboot herum, glitten in die Fischreste hinein, änderten den Kurs und kamen auf uns zu. Es vergingen nur Sekunden, da glitten schon geschmeidige Körper, sandfarbene, mit schwarzen Rückenflossen im klaren Wasser den Strand entlang, glitten an uns vorüber, drehten um, kamen zurück, kamen in unsere Richtung zurück! Panik, schrill wie ein Schrei, riss durch meinen Kopf. Ich erwachte aus meiner Starre, wollte rennen, doch Hardy sagte scharf: »Bleib stehen! Keine Bewegung mehr!« Er hatte das in einem Ton gesagt, den er immer dann benutzt, wenn er keine Gegenrede von mir will, doch meine Angst ließ mich nicht mehr auf ihn hören und ich rannte von dem weißen Sand aus zu den Korallen hin. Ich stürzte auf die scharfen Kanten und sah, beim Blick zurück, dass Hardy zwischen mir und den Haien stand, sah auch, wie flach das Wasser war, und dachte, in so wenig Tiefe schwimmen Haie nicht hinein!

Doch ich hatte mich geirrt, es waren noch sehr junge Haie und sie jagten durch das flache Wasser, sie schossen auf Hardy zu, alle vier, alle fünf, und als der erste ihn fast erreicht hatte, nahm Hardy das rechte Bein aus dem Wasser, bog seinen Körper rückwärts – und trat mit der ganzen Kraft seines Leibes dem Hai auf die Nase. Ich weiß nicht, ob ein Hai eine Schnauze hat oder ein Maul, aber ich weiß, dass Hardys Fuß, als würde er einen Ball treten, da landete, wo der Hai seine Nase haben sollte, und erstarrt sah ich mit an, wie der Hai das Wasser peitschte und wie die ganze Bande, alle vier oder fünf, mit der gleichen Geschwindigkeit davonstob, mit der sie herangeglitten war.

Christa war dem Geschehen vom Deck aus gefolgt und sah nun aufatmend den schwarzen Rückenflossen nach, die klein und kleiner

wurden. Mit einem breiten Lächeln wandte sie sich zu uns um, klatsch-
te in die Hände und rief: »Hardy, du hast ein gutes *Mana*, so eines, als
würdest du ein Maori sein!«

»Könntest du bitte mit deinem guten Mana Michels Dinghi suchen
gehen?«, sagte ich zu ihm, »denn schwimmen, zurück zum Boot, ist für
mich tabu.«

Christa trug einen Kranz aus weißen und gelben Ylang-Ylang-
Blüten im Haar, um ihren kräftigen, schokoladenbraunen Körper hatte
sie einen rot-weißen Pareo geschlungen, der mit großmusterigen
Blumen bedruckt war. Mit beiden Händen hielt sie eine Kokosnuss
hoch über ihren Kopf und schmetterte das grüne Ding auf den zugespitzten Stamm einer kleinen Palme, die Michel für seine Frau gefällt
und so behauen hatte, dass sie selbst die dickwandigste Kokosnuss auf
dem zugespitzten Holz hätte spalten können. Die äußere Hülle zerfiel
in zwei Hälften, und in der Hand hielt Christa eine schön geformte
kleine Kokosnuss, bedeckt mit jenen langen braunen Fasern, aus denen
Kokosgarn gesponnen wird. Die Vahine klemmte die braune Nuss
zwischen ihre Schenkel, nahm einen Stein in die eine und einen Metall-
stift in die andere Hand und hämmerte ein Loch in das schmale Ende
der Frucht. Dann nahm sie eine Flasche Rum aus der Kühlkiste und
goss, ohne sparsam damit umzugehen, den Rum in die Kokosnuss.
Diese polynesische Vorbereitung einer mittäglichen Cocktailstunde
wiederholte sie noch drei Mal, selbst Strohhalme hatte sie für uns alle
vier mitgebracht, und während wir auf bunten Tüchern im spärlichen
Schatten hoher Palmen saßen und die Mittagsglut die feuchte Luft
aufheizte, musste ich die ersten Fliegen von meinen Beinen scheuchen.

Gauthier begann, einen Trinkspruch auf Hardys Mana auszubrin-
gen, aber der wehrte lachend ab und so begann ich eine Geschichte zu
erzählen, die im tiefen Meer vor Moorea spielte. Wir hatten bei einem
Korallenriff geschnorchelt und waren begeistert in die exotisch bunten
Fischschwärme hineingeschwommen, ohne an die panische Angst vor
Haien zu denken, die mich selbst dann befällt, wenn so ein Schreck-

gespenst gar nicht in der Nähe ist. Hardy war vor jener Reise zum stolzen Besitzer einer kleinen Unterwasserkamera geworden und an dem Morgen von Moorea verlangte er von mir, ihm vor dem Zauberreich der Korallen Modell zu sitzen. Ich saß da auch eine kleine Weile, aber als mein Fotograf mit seiner neuen Errungenschaft nicht zurechtkam, schwamm ich ihm davon. Kaum hatte er sich aufgemacht, mir zu folgen, so erzählte er mir später, da schwamm ein silberiger Hai an ihm vorüber und ließ seine Neugier an mir aus, die ich ein Stück vor ihm mit Zebrafischen spielen wollte. Entsetzt, um mein Leben bangend, schwamm Hardy dem silberigen Monster nach, und nun, so lautet seine Schilderung, ergab sich ein Bild, das so aussah: Weit vorne schwimme ich, in gerader Linie hinter mir der Hai und den Abschluss macht mein Mann. Eine ganze Strecke lang soll das so gewesen sein, doch irgendwann muss der Hai wohl seinen Spaß an mir verloren haben, jedenfalls glitt er in eine dunkle Tiefe, in der Hardy ihn nicht mehr sehen konnte. Die ganze Geschichte wurde mir am Abend, nach dem Dinner, im Hotel erzählt, wo die Panik, glücklicherweise mit Verspätung, von mir Besitz ergriff. Der Schreck saß noch am nächsten Tag in mir, was mich aber nicht hinderte, die Entwicklung des Films voller Spannung zu erwarten. Als wir die Fotos dann in Händen hielten, war die Verblüffung groß: Auf den Unterwasserbildern gab es nur Korallen und den einen oder anderen farbenfrohen Fisch, den Hai konnten wir auf keinem Foto finden und auch von mir war auf den Bildern nichts zu sehen! Ich stellte die Überlegung an, ob unsere neue Kamera möglicherweise eine Paralaxe habe, doch Hardy schüttelte den Kopf. »Es liegt an meinen Händen«, sagte er. »Die müssen wohl gezittert haben.«

Als ich geendet hatte, war das Gelächter groß, und Michel sagte, er nehme seine Bewunderung für Hardys Mana auf der Stelle zurück!

Am nächsten Morgen war *notre capitaine* überraschend guter Laune an Land gegangen. In dem kieselartigen Boden unserer verschwiegenen Picknickinsel hatte er eine Mulde ausgehoben und vermittels trockener Äste ein wahres Freudenfeuer darin entfacht. Aus den hell auflodernden Flammen war im Verlauf des Vormittags rotglühende

Kohle geworden, und als die sich mit einer dünnen Schicht grauer Asche überzog, sagte Michel, jetzt habe sein polynesischer Ofen die richtige Temperatur erreicht. Christa ging zum Strand hinunter und tauchte grüne Mangrovenblätter in das salzige Wasser. Nachdem sie gemächlich zurückgeschlendert gekommen war, sah ich Michel über den Rand meines Kokos-Rum-Cocktails zu, wie er die nassen Blätter in mehreren Lagen auf dem Bett aus Kohle ausbreitete, was einen wohlriechenden Rauch aufsteigen ließ. Als Nächstes bestrich er den größten Fisch aus unserem Fang vom Morgen mit Olivenöl, streute Kristalle eines grobkörnigen Meersalzes darüber, ließ frisch gemahlenen schwarzen Pfeffer folgen und legte den Fisch auf die Mangrovenblätter. Christa war inzwischen wieder zum Strand geschlendert und hatte saftig grüne Palmwedel in das Meerwasser gehalten. Michel sagte, die nassen Blätter würde er jetzt als nächste Lage über dem Fisch ausbreiten, und der heiße Dampf, den die Palmblätter nicht entweichen lassen, sei der Grund dafür, warum ein Fisch im *four polynesien* seine saftige Frische nicht verliert. Er werde fünfzehn Minuten bis zum Garsein benötigen, sagte er, aber es sei besser, schon in zehn Minuten nachzusehen.

Christas Vorspeise war eine wunderbare Mischung aus Salat von Palmenherzen, *poisson cru* und Scheiben einer frischen Ananas. Dieser Poisson Cru ist ein Weißfisch, mit Zitronensaft oder Limettensaft mariniert, und wenn ich auch, wie in den japanischen Geschichten bereits erzählt, kein Freund von rohen Fischen bin, so habe ich doch in den Tuamotus ein wenig davon gekostet, weil ich dachte, dass Zitronensaft den Fisch, wenn auch auf andere Weise als das Feuer, »gar« werden lässt.

Es wurde gleißender Mittag, bevor Michel sagte, jetzt sei es Zeit für das Glanzstück unseres *déjeuner pique-nique*. Eine gelbe Sonne brannte von einem kristallklaren Himmel auf uns herunter und tauchte das Atoll in erbarmungslose Helligkeit. Selbst der dunkelsten Sonnenbrille gelang es kaum, die ultravioletten Strahlen von unseren Augen fernzuhalten Michel kniete bei der Holzkohlenglut nieder, nahm die obere Lage der Palmwedel von unserem Fisch und sah zu den Tausenden von

Fliegen hoch, die sich um seinen Kopf versammelten. »Pas grande chose«, sagte er und behauptete, der Rauch werde die Schmeißfliegen vertreiben. Er zerlegte den dampfenden Fisch und verteilte wohlduftende, saftig aussehende Filets auf vier große Bananenblätter. Wie ein geübter Kellner servierte er uns diese tropische Version von Porzellan und gab sich dabei den Anschein, als gebe es die dichte Wolke summender Fliegen gar nicht, die sich vom Rauch nicht hatten vertreiben lassen.

Ich fand mein Fischfilet äußerst schmackhaft, und die Fliegen der Tuamotus schienen meine Meinung zu teilen, denn so viele von ihnen setzten sich auf mein Glanzstück von Gauthiers Déjeuner Pique-nique, dass es nicht mehr weiß, sondern schwarz aussah. Rum, Sonne, Fisch und Fliegen sind keine Kombination, die ich zur Nachahmung empfehle.

Wir saßen auf dem bunten Picknicktuch, versuchten unter Flüchen die widerlichen schwarzen Dinger zu vertreiben, und als ich meine südpazifischen Picknickabenteurer wie wild mit den Händen wedeln sah, fiel mir die Geschichte einer Britin in Australien ein und ich gab die Anekdote zum besten.

Von einer Reise in das *down under* nach London zurückgekehrt, erzählte sie einer Bekannten, die aus Adelaide stammte, begeistert von der Freundlichkeit der Australier, die ihr überall begegnet sei. Allüberall, sagte sie, wohin sie auch gekommen sei, hätten die Menschen ihr Grüße zugewinkt, von Pferderücken aus, vor einem Kino stehend oder im Schatten eines Eukalyptusbaumes liegend. Eine Frau im Garten eines Einfamilienhauses hätte ihr sogar beidhändig zugewunken, und selbstverständlich habe sie, die Engländerin, vom Autofenster aus, im Vorüberfahren, mit ihrem weißen Taschentuch den Gruß der Freundlichen erwidert. Ein andermal, bei ihrer Durchquerung des Outback mit der Eisenbahn, habe sie sogar aus dem Abteilfenster den Gruß der Aborigines erwidern müssen. Nachdem die Britin geendet hatte, wehrte ihre Freundin lachend ab. »Wir Aussies winken Fremden keine Grüße zu«, sagte sie, »wir haben nur ständig Fliegen zu verscheuchen.«

Michel und Christa fanden nichts Komisches an der Geschichte. Ich sagte mir, Hitze und Rum haben wohl ihren Humor abhanden kommen lassen.

Michel fand es angebracht – und hatte es uns zur Nachahmung empfohlen –, ein Stück Butter neben seinen Fisch zu legen, und in der Hitze war die auch schnell geschmolzen, aber in der gelben Pfütze schwammen nunmehr Fliegen. Ich fragte Michel, ob Butter bei dieser Hitze nicht voller Bakterien sei, aber er meinte, dies sei Butter aus Frankreich, aus der Dose und speziell für die Tropen hergestellt. Ich sah ihm dabei zu, wie er ein Stück Fisch in die geschmolzene Butter tauchte, einige fettverklebte Fliegen davon abklaubte und sich den Bissen genießerisch zwischen seine Lippen schob. Es war mir nicht möglich, Hardy anzusehen, weil ein schwer kontrollierbares Lachen in mir aufsteigen wollte, und so sagte ich nur leise kichernd zu ihm hin: »Vielleicht sollten wir *Lord of the Flies* noch einmal lesen«, und weil mir der Satz ein wenig albern schien, sagte ich noch an Michel Gauthier gewandt: »In William Goldings Buch – du erinnerst dich – geht es um die Grenze zwischen menschlicher Vernunft und tierischem Instinkt.« Gauthier gab sich mit der Antwort zufrieden, und ich sah, wie Christa ihre Beine aus dem Schneidersitz befreite. Sie nahm sich neuerlich eine Kokosnuss, spaltete sie an dem Keil des Palmenstumpfes, schlug ein Loch hinein, goss Rum in die Milch und schlenderte wortlos zum Wasser hinunter, wo sie langsam, Schluck für Schluck den Kokosrum genoss. Dann warf sie die leere Schale achtlos fort, wickelte sich ihren Pareo um die Hüften und schwamm zum Boot zurück. Michel löschte das Feuer, ich packte die Picknicksachen in den Korb und Hardy machte das Dinghi klar. Die Mahlzeit, unverfälscht tahitianisch, auf einem entlegenen Atoll der Tuamotu-Inseln war beendet.

Eine Abstimmung zu viert endete mit der Entscheidung, zu der Insel Rangiroa zu segeln. Ich beugte mich über den Bootsrand, sah hinunter in eine türkisfarbene Tiefe, das Wasser warf die Sonnenstrahlen in

Fatu Hiva

einen Tag zurück, der heiß und windstill war, und ich wusste, dass wir nirgendwohin würden segeln können. Michel stieg unter Deck und warf den Diesel an. Es war kein starker Motor und wir machten nicht viel Fahrt. Rangiroa lag stundenweit voraus. Wir rieben dicke Schichten Creme auf unsere Haut und setzten Hüte auf. Mit der Frage, was mir unliebsamer war, mein salzverklebtes Haar oder Creme auf verkrusteter, juckender, sonnenverbrannter Haut, machte ich es mir in dem Klappstuhl so bequem, wie es eben ging, und schlief sofort ein.

Die Luft war sehr schwer und ungewöhnlich feucht, als wir auf Rangiroa über den Kai von Avatoru gingen, und ich stellte mir vor, wie wohltuend es sein müsste, wenn ich mit meinen Händen die Feuchtigkeit der Luft über meinem Gesicht auswringen könnte.

Avatoru ist ein kaum bemerkenswertes Dorf auf Rangiroa, aber es zeichnet sich dadurch aus, dass an seinem Strand ein Bungalowhotel gelegen ist, und unsere Bootsbesatzung strebte darauf zu.

Von allen Inseln des Tuamotu-Archipels ist Rangiroa die am dichtesten bevölkerte. Eine ganze Ansammlung mehrerer kleiner Atolle oder *motus*, wie man auch sagt, bildet hier einen dichten Ring um eine Lagune aus jadegrünem Wasser. Die Atolle ragen nur ganz knapp über den Meeresspiegel hinaus, oftmals scheint es, als würden sie mit dem Wasser eine Ebene bilden, und das macht die Bewohner von Rangiroa sehr besorgt. Es ist die gleiche Sorge, die auch den Insulanern der Malediven und anderer tief liegender Inseln im Indischen Ozean zu schaffen macht, weil sie von den Wissenschaftlern hören, dass am Nordpol ebenso wie in der Antarktis das Eis zu schmelzen begonnen hat, von Jahr zu Jahr mehr schmilzt, dass der Wasserspiegel aller Weltmeere im Ansteigen begriffen ist, und wenn die Menschen anderer Regionen nicht den Willen aufbringen, dem Treibhauseffekt ein Ende zu bereiten, werden in nicht allzu ferner Zeit, so heißt es, alle tief liegenden Inseln unserer Welt überflutet und im Meer versunken sein.

Das Bungalowhotel von Avatoru bot eine Überraschung. In seinem Restaurant, unter Palmen und am Strand gelegen, standen Rattansessel, und auf einem der Tische sahen wir die Überraschung. Auf einer großen Schiefertafel, mit Kreide sorgfältig geschrieben, war zu lesen: *HEUTE FRISCHER HUMMER. Saftiger, festfleischiger Hummer. Gegrillt oder gedünstet. Ganz nach Ihrer Wahl.*

Wir ließen uns in die Rattans sinken, gruben die Zehen in den heißen Sand und tauschten unsere Meinung darüber aus, welches wohl die beste Zubereitungsart für Hummer sei. Gedünstet ist gut. Aber: Zunächst gedünstet und dann über Holzkohle gegrillt ist besser! Weil nämlich die Holzkohle dem Fleisch des Hummers ein rauchiges Aroma verleiht, gleichzeitig aber auch der Schale eine appetitlich anregende Farbe gibt, nämlich rot und knackig.

Aus einem Lautsprecher, der über uns an einer Palme hing, kamen die Stimmen von Edith Piaf und Aznavour mit einer frühen Aufnahme von *Plus bleu que tes yeux*. Hardy erzählte von Charles, wir stießen mit *Mai Tais* auf ihn an, und als die Sonne sich anschickte, im Ozean zu versinken, sahen wir ihr dabei zu. Bei klarer Sicht, und falls über der Kimm keine Wolken liegen, läuft genau in der Sekunde, wenn der rote Feuerball im Wasser versunken ist, ein Blitz von grüner Farbe über den Horizont. Durch einen Feldstecher betrachtet, der das Naturschauspiel nah an mich heranholt, finde ich das Bild besonders schön, wenn sich das Aufblitzen in der Farbe eines Smaragdes kurz, nur einen Menschenatmer lang, auf die Meeresoberfläche legt.

Am Ende der *cosmic lightshow* ging ich eine Dusche suchen, die ich vor Jahren an der Rückwand eines der Gästebungalows entdeckt hatte. Es gab sie noch, diese Dusche, ihr Wasser war nach der Hitze des Tages lauwarm geblieben, und unter begeisternd hohen Bäumen, zwischen Hecken voller Hibiskusblüten stieg ich aus meinen Kleidern und stellte mich aufatmend unter einen überraschend starken Wasserstrahl. Ich glaube, eine ganze Flasche Shampoo ging drauf, als ich das verfilzte Haar und meinen sonnenverbrannten Körper damit »entsalzte«, und als ich mich in einen frischen Pareo wickelte, musste ich mit einem bedauernden Lächeln sehen, dass sein Stoff nur unzureichend die unterschiedlichsten Farbtöne, die eine unerbittliche Sonne auf mir hinterlassen hatte, zu bedecken vermochte.

Frisches, klares Wasser habe ich schon immer als das schönste Geschenk der Natur für uns Menschen angesehen. Oftmals, wenn ich nach einer anstrengenden Reise in das heiße Wasser einer Wanne steige, sage ich zu mir: »Hoffentlich gibt es im Himmel Badewannen.« An dem Tag aber, auf Rangiroa, sagte ich beim Blick zurück zu der Freilichtdusche: »Gegen ein Brausebad im Himmel wäre auch nichts einzuwenden …«

Es waren lavendelfarbene Orchideen, Lilien, Hibiskus, Rosen, silbrig oder rot glänzende Fische der verschiedensten Gestalt, reife gelbe Bananen, Ananas, Kokosnüsse, Tomaten, Zwiebeln, Kartoffeln, Mangos und Papayas, die mit ihren herrlich frischen Düften dafür sorgten, dass die Abgase der Busse, Motorroller und Dieseltaxis zu ertragen waren. Insulanerinnen in Pareos oder buntfarbenen Baumwollkleidern zwängten sich durch den stockenden Verkehr und bahnten sich, Einkaufstasche in der einen Hand, ein maulendes Kind an der anderen, einen Weg unter das Dach des Marktes von Papeete. Der Tag war soeben erst angebrochen und die Luft hatte noch etwas von der Kühle der Nacht in sich.

Wir schoben uns an den appetitanregenden Auslagen auf den Ständen der Markthalle vorüber, Hardy und ich, liefen über den zerbrochenen Beton eines Gehsteigs, sprangen an Straßenecken über Schlaglöcher hinweg, wichen halsbrecherisch dahindonnernden Motorrädern aus und wanden uns durch ein Chaos aus Blech und Rädern in der steten Hoffnung, unverletzt einen chinesischen Imbissladen zu erreichen, dem wir in unserem ganz persönlichen Reiseführer drei Sterne verliehen hatten.

Es gehörte zum Ritual eines jeden Morgens, vor dem Frühstück, dass Radfahrer uns unter schrillem Geklingele anrempelten und wir Großmüttern helfen mussten, ihre im Gewühl abhanden gekommenen Enkelkinder wieder einzufangen. Meine überempfindlichen Ohren hatten die tahitianische Gitarrenmusiken wegzufiltern, die aus den Imbissbuden und Ramschläden am Gehsteigrand dröhnten.

Es gehörte ebenso zum Ritual eines jeden Morgens, dass wir vor einer Klinik für plastische Chirurgie die Schritte beschleunigten, weil zu befürchten war, dass unglückseligerweise wieder einmal eine Tür aufspringt und eine der Sirenen des Schönheitsoperateurs uns zum Besuch des Geheiligten überreden will. Einmal ist es geschehen, dass wir das Haus betreten haben, und ich frage mich bis zum heutigen Tag, warum. Es muss wohl an der Frau des Arztes gelegen haben und an dem Wortschwall, mit dem sie uns begrüßte. Fasziniert hatten wir die wandelnde Werbeanzeige für ihre Klinik betrachtet, die diese Frau nun einmal war, denn voller Stolz hatte sie verkündet, dass sie das fünfundsechzigste Lebensjahr überschritten habe, und während der Verkündung hatte sie auf ihr Gesicht ohne Falten hingewiesen, auf ihren Mangel an Doppelkinn und ihre erfolgreich angehobene Brust. Die Beschreibung der Künste ihres Mannes wurde etwas schnellatmiger, als sie auf ihren Mund zu sprechen kam, der etwas nach links herabhing. Das Lächeln der Dame war dadurch zum Ausdruck einer steten Süffisanz geworden, was mich auf die Vermutung brachte, ihr Mann sei am Tag der Mundveränderung nicht in bester Form gewesen. Ehe wir an dem Morgen damals wussten, was uns geschah, fanden wir uns vor Operationsgeräten wieder, die, wie die Französin uns wissen ließ, vom Feinsten waren, und während sie im Begriff war, an den Händen abzuzählen, wie viele OPs es in diesem Haus der Schönheit gab, öffnete sie schwungvoll eine Tür und deutete stolz mit ausgestrecktem Arm auf das Musterbeispiel eines solchen Saals.

Ich stieß einen kleinen Schrei des Entsetzens aus, und auch Hardy traute seinen Augen nicht, denn auf dem Operationstisch lag ein Mann, und im Licht der großen runden Deckenleuchten sah ich ein Skalpell in der Hand des Chirurgen blitzen. Noch immer in der offenen Tür verharrend, begann die Frau des Arztes zu erläutern, was da drinnen vor sich ging, und merkte erst spät, dass wir schon auf der Treppe und den halben Weg nach unten waren. Eiligen Schrittes lief sie uns nach, erwischte uns noch vor der Tür zur Straße und wollte wissen, ob es nicht an der Zeit sei für ein Straffen der Haut, nur ein klitzekleines bisschen … *seulement un petit peu?*

Hardy wandte sich der Frau zu, schien die Frage nicht zu verstehen, und es dauerte ein wenig, bis er begriff, dass er es war, dem die Frau ein *facelift* angeboten hatte.

»Qui?«, sagte er indigniert. »Moi?«

»Mais oui«, lächelte die Frau des Arztes süffisant, »*comme acteur du cinema* ... so, als Filmschauspieler ...«

»Madame«, hörte ich meinen Mann zu der Frau des Arztes sagen, »mein Gesicht bleibt, wie es ist.«

Draußen auf der Straße fiel mir wieder ein, dass wir in der Air France, auf dem Flug von Los Angeles nach Tahiti, einen Regisseur aus Hollywood getroffen hatten, der uns erzählte, dass er unter Hautkrebs leide und sich operieren lassen werde, in der Abgeschiedenheit von Papeete, weil dann die Presse keinen Wind davon bekäme. Stehenbleibend, auf der Straße, sah ich zu dem Haus der plastischen Chirurgie zurück und dachte mir, hoffentlich hat der arme Kerl sich nicht ausgerechnet diese Klinik ausgesucht, und hoffentlich hat nicht ausgerechnet er auf dem Tisch gelegen, als wir in der offenen Tür standen, und hoffentlich – wichtiger als alles andere – haben wir keine Bakterien vom Treppenhaus her durch die offene Tür geweht. Ein wenig besorgt um den Filmregisseur im Haus der Chirurgie setzten wir unseren Weg zu dem Chinesen fort.

Es gab keine andere Straße zu dem Lokal, das uns das liebste für ein ausgedehntes Frühstück war, wir mussten also auch an diesem Morgen an dem Haus der plastischen Chirurgie vorüber, doch wir wechselten, Vorsicht walten lassend, zur anderen Straßenseite hinüber und würdigten die Glastür keines Blickes, auf der in einer Schrift mit edwardianischen Schnörkeln der Name des Chirurgen stand.

»Unser« Chinese war ein winziges Lokal, das Licht war diffus, wir nannten es *hole in the wall*, auch wenn sein richtiger Name, *Le Dragon Géant*, Riesiges erwarten ließ. Über der Eingangstür hingen dreieckige Wimpel vieler Farben, und als die Brise dieses Morgens die Fähnchen auf und nieder warf, vermischte sich ihr Flattern mit dem Lied einer sehr hohen Frauenstimme, die aus dem hinteren Bereich des Lokals nach draußen drang. Im Inneren gab es nur zwei Tische, und

denen gegenüber, hinter einem schmalen Ladentisch, stand ein kleiner, rundlicher Chinese und erteilte seiner Frau lautstark Anweisungen. Die Frau hielt sich stets hinter ihm auf und arbeitete unermüdlich
bei ihren Kochtöpfen, die auf einem enorm großen schwarzen Herd
Dampf abließen. Im selben, eher klein zu nennenden Raum gab es noch
andere Chinesen, die einander ähnelten, also offensichtlich Verwand-
te waren. Die Leute zerkleinerten Berge von Zwiebeln, Sellerie und
Kohl und schnatterten und schwatzten ebenso unentwegt wie unbe-
schwert. Wir begrüßten uns wie alte Bekannte, der *chinaman* und wir,
sagten ihm, was wir gern zum Frühstück hätten, und nahmen uns einen
der drei rosafarbenen Resopaltische draußen auf dem Gehsteig. Außer
uns war um diese Stunde noch kein anderer Gast in den Riesigen
Drachen gekommen. Wir hatten kaum die Beine unter dem Tisch ausgestreckt, da brachte uns auch schon ein junger Mann dampfende
Schälchen einer klaren Brühe mit Gemüseeinlage, Chop Suey, Reis,
Egg-Fu-Yang, Frühlingsrollen und grünen Tee.

Hardy stippte seine Frühlingsrolle in Sojasauce ein und deutete mit
dem Kopf zur anderen Straßenseite hinüber. Ich folgte seinem Blick
und sah zwei Männer mit dem Körperbau von Sumo-Ringern vor
einem Ladengeschäft, das neu eröffnet werden sollte. Die Männer
brachten ein langes Schild mit der Aufschrift *Les Perles à moi – Les
Perles Noirs de Tahiti* über den Fenstern des Ladens an. In Papeete
machten sich unzählige Juweliere schon seit Jahren Konkurrenz und
versuchten nicht nur Brillanten und Edelsteine, sondern auch Perlen
an den Kunden zu bringen, aber dieser Name dort drüben, *Les Perles à
moi*, also »Meine Perlen«, schien mir gut gewählt, denn keine Frau, die
durch die Straßen von Papeete geht, kann an einem mit Perlen aller
Größen, Farben und Fassungen reich dekorierten Schaufenster vor-
übergehen, ohne zu hoffen, dass in naher Zukunft ein Collier aus
Perlen von solch exotisch dunkler Schönheit im Ausschnitt ihrer Bluse
zu betrachten ist.

Es überrascht mich selbst, wenn ich sagen muss, dass mich Perlen
nie so recht interessierten, jedenfalls nicht bis zum Besuch einer
Perlenzucht in der kleinen Stadt Broome, die im Nordwesten Austra-

liens an felsiger Küste liegt und wo ich einmal zusehen durfte, wie Männerhände eine Auster aufbrachen und vor grauem Hintergrund eine silbrig leuchtende Perle das Licht der Sonne widerspiegelte. Der Perlenzüchter hatte seinen Arbeitstisch unter freiem Himmel vor einer Hütte aufgestellt, und am Rand eines kleinen Berges ungeöffneter Austern sah ich eine Schale, die angefüllt mit Perlen der schönsten Farben war. Ich sah dem Mann zu, als er diese eine silbrige zuoberst auf die anderen Perlen legte, und beim Anblick dieses Schmuckes aus den Tiefen des Pazifik lief meine Phantasie mit mir davon: Ich sah eine Vase mit Lavendelrosen neben einer Schale aus dunklem Porzellan, angefüllt mit Perlen, in denen der Schein von Kerzen sich silberfarben bricht, auf meinem Nachttisch stehen.

Flammen züngelten über Eichenscheite im Kamin und warfen ihren rotglühenden Schein auf Bücher und Karten, die weit verteilt am Boden unseres Blockhauses in den Bergen von Kalifornien lagen. Vor den Fenstern, durch die Kronen hoher Bäume, fegte ein Schneesturm, der laut und ungebändigt aus Alaska kam. Wenn seine Böen mit Orkanstärke auf unser Haus eindroschen, stöhnten und ächzten seine Balken. Im Kontrast zu diesem winterlichen Ungestüm lächelten mich Südseemädchen von Hochglanzfotos an und schienen unsere Vorfreude zu teilen. Wir befanden uns kurz vor einer Reise, die wir an diesem Tag vor dem Kaminfeuer in letzten Einzelheiten planten.

Am Ostrand unseres Waldes lebt ein Mann mit Namen Jack. Hardy und Jack sind vor Jahren schon ein Team geworden, das aufrecht gestorbene Bäume fällt und zu Scheiten für unsere Kamine zersägt und spaltet. In Jacks Hütte hängt ein Reiseposter, eine Luftaufnahme der phosphoreszierend leuchtenden Insel Bora Bora, das in mir den Wunsch weckte, den Winterstürmen zu entfliehen und Weihnachten in der Südsee zu verbringen. Hardy hatte meinem Traum auch noch einen Flug zu den Marquesas hinzugefügt, weil es schon Jahre her ist, dass er nach Hiva Oa hatte fliegen wollen, zu jener von der Welt

vergessenen Insel, die dem krebskranken Jacques Brel, Belgiens un-
vergessenem Dichter und Sänger, Schutz vor den Nachstellungen der
Medien gewährte und die ihm zu seiner letzten Zuflucht geworden war.
Ein halbes Jahrhundert vor Brel hatte der todkranke Paul Gauguin
die letzten Jahre seine Lebens auf Hiva Oa zugebracht, und nachdem
Brel die Augen schloss, bewiesen die Insulaner dem toten Dichter ihre
Zuneigung, indem sie ihm ein Grab auf demselben Friedhof, gleich
neben dem von Gauguin, gaben. Wissend, dass Hardy seit seinen
frühen Jahren und seit seinem Leben in Paris eine große Bewunderung
für Gauguin und Brel empfand, war es für mich nicht verwunderlich,
dass er schon immer zu den Marquesas hatte fliegen wollen. Verwunderlich ist allerdings, was er nicht wissen konnte, dass auch mich seit
meiner Jugend ein Traum mit dem Marquesas-Archipel verband.

Als Teenager hatte ich nämlich unter dem Weihnachtsbaum den
Roman *Typee* von Herman Melville aus buntem Geschenkpapier gewickelt, und ebenso wie mein Mann hatte auch ich in meiner Jugend
mir nicht auszumalen gewagt, dass mich ein glückliches Schicksal einmal an die Küste einer Insel führen würde, auf der Melville von Bord
eines Walfängers gegangen war, unter Menschenfressern gelebt und
sich in das Mädchen Fayaway verliebt hatte. Ich war von dem Buch
und von den Abenteuern darin nicht mehr losgekommen, seit ich las,
dass Herman Melville im Alter von zwanzig Jahren und nach mehreren vergeblichen Versuchen, eine Anstellung zu finden, gezwungen
gewesen war, auf einem Walfänger anzuheuern. Sein Schiff, die *Acush-
net*, segelte 1841 von Liverpool aus dem Pazifik entgegen. Das wurde
eine Reise, die dem Leben des jungen Melville eine Richtung wies, und
nach Rückkehr von einem Törn, der drei Jahre gedauert hatte, ermu-
tigte ihn seine Familie, die phantastischen Geschichten aufzuschrei-
ben, von denen er zu erzählen wusste, und das ist die Geburtsstunde
meines geliebten *Typee* geworden, eines Buches über Abenteuer unter
Wilden in entlegenen Regionen des Pazifischen Ozeans.

Jahre nach unserem ersten Besuch bei den Gräbern von Gauguin und Brel sollte uns das Schicksal – oder vielleicht auch unsere Reiselust – eine weitere Begegnung mit diesen Inseln der schroffen Bergspitzen, Palmen und tropisch bunten Blumen bescheren, und wieder richteten wir es ein, dass es Gauthier war, der uns zu den Marquesas flog. Sein Flugzeug war von nichts als Blau umgeben, als wir uns auf den Weg machten. Es war ein Blau in allen Schattierungen dieser Farbe, wie ich sie bislang nur auf den Federn eines Pfauenrades sah.

Die *Britain Norman* der Air Polynésie warf einen kleinen schwarzen Schatten auf das Meer unter uns. Den Schatten und das Blau sah ich immer wieder, jedes Mal, wenn ich nach einem kurzen Schlaf die Augen öffnete. Der Flug dauerte acht Stunden mit nichts als Wasser unter uns, und in dem monotonen Brummen der zwei Motoren schlief ich immer wieder ein. Vor mir, bei den Armaturen, den Gashebeln und den Rudern der Maschine, saßen Hardy und Michel. Der Captain Bligh des Segelbootes hatte sich in Luft aufgelöst. Statt seiner war, mit den Händen auf dem Knüppel seiner Britain Norman, der zufriedene, ruhige, charmante französische Pilot zu uns zurückgekehrt.

Hiva Oa, der Fels im Meer und die zweitgrößte Insel der Marquesas, ist landschaftlich nicht vergleichbar mit der atemberaubenden Vielfalt an Szenerie anderer Inseln in dem Archipel, aber mit seinen sattgrünen Wiesen und den schroffen Bergen, den sanft gewellten Hügeln mittendrin, war mir die Insel von Gaugauin und Brel ein willkommener Anblick nach einer Ewigkeit von Flug. Ich erkannte Traitor's Bay ein Stück links vorab und danach auch bald das Dorf Atuana hinter seinem schwarzen Strand.

Die Betonpiste von Atuana ist sehr kurz und endet vor einer Wand aus Felsen, was Michel zwang, den Platz mit geringer Geschwindigkeit anzufliegen. Er fuhr die Landeklappen voll raus, genau in der Sekunde, als das Fahrwerk am Boden war, und trat gleichzeitig hart in die Bremspedale. Der Blick auf die heranrasenden Felsen vor dem Plexiglas der Flugzeugkanzel machte mich auf die gleiche Weise erschauern, wie mir das Herz schon einmal hatte im Hals zerspringen wollen, als Hardy und ich das erste Mal diese Piste anflogen.

Das Flugplatzgebäude war klein, niedrig, hatte nur einen Raum, und neben dem Tisch für die Abfertigung stand eine alte Waage, die mich bereits vor Jahren amüsiert hatte, denn von Koffern und Paketen abgesehen, musste sich vor dem Abflug auch ein jeder Passagier darauf setzen, was beim Wiegen schwergewichtiger Maori jedes Mal zu lautem Gelächter bei den umstehenden Passagieren führte.

Am Rand der Piste warteten zwei japanische Geländewagen. Hinter das Steuer des einen klemmte sich Gauthier, der für die Nacht bei Freunden unterkam, bevor er am nächsten frühen Morgen seine Britain Norman mit Post und Passagieren zu anderen Inseln des Archipels zu fliegen hatte. Die Krügers hingegen bestiegen den zweiten Vierradangetriebenen und machten sich auf den Weg zu einer sakralen Versammlungsstätte der Maori früher Zeiten, die auf der anderen Seite der Insel lag. Der Weg dorthin wurde zu einer Reise durch Nostalgie. Unsere Erinnerung an Atuana war die Erinnerung an glückliche Tage, und wir sahen noch einmal die Bilder einer von der Welt vergessenen Insel.

Der Lehmweg vom hoch gelegenen Flugplatz aus nach Atuana windet sich dem Meer entgegen, und als wir über einen Hügel hinweg zum Hafen hinunterfuhren, sahen wir ein Kreuzfahrtschiff am Kai liegen. Ein Touristendampfer? In Atuana? Jahre zuvor hatte Guy Rosey, der Bürgermeister, mit Vehemenz und Überzeugungskraft zu uns davon gesprochen, dass Tourismus das Werk des Satans sei, dazu angetan, die Töchter der Insel zu einem sündhaften Leben zu verführen, weshalb es auf der ganzen Insel auch kein Hotel gebe, nicht ein einziges, und, darauf sei Gift zu nehmen, auch in Zukunft nicht.

Nun, irgendjemand auf der Insel hatte seitdem ganz offensichtlich Gift genommen und das *cruise ship* am Kai festmachen lassen. Die schmale Straße in den Ort hinein lag zwar noch so verträumt wie damals da, aber auf das nächste Gift einer Veränderung fuhren wir bereits nach den ersten Häusern von Atuana zu. Bei einer Rasenfläche, neu angelegt und ziemlich groß, mussten wir vor einem Flugzeug halten, von dem Hardy sagte, dass es der Zweimot, die Brel geflogen hatte, zum Verwechseln ähnlich sah. Jacques hatte damit für die Insulaner oftmals Post geflogen, und wenn es einen Blinddarmdurchbruch gab, hatte er den Kranken mit Höchstgeschwindigkeit nach Papeete ins Spital gebracht. Am Rumpf der Maschine konnte ich den Namen *Jojo* lesen, es war der Name, den Brel seinem Flugzeug gegeben hatte, und neben dem Leitwerk stand eine Tür weit offen, die zum Besuch eines kleinen Museums mit Exponaten zur Geschichte der Insel einzuladen schien.

Ein Stück abseits von den beiden neuen Errungenschaften Atuanas erhob sich eine Tribüne, und unter deren Schatten spendendem Dach hatten die Passagiere des Kreuzfahrtschiffes Platz genommen. Gutgelaunt und ständig fotografierend sahen die Touristen den jungen Mädchen Atuanas zu, die auf dem grünen Rasen tanzten. Baströckchen wippten nach Südseeart, kleine Brüste waren mit den halben Schalen von Kokosnüssen bedeckt, und der Hula schien mir ohne Freude dargeboten. Ich sagte mir, vielleicht haben sie keine Lust auf diesen Tanz, vielleicht kann es aber auch daran liegen, dass die Reibung harter Kokosschalen auf zarten Brüsten Schmerzen macht. Neben den Mädchen waren Knaben dazu ausersehen, die kulturelle Darbietung durch einen kriegerischen Tanz der Maori zu ergänzen, doch daraus konnte nicht viel werden, weil die Burschen alberten und äußerst dürftige Bewegungen vollführten, und da sie das Ganze offenbar recht peinlich fanden, gaben sie schon nach Minuten auf.

Wir ließen die »satanischen Tänze« hinter uns zurück und fuhren mit dem Geländewagen auf harten Sitzen und über eine Straße voller Schlaglöcher tiefer in den Ort hinein. Am Rand unseres Weges gab es wie eh und je den Bäckerladen, das Haus der Gendarmerie stand noch am gleichen Platz, und ohne sonderlich danach zu suchen, fanden wir die weiße Kirche wieder. Es war Sonntag und von weitem schon hörten wir Gesang, ein Kirchenlied in der Sprache der Franzosen, von Nonnen mit Inbrunst dargebracht, und sobald die Frauen schwiegen, kam eine wunderbar tiefe Männerstimme aus den Kirchenfenstern. Der Mann sang sein Lied in der Sprache der Maori, und schon beim ersten Vers fiel die ganze Gemeinde ein. Laut waren diese Stimmen, hell, fröhlich, voller Zuneigung zu einem jungen Gott. Wer so ein Maori-

Lied an einem Sonntagmorgen jemals hörte, wird es sein Lebtag nicht vergessen.

Als wir uns von dem Lied der Maori endlich trennten, ließen wir den Geländewagen mit leisem Motor durch Farben rollen, die uns und Gauguin gleichermaßen begeistert hatten. Beiderseits der Straße, die sich durch den Ort windet, erheben sich gewaltige Flamboyants, Brotfruchtbäume, Mangos und Papayas inmitten einer wahren Explosion von Farben, wie sie es nur in den Tropen geben kann.

Am Ende eines Straßenstückes, hügelabwärts, fuhren wir auf ein Haus zu, das hellgrün angestrichen war. Das Haus hat schon vor hundert Jahren dort gestanden, war ein Gemischtwarenladen, ist es noch heute, und es ist verbürgt, dass Gauguin dort seine Farben kaufte. Dem grünen Haus gegenüber beginnt ein Pfad, der an Bananenstauden und Schlingpflanzen vorüber zu einem schattigen, wild überwucherten Stück Land führt, auf dem einst Gauguins Hütte stand. Fliegen schwirrten uns um die Ohren und Vögel kreischten in den Baumwipfeln, als wir daran dachten, wie in der ersten Stunde nach dem Tod des Malers katholische Priester dieses »Haus des Bösen und der Sünde«, wie sie es nannten, mit allem, was darinnen war, bis auf den Boden niederbrannten. Die Vahine, die Frauen dieser Inselwelt, waren barfüßig auf dem Weg zu Gauguin den gleichen Pfad entlanggewandert, über den wir jetzt schlenderten. Tage und Nächte hatten die Vahine bei dem Maler zugebracht, hatten gesungen, getrunken, getanzt, hatten sich ihm spielerisch, auf eine kindlich freudige Weise hingegeben. An dieser Stelle, unter diesen Bäumen, unter denen wir jetzt standen, in diesen Farben hatte Gauguin die Insulanerinnen gemalt. Der Mann war in ihre goldene Haut, wie er es nannte, vernarrt. In seinen frühen Jahren als Matrose auf französischen Handelsschiffen war er dieser Inselwelt begegnet, und weder in seiner unseligen Periode als Börsenmakler, die dann folgte, noch in den Jahren, als er in der Bretagne malte, hatte er die Farben dieser Insel und den Zauber ihrer Frauen aus seinen Phantasien verbannen können. Ich erinnere mich an sein Buch *Noa Noa*, denke an seine Pläne, die er uns in Briefen hinterließ und die mein Gedächtnis mir erhalten hat. Vielleicht ist der Grund für seine

Entscheidung, einem industrialisierten Europa den Rücken zu kehren, und für seine Sehnsucht nach Menschen, die sich ihre unverfälschte, gesunde, naive Freude am Leben nicht hatten nehmen lassen, in der Frau zu suchen, die Gauguin geboren hat. Ihr, die einer spanischen Familie entstammte, fühlte er sich in seinem Innersten verbunden, und es war sie, mit der er die glücklichsten Jahre seiner Kindheit im farbenprächtigen Peru verbrachte. Einer der Briefe, der dem Entschluss vorausgeht, endgültig in die Südsee aufzubrechen, erzählt davon, dass er noch einmal einen letzten Funken der Begeisterung in sich zu entfachen habe, seine Einbildungskraft müsse er wiederbeleben und die Flügel seiner Phantasie, ohne die sein Talent, ebenso wie er selber, einfach nicht mehr leben könne.

Die Epoche seiner bretonischen Bilder, ebenso wie die Zeit mit van Gogh in Arles, sah er als beendet an. Als das neunzehnte Jahrhundert zu Ende ging, malte der unruhige Geist seine Frauen, Geister, Pferde, Tiere, Blüten, kurz, alles Bezaubernde auf Tahiti, und schiffte sich dann nach Hiva Oa ein, wo ihm das Leben eine Handvoll letzter Jahre gönnte. Die Farben, die er auf dieser von der Welt vergessenen Insel auf seiner Palette mischte, fanden wir bei unserem Wandern durch Atuana in jedem Blatt und in jeder Blume wieder. Die Gesichtszüge der Menschen auf Hiva Oa mögen sich seither ein wenig verändert haben, denn die Vahine hatten ein Jahrhundert lang französischen Seefahrern, Polizisten oder Händlern Kinder geboren, doch die Frauen, die ich in den üppigen Gärten von Atuana sah, mit dem Wenigen an buntbedrucktem Stoff über braunen Körpern, schienen mir wie aus einem Gemälde von Gauguin gestiegen.

Da liefen wir also auf Hiva Oa, mit an uns klebenden Hemden und triefend nass vor Schweiß, einen Strand entlang, den Paul Gauguin oftmals gemalt hatte, standen vor seinem Grab mit der Zahl 1903 auf einen flachen Stein geschrieben und ahnten nicht, dass unsere Zukunft uns an einem regnerischen Tag im Mai zu einem Haus hin leiten würde, an dessen Wänden die Gemälde des Vincent van Gogh neben denen des Paul Gauguin hingen. Eine glückliche Fügung hatte uns – wiederum triefend nass, diesmal jedoch von einem sturzbachartigen Regen kommend – nach Amsterdam in das Van-Gogh-Museum geführt, wo Bilder aus einer gemeinsamen Zeit der beiden Maler hingen.

Es waren die Werke jener Tage, als Vincent seinen Freund Gauguin überredet hatte, zu ihm in die Provence zu kommen und gemeinsam mit ihm in das »gelbe Haus von Arles« zu ziehen. Nebeneinander stehend hatten die beiden dort gemalt, ihre Gemälde wiesen dieselben Motive, dieselben Menschen und dieselben Orte auf.

Die Unterschiede, die Individualität der beiden großen Maler zu betrachten, ab und an aber ihr Bemühen zu erkennen, sich bei der Mischung ihrer Farben wie auch im Pinselstrich einander anzugleichen, war ein Erlebnis, wie ich es in einem Museum noch nie zuvor gehabt hatte. An den Bildern waren die emotionalen Veränderungen der beiden, ebenso wie das Zerbrechen ihrer Freundschaft, abzulesen. Die Gemälde, Rahmen an Rahmen nebeneinander hängend, haben mir von der Verzweiflung erzählt, die einem ersten Anfall geistiger Verwirrung bei Vincent folgte, als er Gauguin, den Freund bedroht und sich selbst ein Ohr abgeschnitten hatte.

Auch die Einsamkeit van Goghs war für mich spürbar. Die Bilder sprachen von dem Alleinsein des Malers, nachdem der Freund aus Arles geflohen war. Bei seiner Flucht hatte Gauguin versehentlich die Skizze einer ältlichen Matrone in dem gelben Haus zurückgelassen, und es spricht für mich Bände, dass Vincent diese Skizze bei sich hatte, als er in Saint-Rémy an die Tür der Anstalt für Geisteskranke klopfte. In den Tagen seiner Rekonvaleszenz malte Vincent diese Skizze dann als ein Portrait in Öl und schickte es an den verlorenen Freund. Heute hängt das Bild in Amsterdam, und, lange davor verharrend, war ich davon angerührt: Vincent hatte das Portrait im Stil von Paul Gauguin gemalt.

Van Gogh starb, bevor das Karma, das selbst auferlegte Schicksal, Paul Gauguin in den Südpazifik führte. Jetzt, beim Schreiben dieses Buches, unsere Reisen im Nachhinein durchdenkend, stelle ich mir die Frage, was van Gogh wohl, hätte er gelebt, beim Betrachten von Arbeiten aus dem Südpazifik über das Genie Gauguin zu sagen gehabt hätte. Ich versuche mir auszumalen, wie Vincent verwundert, stirnrunzelnd, mit einem tiefen Seufzer vor Pauls Bildern steht, vor Bildern, die zu der Nachwelt von Frauen, Farben, Göttern einer weit entfernten Insel sprechen. Von einer Insel, die den Namen Hiva Oa trägt.

Plitsch-platsch, plitsch-platsch. Dicke Tropfen fielen auf die dunkelgrauen Steine des antiken Tempels. Anfangs war der Regen sanft gewesen, er hatte sich von lavendelfarbenen Wolken gelöst und war mir auf dem Weg zu uns mit ein wenig Purpurschatten und am Schluss sogar wie leuchtendes Rosa vorgekommen. Dann hatten sich Sonnenstrahlen in das Bild gemengt, und nun fielen dicke Tropfen auf den Tempel, der am Inselrand vor dem Ozean stand. Stürmische Winde

Tiki

peitschten Wellen auf, malten weiße Hauben auf die Kämme und ließen den Strand kobaltblau erscheinen, sobald die Wellen sich über den Sand ergossen. Die Regentropfen wurden dick und dicker, wenn sie Menschen wären, würde ich sie mit den Worten drall, rundlich, beleibt umschreiben, und als sie auf den Terrassen der Kultstätte zerbarsten, wurde aus ihnen eine Kaskade glitzernder Diamanten. Dieser Tempel, den die Maori vergangener Jahrhunderte *marai* nannten, was ein Wort ist für »geheiligte Grabstätte« und »Versammlungsplatz«, war erst im Sommer zuvor ausgegraben worden, und als der Boden in mühsamer Arbeit unter Einsatz vieler Motorsägen und Macheten von Lianen und Wurzeln der ehrwürdigen Urwaldriesen befreit war, kamen in verschiedenen Größen und Abstufungen nicht nur die Terrassen einer sakralen Stätte ans Tageslicht, sondern auch die steinernen Hüter des Marai, deren Name unter den Polynesiern *tiki* ist. Diese runden, stämmigen Figuren standen in den unterschiedlichsten Formen und oftmals in eindrucksvoller Größe in dem Regen. Wasser rann über Kerben, die in Form gewaltig großer Augen in den Stein gemeißelt waren. Flechten wuchsen über Rillen hin, die Mündern glichen, und selbst Ohren waren, wild gemustert, zu erkennen. Ich fand Tikis, die drohend wirkten, andere sahen menschlich, friedvoll aus, und die Form des Fisches schien mir am häufigsten vertreten. Auf hohen Terrassen hatten die Maori ihren schweigenden, steinernen, verwitterten Hütern des Tempels eine wunderbare Aussicht über die Palmen am Strand von Hanaiapa hinweg und weit aufs Meer hinaus gegeben.

Der Regen konnte uns nichts anhaben, Hardy und mir, wir kletterten von einer antiken Steinterrasse zur nächsten, waren sorgsam darauf bedacht, keine der Grabstätten zu betreten, stellten uns die Runde schwergewichtiger Maori bei einer Ratsversammlung vor und bewunderten die liebevolle Rekonstruktion des Tempels. Den ganzen Morgen stiegen wir darin herum, lehnten uns auch mal für ein Foto mit Selbstauslöser links und rechts an ein Gesicht aus Stein, und als es Zeit fürs Mittagessen war, flüsterten wir einem Fisch-Tiki ins Ohr, dass wir beim Bürgermeister von Hanaiapa eingeladen seien und dass wir aber, Hand aufs Herz, eines Tages wiederkommen würden.

Schwarzes Haar, von Silberfäden leicht durchzogen und zu einem festen Knoten am Hinterkopf gewunden, unterstrich die runde Gesichtsform einer Polynesierin, als die Frau des Bürgermeisters die Fliegentür vor uns öffnete. Sie hatte eine karierte Baumwollbluse über einem Pareo angezogen, der sich eng um ausladende Hüften spannte. Ihre Begrüßung war still, freundlich, und als sie sah, dass wir vor Regenwasser tropften, hielt sie uns Handtücher entgegen. Wir rubbelten uns trocken, so gut es ging, und folgten der Frau auf eine Veranda hinaus. An einem weißgestrichenen Tisch saß, eine alte Zeitung lesend, in einem bunt kariertem Baumwollhemd und mit weiten Shorts über knochigen Knien, *monsieur le maire*. Er war nicht mehr jung, aber er sprang so heftig auf, als wäre er es noch. Wir wurden so herzlich empfangen, als hätte Monsieur le Maire sich schon wochenlang auf uns gefreut. Ich sagte mir, wahrscheinlich arbeitet der Mann als Fischer, wenn er nicht den Verpflichtungen eines Bürgermeisters nachzukommen hat. Er war klein, kräftig gebaut, mit muskulösen Armen, schwieligen Händen und einem von Wind und Sonne braun gegerbten Gesicht. Ohne Umstände zu machen oder ein Gespräch über Nichtssagendes zu beginnen, bat er uns, die bescheidene Bestuhlung seines Heims zu der unserigen zu machen und das Mittagsmahl eines Insulaners zu teilen. Der Regen hatte aufgehört, doch vor der Veranda tropfte es noch immer aus üppig grünen Bäumen, und breite Blätter an Bananenstauden hingen, wie vollgesogen, schlaff herab. Die Stühle waren keineswegs bescheiden, ihre weichen Kissen nahmen die Nässe unserer Jeans in sich auf, und in der warmen Luft des Mittags, sagte ich mir, werden unsere Hemden sicher schon bald trocknen und nicht mehr an uns kleben wie eine zweite Haut. Der Bürgermeister sprach zu uns mit den harten Rrrrrs eines Franzosen aus der Provence, und als er, ganz höflicher Gastgeber, sich bei uns erkundigte, ob wir denn auch Appetit mit an den Tisch gebracht hätten, antwortete ich, dass wir hungrig wie die Kannibalen seien, falls eine solche Bemerkung auf Hiva Oa gestattet sei, worauf der Mann laut lachte und meinte, in dem Fall wären wir die einzigen Kannibalen, in deren Gegenwart er sich in seinem Leben je befunden habe.

Das letzte Vorkommnis von Kannibalismus auf der Insel, erzählte er, wurde im Jahr 1887 registriert. Der Verzehr von Menschenfleisch galt, bevor die Franzosen kamen, unter Insulanern keineswegs als ungewöhnlich. Für ein religiöses Zeremoniell ist der Verzehr solchen Fleisches ein Bestandteil des Lebens auf diesem Archipel gewesen. Über die Darbringung von Menschenopfern ist das Gleiche zu sagen, und wenn ein Maori seinen Feind nach hartem Kampf getötet hatte und dessen Herz auffraß, so war dies ein Zeichen der Bewunderung für den Gefallenen, weil dessen Heldenmut fortan in dem Sieger des Kampfes weiterleben würde.

Beim Bericht des Bürgermeisters über die Essgewohnheiten seiner Vorfahren dachte ich mir, hoffentlich bringt die Frau des Hauses vegetarische Gerichte auf den Tisch! Schon bei den ersten Schüsseln, die auf den Verandatisch gestellt wurden, sah ich, dass mein Wunsch so gut wie in Erfüllung gegangen war, denn es gab Früchte-Chutney, Kohlsalat, Sardinen aus der Dose, kalte Linsen, gebratenes Huhn, und zu meiner großen Freude servierte die Frau des Hauses ein Reisgericht, das ich schon einmal in Atuana gegessen hatte, bei unserer ersten Reise zu diesen Inseln. Das Deliziöse an dem Gericht sind Garnelen, Süßwassergarnelen, denn in den unzähligen Bächen der Insel, die sich von den Bergen her ihren Weg zum Meer hin suchen, schwimmen Garnelen in großer Zahl. Die köstlichen kleinen süßen Krustentiere werden für ein im Grunde simples Reisgericht zubereitet und in einem Wok gekocht. Frische Ananas, Papayas und Mango-Chutney sind eine vollendete Beilage zu diesem Gericht, das zu meinen absoluten Favoriten zählt.

An unserem Haus in Kalifornien, um das gleich zu sagen, fließt kein Bach mit Süßwassergarnelen vorüber, weshalb ich mir Garnelen aus dem Meer besorge. In Hamburg hole ich Büsumer Krabben vom Wochenmarkt, und wenn ich mich mal dazu überrede, tief in die Tasche zu greifen, tun's auch Kaisergranaten – oder Hummer – in meinem Wok …

Der Wok von Hanaiapa ruft Erinnerungen an Paul, den Griechen, wach. Weil er es war, der mir den ersten Wok meines Lebens in die Küche stellte.

Paul war in einem Trainingsanzug der San Francisco 49er, mit roten Socken, zu uns den Berg heraufgekommen. Die roten Socken hatten für Paul eine geradezu philosophische Bedeutung, wenn sie auch nur das äußere Zeichen eines Anhängers des Rajneesh-Kultes darstellten, dem sich unser Freund mit seinem ganzen Sein verschrieben hatte. Rajneesh, der Guru aus indischen Gefilden, hatte an beiden Küsten der Vereinigten Staaten in Windeseile Anhänger gefunden, die alle rote Socken trugen, aber nicht nur das: Diese braven Amerikaner hatten dem Guru auch zu mehreren Rolls-Royce verholfen, zu der einen oder anderen Villa, zu abwechslungsreichen Liebschaften und überhaupt zu einem Leben im Paradies auf Erden. Ich erinnere mich, dass Paul der Grieche uns aus den Schriften seines Guru vorgelesen hatte, muss aber gestehen, dass mir davon nichts in Erinnerung geblieben ist. Was mir blieb, waren rote Socken und ein Wok.

An jenem herrlichen kalifornischen Sommermorgen, nachdem Paul den Wok unseren Berg heraufgebracht hatte, setzte er sich meditierend in das Wohnzimmer unseres Hauses, während ich auf der Veranda vor dem Waldlauf meine Lockerungsübungen machte. Meine Socken waren weiß, nicht rot.

Zwischen Anfällen konzentrierter Meditation hatte Paul an dem Tag geweissagt, dass dieser Wok unser Leben umkrempeln werde. Ich fand, dass an unserem Leben eigentlich nichts zu krempeln sei, unser Jünger des Rajneesh war jedoch anderer Ansicht und beteuerte, dieser Wok sei dazu angetan, den beiden Krügers zu vollkommenem Glück und körperlichem Wohlbefinden zu verhelfen.

Es lässt sich nicht behaupten, Pauls Wok hätte im Beisammensein der beiden Krügers eine wie immer geartete Veränderung bewirkt, und seine bedingungslose Gefolgschaft hat unser Freund dem Guru Rajneesh inzwischen aufgekündigt, doch zu einem erfolgreichen Kochgerät ist der Wok bei mir durchaus geworden. Mindestens einmal in der Woche koche ich darin, und wenn ich die rote Schale aus

Die Autorin beim Boccia mit Kokosnuss

dem Schrank nehme, richte ich an sie, und mit einem Lächeln, meine Frage: »Wirst du wohl heute das Leben hier im Hause nachhaltig verändern?«

Die Brise vom Meer griff in die Palmwedel über mir und ließ ein trockenes, sprödes Rascheln, manchmal sogar Töne hören, als zwitscherten Sittiche in den Ästen. Ganz weit oben in den Kronen, über den braunen, alten Wedeln, fand der Wind junge, grüne Blätter, machte aus ihrem wachsglänzenden Grün ein ständiges Wogen, oftmals ungestüm, vor dem klaren Blau des Himmels. Ein Stück weiter hinten in dem Palmenhain fiel eine Kokosnuss auf einen Ast und landete mit dumpfem Schlag auf einem Boden, über dem schon seit Ewigkeiten Palmenwedel faulten und der von dieser Fäulnis weich geworden war.

Die Palmen standen dichtgedrängt in einem Tal, das die Eingeborenen Hanavave nennen. Ich kannte dieses Tal. Ich kannte es, seit ich in einem Buch davon gelesen hatte. Liv, eine junge Norwegerin, hatte hier Kokosnüsse aufgesammelt. Wenige Monate zuvor war sie in der Heimat mit dem Ethnologen Thor Heyerdahl getraut worden. Livs Mann muss bei der Hochzeit kaum dreiundzwanzig Jahre alt gewesen sein. Er stammte aus dem norwegischen Larvik, in Oslo hatte er Zoologie sowie Geographie studiert, und die Reise mit Liv nach Fatu Hiva war die erste der vielen historisch bedeutenden Expeditionen, die den Ethnologen zu einer Weltberühmtheit machten.

Heyerdahl war auf die Marquesas gekommen, weil französische Priester und Verwaltungsbeamte von sakralen Stätten berichtet hatten, von den Orten des *tabu* und von den steinernen Kolossen, *tikis* genannt, vor denen sich die Insulaner fürchteten.

Gemeinsam mit zwei Eingeborenen hatten Liv und Thor am Ende des Tals Hanavave die von den Wurzeln des Dschungels überwucherten Steinplatten entdeckt und sich an die Arbeit gemacht. Es gelang ihnen, Hochreliefs freizulegen, und als sie die ersten Tikis von den Wucherungen des Dschungels befreit hatten, sagten die Helfer zu Heyerdahl, dass bei solcher Arbeit nichts Gutes herauskommen könne, weil Tikis alles darstellten, was böse sei, und auch den anderen Ort, so sagten sie, würden die Insulaner meiden, den Ort nämlich, an dem Heyerdahl den Schädel und die Knochen eines Medizinmannes aus dem Erdreich gegraben hatte. Den Menschen auf Fatu Hiva sei ein solcher Ort tabu, so sagten sie, und werde es auch für immer bleiben. Liv und Thor hingegen sagten, dass dies der Beginn einer für sie aussichtsreichen Zukunft sei.

Bei meinen Streifzügen über die Insel der Heyerdahls ging mir Thors Buch *Fatu Hiva* durch den Kopf, und das ungewöhnliche erste Ehejahr der beiden. Ich sah, wo sie bei Sturm Unterschlupf gefunden hatten, konnte mir vorstellen, was sie gegessen, wie sie den Tag verbracht und mit wem sie sich in diesem damals noch recht unerforschten Teil der Erde angefreundet hatten.

Während der Lektüre, damals, vor vielen Jahren, habe ich aus den Seiten des Buches das Romantische im Leben zweier Verliebter auf einer einsamen Insel herausgelesen. Jetzt aber, beim Durchstreifen der Insel, hatte ich die Realität vor Augen. Liv und Thor hatten ein Jahr der Herausforderungen durchlebt, eine anstrengende Zeit voller Krankheiten und Gefahr.

In meiner Kindheit waren es Biographien aller Art, die mich begeisterten. In solchen Büchern entdeckte ich das Außergewöhnliche, oftmals Bizarre, immer aber auch das Packende, wenn ungewöhnliche Menschen ihr Ziel auf der ganzen Welt verfolgten. Ihre Schilderungen schenkten mir Stunden und Stunden aufregender Reiseabenteuer. Von Schliemanns Ausgrabungen in Troja bis zu Beryl Markhams erstem Soloflug einer Frau über den Atlantik, diesmal aber nicht wie Lindbergh mit dem Wind, sondern dagegen an, also von Ost nach West, waren es Geschichten voller Abenteuer, Wissbegier, Entdeckung. Eine jede schien mir besser als die davor. Eine jede hat mich unterhalten, informiert und angeregt. Und alle zusammengenommen haben das reicher gemacht, bunter, größer, was ich als junges Mädchen mir erträumte.

Von dem Palmenhain der Heyerdahls einen langen Fußweg weit entfernt stehen graue Berge steil und schroff über einem meist aufgeregten Meer. Möwen, Hunderte von ihnen, stiegen hoch und höher zu den Bergspitzen hinauf und ließen sich dann, die Flügel eng an sich gepresst, steil nach unten fallen, fingen ihren Sturzflug kurz über dem Ufer ab, glitten an einem dichten Teppich sattgrüner Büsche vorüber, wurden zu weiß-grauen Punkten vor Bäumen aller Farbschattierungen und waren gleich darauf vor den Felsen einer zerklüfteten Küste nicht mehr auszumachen.

Es war später Nachmittag, als ein Farbenspiel der Natur begann, wie ich es noch nie gesehen hatte. Die Gipfel der Berge begannen Wolken wie Wattebäusche um sich zu versammeln, erst eine, dann die nächste, später viele, bis schließlich die Wand aus Fels mit einem Schleier von violetter Farbe überzogen war. Doch es sollte noch erregender kommen. Seitlich, von Steuerbord, die Felsküste entlang, zogen Regenschauer auf, schoben sich drohend der Bucht mit den Dächern von Hanavave entgegen, und von weither, hinter unserem Boot, in unserem Rücken, schickte eine untergehende Sonne goldene Strahlen zu der Bucht und ließ das Wasser unter den dunklen Wolken leuchten. In dem Augenblick, als der Regen sich senkte und das leuchtende Wasser verdunkelte, kam es, wie es kommen musste: Die Sonne warf ihre Strahlen der dunklen Wolke entgegen, und die Vermählung von einfallendem Licht mit Wassertropfen wurde zur Geburt des Regenbogens. Es war ein herrlicher Bogen, er spannte sich über die Bucht dahin, die Wolkenwand hinter ihm war wie aus dunklem Samt und ließ ihn in den schönsten Spektralfarben aufleuchten, die ein Mensch sich wünschen kann.

Ich teilte dieses Erlebnis, dessen Bild mich mein ganzes Leben lang begleiten wird, mit der Frau eines Fischers von Hanavave. Ihr Name ist Mai-Mai, sie hatte mich in ihrem kleinen Boot weit vor die Bucht hinausgerudert, und wir waren gerade dabei, unsere Leinen mit den Ködern auszuwerfen, als das Naturschauspiel begann. Atemlos, schweigend, hatten wir im Boot gesessen, zu den grandiosen Farben hochgesehen und ich kann mir denken, dass unsere Augen geleuchtet haben, mit Sicherheit jedoch weiß ich, dass es lange Zeit gedauert hat, bevor wir wieder miteinander sprachen.

Wir blieben noch weit draußen vor der Bucht, bis es dunkel werden wollte, und als ich Mai-Mai fragte, ob sie schon einmal auf Hawaii gewesen sei, meinte sie, noch nicht, leider, aber eines Tages werde sich ihr Traum erfüllen und sie wird auf den Inseln O'ahu und Maui und unter den Vulkanen nach Spuren ihrer Ahnen suchen, die mit recht kleinen Booten den ganzen Pazifik durchsegelt hatten, lange Zeit bevor die Weißen mit ihren Viermastern gekommen sind. Und sie wird auch, erzählte mir die Frau des Fischers, zu einem erloschenen Krater gehen, in dem der Maori-Legende nach alle Regenbogen dieser Welt geboren werden, bevor sie über die Klippen hinweg aufs Meer hinaus und zu anderen Ländern ziehen.

Ich hörte Mai-Mai zu, und dann erzählte ich ihr von einem Maori, der Kamakawiwo'ole heißt und ein Sänger auf Hawaii ist. Sein Vorname ist ungewöhnlich für einen Mann der Südsee-Inseln, sein Vorname ist nämlich Israel, seine Freunde nennen ihn ganz einfach Iz, und er spielt die Ukulele, wie kaum ein anderer die Ukulele spielen kann. Ich erzählte Mai-Mai auch, dass Iz auf seine Weise, auf Maori-Weise, ein Lied auf der Ukulele spielt und mit heller Stimme, sanft, unnachahmlich singt, das zu unserem Erlebnis hier draußen vor der Bucht gut passen würde, und das Lied, sagte ich zu ihr, heiße *Over the Rainbow*.

»Tatsächlich?«, wollte Mai-Mai wissen.

»Tatsächlich«, sagte ich und wir beide lachten.

Ich sah, wie die letzten Sonnenstrahlen blasser wurden. Durch meinen Kopf zog noch einmal dieses Lied, gespielt auf einer Ukulele, gesungen von einer sanften Maori-Stimme. »Over the Rainbow«, sang die Stimme, und aus dem Lied wurde ein wunderbares Ende von einem wunderbaren Tag.

Christas Poisson Cru

Vorspeise

250 g ungekochte Garnelen, geschält
und von Därmen befreit
250 g fester Weißfisch, zum Beispiel
Kabeljau, in mundgerechte Stücke
geschnitten
250 g Schalotten, gehackt
1 rote Paprikaschote, gewürfelt
1 gelbe Paprikaschote, gehackt
1 große rote Zwiebel, in Scheiben
geschnitten
500 ml frisch gepresster Limettensaft
6 Frühlingszwiebeln, in Juliennestreifen geschnitten zum Garnieren
Cayennepfeffer (nach Geschmack)
Meersalz
1 Esslöffel Estragon
Schwarzer Pfeffer
Olivenöl

Die Garnelen etwa zwei Minuten in
kochendes Wasser legen, bis sie nicht
mehr glasig sind.
Mit kaltem Wasser abschrecken
und dann in mundgerechte Stücke
schneiden.
Garnelen, Schalotten und Weißfisch,
Zwiebel, rote und gelbe Paprika,
Estragon und Limettensaft in einer
Glasschüssel vermischen.
Der Limettensaft muss den Fisch bedecken, deshalb müssten 500 ml mehr
als ausreichend sein.
Das Ganze mindestens 4 Stunden in
den Kühlschrank stellen, dabei einmal
jede Stunde umrühren.

Den Limettensaft abgießen und etwas
Olivenöl über den Fisch träufeln.
Mit Salz und Pfeffer abschmecken und
alles vorsichtig vermischen.
Mit den vorbereiteten Frühlings-
zwiebeln garnieren.
Dazu frisches knuspriges Brot reichen.
Ergibt 4 Portionen.

Hummer »Liebestraum«

4 Hummerschwänze
1 Esslöffel Butter
1 Esslöffel Olivenöl
1 Esslöffel Estragon, frisch gehackt
1/4 l Sahne
1/2 Teelöffel Cayennepfeffer (oder nach
Geschmack)
3 – 4 Esslöffel abgeriebene Zitronenschale
Meersalz
Schwarzer Pfeffer

Gehackten Estragon in einer erhitzten
Pfanne leicht bräunen.
Sahne hinzufügen und köcheln lassen,
bis die Sahne eingedickt ist.
Mit Cayennepfeffer abschmecken.
Vom Feuer nehmen und warm halten.
Die Hummerschwänze vorsichtig aus
der Schale lösen, sodass die Schalen
erhalten bleiben, um sie später zum
Anrichten zu verwenden.
Dazu ist aber nötig, dass die Schalen
nach dem Herauslösen für einige
Minuten in kochendes Wasser gelegt
werden.

Das Hummerfleisch in mundgerechte Stücke schneiden, mit Salz und schwarzem Pfeffer bestreuen.
Butter und Olivenöl in einem Wok oder einer Pfanne erhitzen.
Das Hummerfleisch darin bei mittlerer Hitze gar dünsten, es in die Schalen geben und auf vier Tellern anrichten.
Sahnesauce darüber geben.
Nach Geschmack pfeffern und salzen.
Mit Zitronenschale garnieren.
Grünen Salat und knuspriges Brot dazu reichen.
Ergibt 4 Portionen.

Polynesische Kokosnuss-Garnelen

125 g gesüßte Kokosnusscreme
1 großes Ei
30 ml Milch
125 g Mehl
1 Teelöffel Salz
1 Teelöffel Korianderkörner, gemahlen
1 Teelöffel Cayennepfeffer
1 Teelöffel Ingwer, gemahlen
1 Teelöffel Kumin
175 g geraspelte Kokosnuss
1 kg große Garnelen, von Därmen befreit, geschält, Schwänze nicht entfernt
Öl zum Frittieren
400 g frische Ananas, püriert
2 Esslöffel frische Minze, fein gehackt
Sojasauce (falls gewünscht)

Kokosnusscreme in einer großen Schüssel mit Ei und Milch verrühren.

Mehl und Koriander, Cayennepfeffer, Kumin, Ingwer und Salz gut unterrühren.
Geraspelte Kokosnuss auf ein Backblech streuen.
Die Garnelen in den Eierteig tauchen, überschüssiges abtropfen lassen und anschließend in der geraspelten Kokosnuss wälzen.
Die Garnelen auf ein Gitter legen und einige Minuten ruhen lassen.
Ananas und Minze in einer Schüssel vermischen.
In einer großen schweren Pfanne oder im Wok so viel Öl erhitzen, dass die Garnelen damit bedeckt werden können.
Die Garnelen nacheinander goldbraun frittieren und nach einer Minute wenden. Auf Küchenpapier abtropfen lassen. Salzen und pfeffern.
Auf einem großen Teller mit Ananas- und Minze-Püree servieren.
Je nach Geschmack Sojasauce über die Garnelen träufeln.
Wenn als Vorspeise gereicht, ergibt es mindestens 10 Portionen.

Kokosnuss-Papaya

250 g ungesüßte Kokosmilch aus der Dose, gut gekühlt und geschüttelt
2 Esslöffel Zucker
1 Esslöffel brauner Zucker
2 Teelöffel Limettensaft
2 reife Papayas
4 Esslöffel Kokosraspeln, geröstet

Kokosmilch mit 2 Esslöffeln Zucker in eine Schüssel geben. Mit dem Hand- mixer schaumig schlagen.
In den Kühlschrank stellen.
Papayas aufschneiden und von Kernen befreien; mit einem Kugelausstecher Bällchen ausstechen.

Die Bällchen in 4 Dessertschalen legen und mit Limettensaft beträufeln. Kokosmilch darübergießen, mit braunem Zucker und gerösteten Kokosraspeln bestreuen.
Ergibt 4 Portionen.

In den Wäldern Kaliforniens

H atte mich die Stille geweckt? Oder das Mondlicht, fast tag-hell, durch unser Zimmer flutend? Nein, auch das Mondlicht war es nicht. Im Halbschlaf schien es mir, als wäre es ein Geruch gewesen, der mich aus dem Schlummer gerissen hatte. Aber – war es wirklich ein Geruch?

»Das ist doch kein Geruch zu nennen«, hörte ich, plötzlich hell-wach, meine innere Stimme sagen: »Was hier so riecht, das ist Ge-stank!« Schwer, säuerlich, durchdringend hatte sich etwas im Zimmer ausgebreitet, was mir durch die weit offenen Fenster hereingekommen schien. Die Nächte waren schon seit Wochen warm gewesen, ohne einen Hauch von Wind. Selbst in unserem Wald, 1600 Meter über dem Meer, wo Sommernächte uns sonst einen erfrischend kühlen Schlaf bereiten, hatte die Luft noch immer viel von der Hitze des Tages in sich aufbewahrt. Und darüber legte sich jetzt auch noch dieser wider-liche Gestank.

Ich begann nachzudenken, und der Dialog mit der inneren Stimme lief mir weiter durch den Kopf. »Selbst ein Skunk kann doch nicht einen so ungeheuerlichen Gestank verbreiten, oder?« – »Nein, ganz sicher nicht.« – »Und Waschbären sind mir noch nie durch irgendeinen Geruch aufgefallen.«

»Da hast du recht.« – »Ja aber ... wer denn sonst?« – »Denk nach«, hörte ich die Stimme sagen. »Hast du es denn vergessen? Wo es doch nur ein Tier gibt, das so einen unverkennbaren Geruch verbreitet, so wie diesen hier?« – »Ich hab's«, sagte ich, »es sind die Bären!« Vorsich-tig tastete ich mich aus dem Bett, alles vermeidend, was meinen fried-lich schlafenden Mann wecken würde, obgleich das leichter gedacht war als getan, denn der Weg zum Fenster führte über Bohlen, die laut, fast stöhnend, knarrten. Die schlimmsten unter ihnen waren mir wohl bekannt, weshalb es mir gelang, mit weiten Schritten über sie hinweg-zusteigen und ein Fenster an der Schmalseite des Zimmers ohne wesentliches Stöhnen zu erreichen. »Nachtigall« ist der Name, den wir nach einer Japanreise diesem Dielenboden gegeben hatten, und zwar in Erinnerung an den Palast von Nagoya, wo ein Kaiser vergangener Zeiten einen Fußboden hatte verlegen lassen, dessen Bohlen beim Überschreiten die unterschiedlichsten Töne von sich gaben. Da ertön-te ein dunkles Knarren neben erschreckten Seufzern und einem be-zaubernd hellen Quietschen, und es waren diese hellen Töne wie im Lied der Nachtigall, die dem Boden seinen Namen *nightingale floor* gegeben hatten. Der Kaiser jener Tage fühlte seinen Schlaf durch diesen Fußboden unfehlbar beschützt, denn jeder Eindringling in böser Absicht, jeder bestochene Diener mit dem Dolch im Gewande würde mit seinen Schritten die Nachtigall zum Singen bringen und dem somit erwachten Kaiser bliebe genügend Zeit, nach seinem Schwert zu greifen.

Auch Nachtigall-Schuhe haben wir in Japan gesehen, Eltern ziehen sie ihren Kindern an, und wenn die junge Brut der Mutter außer Sicht-weite geraten ist, sei es daheim oder auf der Straße, sagen lauschende Ohren ihr, wohin Mamas Liebling wohl entkommen ist. Das Ganze schien mir wohldurchdacht, gleichzeitig aber stellte ich mir die Frage, ob den Eltern dieses tagtägliche Gequietsche nicht fürchterlich auf die Nerven ging.

Unser Nachtigallfußboden daheim ist ohne eine solche Absicht angelegt, vielmehr haben wir das Singen des Holzes der einen oder anderen Trockenzeit ebenso wie dem einen oder anderen Erdbeben im Lauf der Jahre zu verdanken, und da wir beide, die einzigen Bewohner hier im Haus, uns mit den Bohlen auskennen, wissen wir das Singen des Vogels zu vermeiden.

In der Nähe des Fensters hörte ich, wie unsere Gartensprenger zum Leben erwachten, und im Licht eines weißen Mondes vor dunkler Landschaft konnte ich sehen, wie die automatische Anlage in weiten Kreisen Wasser sprühte, der als feiner Nebel über meinem Garten niederging. In das Tal unter mir war eine graue Wolkendecke vom

Pazifik her hereingezogen und machte sich daran, die Lichter der Stadt unter meinem Fenster dunkel werden zu lassen. Ihre grauen Wolken deckten alles da unten zu, vom Hafen in San Pedro angefangen den ganzen Weg nach Redlands hin, und das Licht des Mondes ließ die Wolkendecke wie frisch gefallenen Schnee erscheinen. Gegenüber, auf der anderen Seite des Tales, stieg als dunkle Silhouette der Saddleback Mountain aus dem Meer von Schnee hervor.

Die Schönheit dieses Bildes vermochte nicht, mich den Gestank vergessen zu lassen. Auf der Suche nach den Verursachern ging ich ganz einfach meiner Nase nach, woraufhin ich sie auch prompt entdeckte. Unmittelbar unter meinem Fenster, inmitten roter Petunien, die ich erst eine Woche zuvor gepflanzt hatte, hockten zwei dicke schwarze Knäuel. Verflixt und zugenäht! Wenn es nicht Kojoten sind, die sich nachts in meinem Gemüsegarten wälzen, dann reißen Maulwürfe meine Küchenkräuter in ihr Tunnellabyrinth, und jetzt, verflixt und zugenäht, drücken Bären meine Petunien platt!

Ich hielt es für sinnlos, die beiden da unten vertreiben zu wollen. Das waren kalifornische Schwarzbären, in unseren Wäldern an Begegnungen mit Zweibeinern gewöhnt, und mein Schreien, Klatschen, Lärmen würde allenfalls Hardy wecken, von den Bären aber käme außer einem gelangweilten Grunzen keine andere Reaktion auf meinen Lärm. Außerdem, der Schaden war angerichtet, und alles, was mir blieb, war, den Rowdies zuzusehen. Wohlig wälzten sie sich unter den Fontänen aus den Gartensprengern. Die Biester waren voller Blätter, Zweige, Matsch, und ihr Fell triefte vor Nässe, kein Wunder also, dass sie diesen entsetzlichen Gestank verbreiteten. Ich sah, wie sie zum Rasensprenger liefen und in der Absicht, ihren Durst zu löschen, in den Kopf des Sprengers bissen. Außer Blumen nachzupflanzen würden wir nun auch den Sprinklerkopf erneuern müssen.

Wie durch Zauberhand kam die *water show* zum Ende, die Uhr im automatischen System hatte die Wasserzufuhr abgeschaltet, die Bären zogen sich gemächlich watschelnd in den Kiefernwald zurück und zertraten dabei mit ihren dicken Pranken die letzten noch lebenden Petunien. Mit den Störenfrieden verschwand auch der unerträgliche

Gestank, den Radau allerdings, den die beiden machten, hörte ich noch eine ganze Weile. Auf dem Weg durchs Dickicht brachen sie nämlich laut krachend Äste ab, und wenn schon der Gestank meinen Mann nicht hatte wecken können, dann musste es der Lärm jetzt tun, wie ich mir dachte, doch ich hatte falsch gedacht: Das Krachen und Splittern dieser Bären-Mondschein-Promenade vermochte den Mann nicht aus dem Schlaf zu holen. Ebenso wie auf dem Weg vom Bett zum Fenster gelang es mir auf dem Weg zurück, die Nachtigallen zu vermeiden. Es ist gut, dass unsere Schwarzbären in ihrer Gefährlichkeit mit den Grizzlies in Alaska oder Kanada nicht zu vergleichen sind. An den Ufern des Yukon habe ich die Tür zu einem Blockhaus gesehen, die ein Grizzly aufgebrochen hatte. Es war eine dicke Eichentür gewesen, aber der Bär hatte sie mit seinen gewaltigen Tatzen kurz und klein geschlagen.

Lautlos schlüpfte ich unter die Bettdecke, streckte mich dabei wohlig aus, als sich mein ganz persönlicher Bär zu mir herüberwälzte, seine Pranke auf meinen Rücken legte und schlaftrunken murmelte, dass er einen sonderbaren Geruch in seiner Nase habe. »Bären …«, murmelte er, »… suchen Wasser … sicherlich …«

Viele Jahre vor dieser Nacht mit den beiden Bären und lange Zeit, bevor wir unser Blockhaus bauten, hatte es eine andere Bären-Nacht gegeben, und die war im wahrsten Sinn des Wortes auf meinem Rücken ausgetragen worden. Diese Geschichte muss ich mit einem *crêpe de chine* beginnen. Das Kleid war federleicht, pink und hing vor einem der hinteren Fenster unseres Wagens an einem Haken. Kleine Knöpfe in Form von Rosenknospen liefen auf der Vorderseite die ganze Länge des Kleides hinunter und waren wunderbar auf das dunkle Pink von größeren Rosenknospen abgestimmt, die das Motiv des Seidenstoffes waren. Wochen zuvor war mir dieses Kleid an Laura Antonelli aufgefallen, in einem italienischen Film, und danach hatte ich es für mich selbst genäht. Es wurde meine Version jener seltenen Eleganz, in der Laura sich so unnachahmlich bewegte.

Hinter dem Fahrersitz standen meine beigefarbenen Sandalen. Mit ihren Riemchen und den hohen Absätzen nahmen sie sich elegant und auch ein wenig frivol neben Hardys Lucchese-Cowboystiefeln aus, die gleich daneben standen. Auf den Polstern über diesem Schuhwerk zweier unterschiedlicher Welten lagen, ordentlich zu einem Bündel gefaltet, Hardys Jeans und sein Westernhemd.

Es war im September gewesen, als wir uns auf die Reise machten, ein herrlich warmer September in jenem Jahr, und es sollte unsere erste gemeinsame Fahrt durch Kalifornien werden. Wir ließen uns treiben, ohne festes Ziel, fuhren am Meer entlang, wanderten durch frühe mexikanische Missionen, schwammen in abgelegenen Seen und lenkten den Wagen über die Höhen der Sierra hin. Wir unternahmen unsere Fahrt durch den *Golden State* kurz nach dem Jahr, in dem Hardy seine Farm in Afrika aufgegeben hatte, und ich ertappte mich bei dem Gedanken, dass er – wissend oder unwissend – sich nach einem Land von endloser Weite sehnte.

Wir fuhren auch durch die *Mojave*, eine Wüste aus grauem Stein und gelbem Sand und bizarren Yukka-Bäumen, und auf diesem Highway, schnurgerade, in der Mittagssonne flimmernd, war uns ein Wagen entgegengekommen, der, wie wir beide fanden, viel zu schnell für diese nicht besonders breite Piste fuhr. Wenige Meter vor uns verlor der Fahrer auch prompt die Kontrolle über seinen Wagen und schlidderte in die steinige Wüste hinaus. Beim Abrutschen von der Piste musste der rechte Vorderreifen in dem krustigen Boden eingebrochen sein, jedenfalls wurde der Wagen so gewaltig abgebremst, dass er sich überschlug. Geröll wirbelte hoch, Sand, auch grauer Staub füllte die Luft, und das Unglücksfahrzeug flog an uns vorbei. Der Wagen überschlug sich krachend, splitternd, zweimal, dreimal und landete schließlich auf dem Dach. Ich war wie benommen, ein paar Sekunden lang, und mein erster Gedanke war danach: »Das Auto hätte uns erschlagen können.« Wir rollten unseren Wagen von der Straße fort und rannten zu dem qualmenden Vehikel hin. Ringsumher lagen Frauenkleider, Töpfe, Pfannen, Bügeleisen und vieles mehr an Haushaltsgegenständen, die aus dem Kofferraum geschleudert worden waren. Durch das zersplitterte Fenster kroch eine junge Frau in den Wüstensand hinaus. Sie taumelte, winkte aber auch und rief, sie sei okay. Hardy lief zur

Straßenmitte hin und brachte einen Lastwagen zum Stehen. In jenen Jahren gab es noch keine Mobiltelefone in den Autos, aber die Truckers hatten *citizen band radios*, Kurzwellensender, vermittels derer sie die Highway Patrol rufen konnten. Der Motor in dem zerbeulten Kleinwagen lief noch immer. Ich schaltete die Zündung aus und setzte ich mich neben die Verunglückte. Mit Blick auf ihre Habseligkeiten, rings um das Auto überall verstreut, wollte ich von ihr wissen, ob sie im Umzug begriffen sei, worauf sie sarkastisch lachte und sagte, sie sei auf der Flucht vor ihrem Boyfriend in Victorville, und aus Angst vor dem Kerl sei sie wie eine Wahnsinnige gefahren. Beim Warten auf die Highway Patrol sahen wir uns unseren Wagen an. Große und kleine Steine, bei den Überschlägen vom Wüstensand hochgeschleudert, hatten auf der Motorhaube zahllose Dellen hinterlassen. »Dellen«, sagte ich mir, »was ist das schon?« Wir waren noch einmal davongekommen. Ich sah Hardy an, und bevor es mir selbst gelang, sprach er die Worte aus, die mir viel bedeuten: »Praktiziere Dankbarkeit!« Ich nickte. Von weitem war die Sirene eines Polizeiautos zu hören.

Dankbarkeit war mir ein wichtiges Wort geworden, seit ich ein Buch Seiner Heiligkeit des Dalai Lama gelesen hatte. Darin erläutert er, wie man ein von Mitgefühl geprägtes, sinnvolles Leben führen kann. Wie man die Weisheit erlangen kann, sich auf das Positive statt das Negative zu konzentrieren. Und vor allem: Wie wichtig es sei, Dankbarkeit zu praktizieren. Meine Entscheidung, einen Teil der Weisheit des Dalai Lama in mein eigenes Leben zu übernehmen, hat dazu geführt, dass ich tatsächlich an jedem Tag Dankbarkeit praktiziere. In allen Stunden das Gute zu finden macht es mir möglich, eine von außen herangetragene negative Sphäre in Windeseile abzuschütteln. Ich stoße im Verlauf eines ganz normalen Tages auf so viele Anlässe für Dankbarkeit, dass ich die meisten davon für mich behalten muss, wenn ich bei meinem Mann oder unseren Freunden nicht den Eindruck einer Missionarin oder einer buddhistischen Nonne erwecken will.

Wenige Tage nach dem Salto Mortale eines Autos in der Wüste kam während der Fahrt von Süd nach Nord etwas Neues in unser Leben, was dazu führte, dass mein Crêpe de Chine tagelang, und auch viele

Nächte, von seiner Besitzerin verlassen, an einem Haken in unserem Wagen über hochhackigen Sandalen hing. Ich hatte mir das Kleid für ein Dinner in Big Sur mit Blick aufs Meer gedacht, doch anstatt mich wie Madame Récamier in verführerischer Seide auf der Liege eines noblen Hotels ausgestreckt zu finden, fand ich mich als Mrs Kruger in einem blauen Trainingsanzug auf dem Kiefernnadelboden eines Waldes ausgestreckt, noch dazu des Nachts, weit, tief drinnen in dem Wald.

Der Morgen jenes Tages hatte damit begonnen, dass der Concierge in dem Hotel, das ich mir erträumt hatte, die Augenbrauen hochzog und sagte: »Wie bitte? Ein Zimmer wollen Sie? Am *Labour Day*?« In unserem Ferienglück hatten wir ohne Kalender leben wollen, und zur Strafe wurden wir von einem nationalen Feiertag überrumpelt, an dem jeder Amerikaner, der etwas auf sich hält, seine Familie für ein langes Wochenende in die Sonne, ans Meer oder zu einem See zum Angeln fährt.

An der Einfahrt zu der nächsten Herberge leuchteten uns in roter Neonschrift die Worte *No Vacancy* entgegen, und beim dritten Versuch trafen wir an der Rezeption auf eine Frau, die Mitgefühl verbreitete. Wir seien genügsam, sagten wir zu ihr, woraufhin sie mit allen Motels und Bed & Breakfasts in der Umgebung telefonierte. Ihr eigenes Motel war nicht nur restlos ausgebucht, wie sie uns erzählte, sondern auch in jeden kleinsten Raum, in den ein Bett zu schieben war, hatte sie ein Bett geschoben, und selbst vor ihrer privaten Küche habe sie dabei nicht Halt gemacht. Wenn auch das Motto meines Mannes lautet: »Jeht nich jibts nich«, so schien an dem Tag nichts zu gehen, hier nicht, dort nicht, nirgendwo.

Ich begann Hardys Satz, dass es nichts gibt, was nicht geht, in jede Richtung hin zu untersuchen und stieß auf eine Idee, die alles retten sollte. Im nächsten Ort gibt es mit Sicherheit ein Sportgeschäft, sagte ich zu meinem Mann, also gehen wir jetzt einen Schlafsack kaufen, und zwar einen, der groß genug ist für uns zwei. Und außerdem noch, sagte ich zu ihm, erstehen wir eine Kühlbox, Lebensmittel, einen Coleman-Campingkocher, Topf und Pfanne und einen Trainingsanzug für jeden.

»Traininganzug muss sein«, sagte ich zu ihm, »denn ich glaube nicht, dass mein rosafarbenes Crêpe de Chine das Richtige für einen Schlafsack mit dir in der Sierra Nevada ist.« Es muss Kleiderdämonen geben, erläuterte ich ihm, Dämonen, die dir ins Ohr flüstern, ausgerechnet das unpassendste Kleidungsstück an den Haken zu hängen, hinten im Mercedes. Manchmal siegen die Dämonen, sinnierte ich auf der Fahrt zur nächsten Stadt, manchmal aber siegt auch der gesunde Menschenverstand, jedenfalls lasse ich heute mein Kleid für elegante Stunden hängen wo es hängt und steige für die Nacht in einen Trainingsanzug, marineblau, aus kräftigem Stoff und innen aufgerauht.

Es war später Nachmittag, als wir am Eingang zum Sequoia National Park bei den Rangers hielten und uns erzählen ließen, dass es hier in Eingangsnähe auch nicht anders zuginge als in den Motels ringsum, Familien und Familien und Familien seien gekommen, der

Buffalo in der Prärie

wunderbar warme Sommer hätte die *folk*s aus dem Benzingestank der Städte fort und an die frische Luft getrieben.

Wir fuhren tiefer und tiefer in den Wald hinein. Die Bäume waren Redwoods, sie stiegen höher und höher zum Himmel auf, und als die Asphaltstraße endete, rollten wir über einen Sandweg weiter. Wir rollten so lange weiter, bis wir einen Bach mit klarem, trotz des warmen Septembertages aber auch herrlich kaltem Wasser fanden. Ringsum war kein Mensch zu sehen. Am Ufer des Baches hatten wir den Platz für unsere Nacht im Wald gewählt.

Unser Schlafsack stellte sich als herrlich ausreichend für uns zwei heraus, und außerdem noch weich, so weich, wie es der Daunenfüllung auf einem Waldboden möglich ist. Über uns reckten sich die schönsten Bäume dieser Welt zu einem rotschimmernden Abendhimmel hoch. Wir wussten, welche Bäume Redwoods waren oder Zuckerkiefern, pazifische Zedern, Tannen, und weil es welche gab, deren Namen wir nicht kannten, nahmen wir uns vor, bei nächster Gelegenheit ein Buch über dieses dichte, dunkelgrüne Paradies der Bäume zu besorgen.

Als es Nacht geworden war, fiel das Licht von Sternen wie kleine Blitze durch das schwarze Filigran der Tannennadeln und irgendwo, ganz weit hinten, war zu ahnen, dass der Mond bald über die Kronen der Bäume wandern würde. Die Wärme des Tages war selbst noch zu dieser Stunde im Waldboden zu spüren und der Geruch von Kiefernharz lag in der Luft. Wir streckten uns in dem Schlafsack wohlig aus und sahen zu dem Diamantenhimmel hoch, und als Sternschnuppen sich über die Milchstraße hin bewegten, sagten wir uns, welch Glücksfall es gewesen war, dass wir kein Hotelzimmer gefunden hatten.

In das Doppelbett am Boden gekuschelt und in der Gesellschaft majestätischer Baumriesen den Schlaf kommen spürend, erinnerte ich Hardy daran, dass die Ranger bei der Einfahrt in den Wald von einer Unzahl Schwarzbären in der Sierra Nevada gesprochen hatten. Ein wenig besorgt, ein wenig aber auch im Scherz fragte ich ihn, was zu tun sei, in der Nacht, wenn gottbehüte der eine oder andere Bär sich an unserem Lager vorübertrollen sollte. »Tot stellen«, sagte er, »nicht bewegen. Keinen Muskel rühren. Im Büffelgras von Afrika hat mich das

ein paar Mal gerettet. Warum sollte es in diesem Wald nicht gleichermaßen wirksam sein?« Mit dem Gedanken, diesen Ratschlag zu
beherzigen, schlief ich ein. Der Schlummer war ganz wunderbar. Das
Erwachen aber war das Gegenteil davon.

Das Gewicht auf meinem Rücken ließ mir den Atem stocken. Meine
innere Stimme, noch nicht ganz bei Sinnen, fragte sich, was das wohl
sei. Schlechter Traum? Unheil Verkündendes? Mein Campingpartner
schlief den Schlaf des Gerechten, sein Atem ging in schöner Regelmäßigkeit und somit war wohl alles gut. Nicht gut hingegen war, dass
es mir nicht gelang, mich umzudrehen. Ich hatte auf dem Bauch ge-
schlafen und wollte mich nun auf den Rücken rollen, aber das gelang
mir nicht.

Als Nächstes hörte ich störendes Schnüffeln an meinem linken Ohr.
Entsetzt, und nun hellwach, spürte ich die Krallen. Krallen! Spitz wie
Nadeln stachen sie durch Stoff und Daunen und drangen in die Haut
auf meinem Rücken ein. Ich war zu Eis erstarrt. Entsetzt. Hielt mich
an den Rat. Tot stellen! Nicht bewegen! Keinen Muskel rühren. Mein
Herz trommelte wie wild. Das Biest auf meinem Rücken musste doch
das Rasen meines Herzens hören!

Wer immer das Biest war, ein Er oder eine Sie, es begann an meinem Hals herumzuschnüffeln. Das war zu viel! Nur mit Mühe gelang
es mir, meine Panik zu unterdrücken, und ob es nun falsch war oder
nicht, ich zog den Schlafsackrand mit der einen zitterigen Hand langsam, Zentimeter um Zentimeter, über meinen Hinterkopf hinweg und
kniff mit der anderen Hardy so lange in den Arm, bis er sich im Schlaf
bewegte. Halb ohnmächtig vor Angst wartete ich auf die Konsequenz,
wartete auf den wütenden Biss der Kreatur auf meinem Rücken, doch
als Konsequenz geschah das Gegenteil! Das Biest wusste mit dem
Unbeweglichen unter seinen Tatzen, mit dem Klumpen Mensch, nichts
mehr anzufangen, stieg von mir herunter, schnüffelte am erloschenen
Lagerfeuer nach Schokolade oder Obst herum, fand nicht, was es suchte, und trollte sich von dannen! Ich konnte hören, dass Hardy, unbe-
weglich, stocksteif neben mir die Luft anhielt. »Wo?«, kam seine Frage,
flüsternd, und ich sagte: »Schau nach rechts.«

Abendliches Picknick

Vorsichtig, millimeterweise, richteten wir uns auf und sahen, wie ein kalifornischer Schwarzbär, weiterhin am Boden schnüffelnd, zwischen den Bäumen in der Morgendämmerung verschwand. In der Absicht, weitere unliebsame Besucher abzuschrecken, sammelte Hardy Holz zusammen und fachte das erloschene Lagerfeuer zu neuem Leben an. Ich setzte mich zu ihm, lange Zeit noch vom Schreck gelähmt, doch dann sah ich, wie die Sonne sich über grüne Hügel schob, und mein bester Freund sagte, dass es Zeit fürs Frühstück sei.

Unsere neue Campingausrüstung stellte sich als gut gewählt heraus, der Gaskocher begeisterte mich mit seinen beiden Flammen, auf der einen Flamme kochte ich Wasser für unseren Tee, und über der anderen brutzelten Rühreier, in die ich Zwiebeln, Tomaten und Chilischoten untergerührt hatte. Am Tag zuvor, im Supermarkt, hatte ich an *buttermilk pancakes with maple sirup* für unser Frühstück im Freien gedacht, aber dann war mir eingefallen, dass meine Pfannkuchen mit Ahornsirup bei der Familie Krüger nicht unbedingt auf Gegenliebe gestoßen waren. Es war noch gar nicht so lange her, dass ich Buttermilchpfannkuchen serviert hatte. Es war an einem gemütlichen Samstagnachmittag in Starnberg, Hardy junior und Malaika hatten wissen wollen, ob eine Amerikanerin wohl Pfannkuchen machen könne. Hardys Kinder waren acht und neun, ich sagte zu ihnen, dass amerikanische Pfannkuchen ein wenig anders als die deutschen seien, aber ich war mir sicher, dass sie *yum yum* sagen würden, wenn sie meine Pfannkuchen erst mal auf den Tellern hätten. Gemeinsam haben wir das Mehl gesiebt, die Butter zum Schmelzen gebracht und die Buttermilch abgemessen. Dann jedoch mussten wir ein Wörterbuch aus dem Bücherschrank holen. Mein Deutsch existierte so gut wie nicht, denn ich war mit Hardy erst kurz zuvor in sein Heimatland gekommen. *Baking soda* und *baking powder* gehörten nicht zum Wortschatz dieser Kinder, obwohl mir ihr Englisch gut gefiel. Alle Zutaten wurden sorgfältig verrührt, und schon bald hatte jeder einen goldbraunen *fluffy* Pfannkuchen auf dem Teller. Auf jedem Teller, nur auf Hardys nicht, denn er hatte sich Würstchen mit Kartoffelsalat gewünscht. Ahornsirup war in der Vorratskammer nicht zu finden gewesen, aber

Marmelade, ob Erdbeer oder Himbeer, tat es auch, und voller Erwartung stürzten wir uns auf »Pfannkuchen nach Art der Amerikaner«. Leider hielt die Begeisterung nicht lange an. Bissen für Bissen verlangsamte sich das Kauen bei den Kindern, Zähne wurden länger, und ich machte mich auf ein Urteil gefasst, das vernichtend ausfallen würde. »Was gab es an amerikanischen *pancakes* auszusetzen?«, fragte ich mich. Vielleicht nichts anderes als Buttermilch? Möglich. Manche Kinder mögen keine, wenn auch das Säuerliche der Buttermilch in Pfannkuchen gar nicht mehr zu schmecken ist.

Malaika und der Junior wechselten ein paar Sätze auf Italienisch, im Glauben, so bekäme ich nicht mit, wie furchtbar der Geschmack von Amerikanern war, wenn es um Pfannkuchen ging. Nun, meine Kenntnisse des Italienischen sind zwar sehr begrenzt, aber sie waren, an dem Tag zumindest, besser als meine Kenntnisse des Deutschen. Ich musste ein Lachen unterdrücken und verließ das Zimmer unter dem Vorwand, in der Bibliothek Wichtiges zu tun zu haben. Einige Minuten später fand ich die Kinder in der Küche, der Deckel zum Mülleimer schien mir leicht verschoben und die beiden Teller waren leer. Malaika sagte, die *pancakes* seien wunderbar gewesen und sie hätten ja auch alles aufgegessen. Wie schön, sagte ich, und ob sie wohl noch einen haben mochten? Nein, nein, danke, wehrten beide ab, holten eine Tüte Kartoffelchips und Nüsse aus dem Schrank und liefen aus der Küche.

An dem Morgen im Wald, am Lagerfeuer bei hellem Himmel, hatte ich Erfolg als Koch von Rühreiern, wenn auch mein eigener Appetit sich nicht mit dem von anderen Vormittagen messen konnte. Der Schreck, ausgelöst durch einen Bären auf meinem Rücken, saß noch immer tief in mir. Mit einem heißen Becher Tee in meinen Händen begann ich laut zu überlegen, ob ein Schlafsack nicht in ein Zelt gehöre, und in dem Sportgeschäft von gestern hätte ich Zelte in verschiedensten Ausführungen gesehen.

Noch am gleichen Morgen erstanden wir das Zelt, es war von grüner Farbe und sollte ein Jahr später eine neue Heimat in Oberbayern finden. Im Sommer nach der Begegnung mit einem Bären auf meinem

Rücken hatten wir nämlich einen *camping trip* mit den Kindern durch den amerikanischen Westen gemacht, und vor lauter Begeisterung war die Frage an uns gerichtet worden, ob die beiden das Zelt nicht mit nach München nehmen dürften, woraufhin ihr Vater meinte, dass auch in Deutschland Zelte käuflich zu erwerben seien. Schon, wurde ihm geantwortet, schon, doch dies sei eines aus den USA! Als das fest verschnürte grüne Bündel beim Einchecken in Los Angeles auf die Waage kam, sagte ich zu Hardy flüsternd: »Wir hätten nachsehen sollen, ob es etwa unter dem Zeltboden ein Schildchen gibt mit der Aufschrift *Made in China*.«

Mr. Moses wurde unser nächstes Zelt. Hinter dem biblischen Namen versteckte sich ein kleines kompaktes Wohnmobil mit Pantry, Kühlschrank, Backofen, Bad, Dusche, einem Tisch, der sich in ein Bett verwandeln ließ, kurzum: *all the comforts of home away from home.* Wir packten Campinglampen, einen Campingkocher, Stühle, Fahrräder, ein Schlauchboot mit Außenborder und alle möglichen anderen Utensilien ein, die wir beide in der Wildnis brauchten. Weil das Scheppern und Klappern von Geschirr, Töpfen und Pfannen während rumpelnder Fahrt abseits betonierter Straßen die wundersame Stille der weiten Landschaft störte, stopften wir Handtücher, Servietten und T-Shirts zwischen alles, was lärmen konnte. Eines Abends sahen wir einen Film mit Robert Mitchum, der in einem zerbeulten Lastwagen mit Aufbauten durch Ostafrika fuhr. Außen an der Klapperkiste hingen Töpfe, Pfannen, Laternen und alles Mögliche an anderem Kram, und das Scheppern und Klirren hatte den Buschmännern sein Kommen schon von weitem angezeigt. Der Film hieß *Mr. Moses* und von Stund an trug unser Zelt auf Rädern den gleichen Namen: Mr. Moses.

An der Pinnwand des Wohnmobils hing neben Fotos von Eltern, Großeltern, Enkeln, Freunden und einigen Zetteln mit Rezepten auch das Foto eines jungen Paares mit Hund. Es war uns im letzten Jahr, als Hardy in einer Buchhandlung aus seinen *Szenen eines Clowns* gelesen hatte, von einer jungen, hübschen dunkelhaarigen Frau mit funkelnden Augen und einem entzückenden Lächeln überreicht worden.

Hinter ihr stand schüchtern ein gut aussehender Mann, der uns mit ebenso funkelnden Augen und einem ebenso strahlenden Lächeln betrachtete. Dieses Foto, das jetzt an meiner Pinnwand hängt, zeigt einen nassen, braunweißen Hund vor dem jungen Paar, an einem stürmischen Tag irgendwo auf dem Erdball vor der Stoßstange eines vw-Bus sitzend. Über der Windschutzscheibe ist ein Schild angebracht, auf dem in großen Buchstaben »HARDY KRÜGER« steht. Die beiden hatten unsere Filme über Menschen in anderen Ländern verfolgt und auch die drei *Weltenbummler*-Bücher gelesen. Dadurch angeregt, wollten sie selbst die Welt erkunden, hatten den vw-Bus gekauft und waren zu Abenteuern in fremde Länder aufgebrochen. Das Foto mit dem Bus und Hardys Namen mag ich sehr, denn es erinnert mich an Mr. Moses, der inzwischen nicht mehr lebt. Ein Wohnmobil der neuen Generation hat ihn ersetzt, aber das fast kindhafte Staunen bei unseren Fahrten durch die Schönheit des Westens von Amerika und unser Dazulernen bei Begegnungen mit Fischern, Indianern oder Wissenschaftlern ist geblieben. Im Lauf der Jahre haben wir bei unseren Campingtrips mit Menschen der verschiedensten Landschaften »das Brot gebrochen«, wie wir Amerikaner sagen, und meine Sammlung von Rezepten aus dem »Wilden Westen« wurde umfangreich.

Ein Baum – auch wenn Wissenschaftler das anders sehen und über meine Ansicht lächeln sollten –, ein Baum ist für mich ein lebendes Wesen, und die ältesten aller lebenden Wesen, die uns Menschen erhalten blieben, sind nach meinem Verständnis die *Sequoias*. Wir Amerikaner nennen sie auch *redwoods*, und in meinem deutschen Wörterbuch findet sich neben anderen Bezeichnungen der Name »Küstenmammutbaum«. Wenn das Wort auch – wie viele deutsche Worte – lang ist, es gefällt mir sehr, denn so ein Redwood ist ein wahrer Mammut, und in der Küstenlandschaft des Südens von Oregon bis hinunter in den Norden Kaliforniens wachsen die Redwoods in den Himmel.

Julia »Butterfly« Hill,
unermüdliche Kämpferin für das Überleben der Redwoods

Einen Wald mit Sequoias zu betreten ist eine Begegnung der religiösen Art. Zu diesen Giganten aufsehend fühle ich mich unbedeutend, winzig, zwergenhaft, überwältigt von den 2500 Jahren, die diese Bäume bereits beieinander stehen. Gemeinsam haben sie Waldbrände überlebt, Dürrezeiten, Insekten und sogar die weitaus größte aller Bedrohungen: den Menschen. Während der unendlich langen Jahre ihres Lebens hat die Natur ganze Kunstwerke von Feuernarben, Kerben und Aushöhlungen in ihre rotfarbenen, gewaltig dicken Stämme gemeißelt.

»Hier kann ich seine Stimme sein und das Gesicht des Baumes, kann Stimme und Gesicht sein für den ganzen Wald, der nicht für sich selber sprechen kann.« Mit diesen Worten hat eine Frau ihre Demonstration gegen die Pacific Lumber Company begonnen, eine Frau allein gegen ein politisch einflussreiches Multi-Wirtschaftsunternehmen. Der Name der Frau ist Julia Hill. Ihre Freunde nennen sie in Bewunderung, voller Liebe, *Butterfly*.

Unweit des kalifornischen Stafford hatte die Pacific Lumber Company schwere Maschinen in der Absicht herangefahren, den Redwood-Hain von Headwaters Forest abzuholzen, und um den ehrwürdigen Wald zu retten, richtete sich Julia hoch oben im Astwerk einer tausend Jahre alten Sequoia ihr Zuhause ein. Butterflys Wohnung war eine primitive Holzplattform, ohne Dach und ohne Wände. Menschen, die ihr zur Seite standen, gaben dem Baum den Namen Luna. Unermüdliche Helfer versorgten Julia mit dem Nötigsten, und der Kampf der Frau, die in der gleichen Art wie Gandhi kämpfte, sprach sich auf der Welt herum. Julia verließ den Baum nie, sommers nicht und nicht im Winter, vom 10. Dezember 1997 bis zum 18. Dezember 1999 lebte sie in schwindelnder Höhe, weil Luna für sie heilig war, von gleicher Innigkeit beseelt wie eine Kirche. Mir geht es, wie es Julia erging: Ich empfinde einen jeden dieser Redwood-Wälder vor der Küste des Pazifik als einen Hain für Gebet, Meditation, als einen Ort der Anbetung der Schöpfung – für Christen, Juden, Hindus und Muslime gleichermaßen, genauso aber auch für Menschen, die keiner dieser Weltreligionen angehören.

Julia Hill überstand die Stürme der Natur ebenso wie den Kampf des Geldes gegen einen kleinen Menschen in einem großen Baum. Unter dem Druck einer breiten Öffentlichkeit gab sich die Pacific Lumber Company geschlagen: Der alte Baumbestand würde unangetastet bleiben, so ließ sie wissen, und die Firma wäre bereit, einem Forschungsprogramm der Universität 50 000 Dollar beizusteuern, wenn Julia nur vom Baum herunterkäme. Sie ließ sich darauf ein. »Frag nicht, was dein Land für dich tun kann, frag, was du für dein Land tun kannst«, hatte John F. Kennedy bei seiner Vereidigung gesagt. Dieser Satz fällt mir ein, wenn ich an Julia Hill denke.

Doch die Geschichte nahm damit noch kein Ende. Am 28. November 2000 brachte eine Kreatur von satanischer Bosheit dem Baum Luna mit einer Motorsäge eine 80 Zentimeter tiefe Wunde bei. Die Wunde klafft zu zwei Dritteln tief in dem Stamm, und Ingenieure der Pacific Lumber Company mussten den Baum mit einem Band aus Eisen vor den Winterstürmen der nächsten tausend Jahre schützen. Meines Wissens ist der Verbrecher nie gefunden worden, doch es liegt Trost in dem Gedanken, dass der Täter einer unfassbaren Grausamkeit auf andere Weise als aufgrund eines Richterspruches büßen muss. Ich möchte glauben dürfen, dass so ein Schurke, vom Leben auf viele Weise hart bestraft, bis ans Ende seiner Tage an die Tat mit Reue denken muss und dabei Qualen leidet.

Wir, Hardy und ich, haben unsere eigene kleine Luna. Sie wird in diesem Jahr dreiunddreißig Jahre alt und misst an Höhe zweiundzwanzig Meter. Unsere Sequoia ist einem Mann zu verdanken, der Terry Andrews heißt. Er wohnt am östlichen Ende unseres Waldes neben Jack Crafton, mit dem Hardy jedes Jahr Holz für den Winter schlägt. Terry fährt Lastwagen für die Cal Trans. Sein Haar ist schlohweiß, sein langer Bart ist es ebenso, meist trägt er rote Hemden, und wenn sein Bauch sich noch ein wenig mehr über den Gürtel hinweg wölben würde, könnte er sich in den Warenhäusern von Los Angeles als Weihnachtsmann bewerben.

An dem Tag, als die Lumberjacks bei dem Bau unseres Blockhauses Richtfest hielten, hatte Terry uns sein Geschenk für das neue

Haus gebracht. Im Vorüberfahren waren ihm Boyscouts aufgefallen, die in unserem Dorf Redwood-Setzlinge verkauften, ein Dollar das Stück, und Terry hatte einen davon erworben. Terrys Geschenk war fünfzehn Zentimeter hoch, spindeldürr, seine Wurzeln steckten in einer verrosteten Dose, die früher einmal Folgers Coffee in sich hatte, und das mickerige Ding sah nicht so aus, als würde es die Umpflanzung in seine neue Heimat überstehen. Vor unserer Blockhütte streckt eine uralte Eiche ihre verknoteten Arme weit aus, und Hardy pflanzte Terrys Geschenk an den Rand ihres Schattens in den prallen Sonnenschein.

Hinter dem Haus, über dem Tal nach Süden, liegen große runde Felsen. In die Mitte des grauen Gesteins ist von unbekannter, sicher längst verblichener Hand ein indianisches Symbol gemeißelt worden. Dancing Spruce, unser guter Freund seit vielen Jahren, hatte sich mit einem alten Kumpan, der Three Hawks heißt, vor dem Fels beraten und war zu der Überzeugung gelangt, ein Häuptling der Mojave hätte dieses Zeichen vor endlos vielen Jahren in den Fels geritzt, weil er sich an haargenau dem gleichen Platz ein Wigwam hatte bauen wollen, ein Umstand, der als gutes Omen zu betrachten sei.

Das Zeichen des Mojave hat unserem Blockhaus tatsächlich Glück gebracht. Es hat Erdbeben überstanden, Waschbären, die aus unserem Keller ihr Zuhause machten, Fledermäuse, die in Kalifornien Schutz genießen, und vieles mehr, bis hin zu einem Blitz, der phosphorstinkend in die Küche schlug, während wir beim Frühstück saßen. Die Baumstämme des Hauses haben beim Beben der Erde schadlos mitgebebt. Den Waschbären wurde vermittels Zubetonierung ihrer Tunnelei höflich mitgeteilt, dass sie in diesem Keller nicht willkommen seien. Zu Schaden kam lediglich eine Fledermaus, es war ihr Pech, das schützende Symbol des Mojave-Häuptlings ignoriert zu haben.

Eines Abends, als wir Bücher lesend, Wein trinkend, gemütlich in unseren Sesseln saßen, schob sich eines dieser geflügelten Biester unter einem Deckenbalken hervor und kreischte uns von oben herunter an. Ich bin der Meinung, dass Fledermäuse in den Wald gehören, nicht aber in mein Haus, und deshalb holte ich meinen Staubsauger aus dem

Thai-Veranda auf Skyland Oaks

Schrank, Hardy hielt die weite Öffnung des Schlauches dem lauthals kreischenden Tier entgegen, ich schaltete ein, und das Biest verschwand – schwups – in Schlauch und Staubbehälter. Ich gebe zu, auf meine Erfindung zur Beseitigung unerwünschter Eindringlinge stolz zu sein, und zum Wohle einer bedrohten Bevölkerung hätte ich sie auch gern öffentlich bekannt gemacht, doch meine Angst, den kalifornischen Tierschutzverein auf die Idee einer Gefängnisstrafe für mich zu bringen, hat mich bisher davon abgehalten.

Der Glücksbringer des Mojave hat sogar in den Jahren anhaltender Trockenheit unser Haus vor Feuersbrünsten schützen müssen, die, alle Jahre wiederkehrend, sich unserer Hütte oftmals bis auf tausend Meter nähern. In den Stunden solcher Angst sind es immer wieder die Cowboys der Lüfte in ihren viermotorigen Maschinen, die uns heraushelfen aus unserer Not. Den Laderaum des Tankers bis an den Rand mit einer flüssigen Chemikalie voll gefüllt, kommen sie so tief über unser Dach gedonnert, dass ich denke, sie nehmen mir die Ziegel mit, und kaum ist die Maschine über unser Haus hinweg, stürzt sie sich auch schon im Steilflug auf die Flammen unter uns im Tal, wirft ihre giftig rote Ladung in die Feuersbrunst und wird im Rauch des Brandes unsichtbar. Sofort danach knattern die anderen *flying firefighters* heran, Helikopter, große, mit Wasser vom nahe gelegenen Lake Silverwood in ihren dicken Bäuchen, und mit den langen, wassersaugenden Rohren sehen sie wie Libellen aus. Die Angriffe mit dem roten Löschmittel und dem Wasser aus unserem See auf so einen Waldbrand dauern oftmals Stunden, wir stehen jedes Mal die ganze Zeit lang vor dem Haus, richten unsere Ferngläser auf die Flugmaschinen, und wenn die Flammen schließlich klein und kleiner werden, murmeln wir den Piloten unseren Dank von Herzen hinterher.

Es sind Piloten wie die unserigen gewesen, die im Frühling von 2002 unermüdlich und unter Einsatz ihres Lebens vor dem Sequoia Nationalpark Waldbrände bekämpften, die sich an die Haine der Redwood-Giganten heranfraßen. Auf allen Kontinenten hielten die Menschen den Atem an und beteten zu ihren Göttern um Schutz für dieses Geschenk unserer Natur. Die Gebete wurden erhört. Ein starker Regen ebenso wie die Arbeit der Löschmannschaften am Boden und in der Luft haben dafür gesorgt, dass die Flammen unsere Giganten nicht erreichten. Der Wald der Redwoods lebt. Und weil ich mir vorgenommen habe, Dancing Spruce um einen Regentanz vor dem Glücksbringer im Fels zu bitten, wird wohl auch der Redwood leben, den Terry Andrews vor Jahren für einen Dollar als Setzling von den Boyscouts kaufte.

Anitas Glückssuppe

Diese Suppe habe ich nach mir
benannt, weil sie ausnahmslos allen
schmeckte, denen ich sie vorsetzte.

1 Esslöffel Butter
2 mittelgroße Karotten, in Scheiben
geschnitten
1 große Zwiebel, fein gehackt
1 Liter Hühnerbrühe
1 große süße gelbe Paprikaschote,
fein geschnitten
90 g Frischkäse (Philadelphia Cream
Cheese) in Würfel geschnitten
Salz (nach Geschmack)
1 Prise Cayennepfeffer
1 Prise Muskatnuss, gemahlen
120 ml Milch

Die Butter in einem tiefen Topf schmelzen lassen. Karotten und Zwiebel hinzugeben. Unter gelegentlichem Rühren
etwa 10 Minuten schmoren, bis das
Gemüse weich ist. Gelbe Paprikastücke
hinzugeben und weitere 5 Minuten
schmoren. Hühnerbrühe unterrühren.
Erneut zum Kochen bringen.
Hitze reduzieren und zugedeckt etwa
15 Minuten köcheln lassen, bis die
Paprika weich sind. Vom Herd nehmen und etwas abkühlen lassen.
Käse, Salz, Cayennepfeffer und Muskatnuss unterrühren. Mit dem Pürierstab glatt rühren. Zugedeckt mindestens 4 Stunden erkalten lassen.
Vor dem Servieren nach Geschmack
Milch unterrühren.

Diese Suppe schmeckt heiß ebenso gut
wie kalt. Ergibt 6 Portionen.

Taos Avocado-Suppe

1 Esslöffel Olivenöl
2 Knoblauchzehen, gehackt oder
zerdrückt
120 g Zwiebeln, fein gehackt
3 große Avocados (wenn möglich
Haas-Avocado)
60 ml Limettensaft
3 Esslöffel trockener Sherry
3/4 l heiße Gemüse- oder Hühnerbrühe
1/2 Teelöffel Kumin
1 Teelöffel Korianderpulver
1/4 Teelöffel Cayennepfeffer
1/2 l Milch
Salz und Pfeffer (nach Geschmack)

Die Zwiebeln glasig dünsten.
Knoblauch, Kumin, Koriander und
Cayennepfeffer dazugeben und gut ver-
rühren. Heiße Brühe eingießen.
Abkühlen lassen und in einem Mixer
pürieren.
Avocados mit dem Limettensaft zer-
drücken. Mit Salz abschmecken.
Zur Brühe geben, pürieren.
So viel Milch zugeben, bis die ge-
wünschte Konsistenz erreicht ist.
Mindestens vier Stunden kalt stellen.
Kurz vor dem Servieren Sherry unter-
rühren. Mit Salz und Pfeffer ab-
schmecken. Kalt servieren.
Ergibt 6 Portionen.

Isabelles Zwiebelsalat mit Zitrusfrüchten

Isabelle ist die Frau von Old Pete, dem Medizinmann des Taos Pueblo in New Mexico. An einem sonnigen Tag und unter einem strahlend blauen Himmel servierte sie diesen Salat zusammen mit frischen Forellen, die ich und unser Freund Dancing Spruce in dem Wildbach gefangen hatten, der durch das Taos Pueblo fließt.

Wenn man die Zwiebeln in Eiswasser legt, werden sie wunderbar süß und knackig.
Die Früchte-Zwiebel-Mischung passt auch ausgezeichnet zu Avocados als vegetarisches Gericht oder als Zugabe zu Fisch und Geflügel.

5 Orangen
4 rosa Grapefruits
2 große rote Zwiebeln (falls erhältlich Vidalia-Zwiebeln)
2 Esslöffel Limettensaft
1 Esslöffel Kumin
4 Esslöffel frische Korianderblätter, fein geschnitten (wahlweise auch Petersilie)
1 Esslöffel Zucker
3 Esslöffel Olivenöl
Salz (nach Geschmack)

Die Zwiebeln schälen und in sehr dünne Scheiben schneiden. In eine große Schüssel mit Eiswürfeln und kaltem Wasser geben. Die Schüssel 45 Minuten in den Kühlschrank stellen.
Unterdessen die Orangen und Grapefruits schälen, die weiße Haut abziehen und die Früchte filetieren. In eine Servierschüssel legen.
Den abgetropften Saft der Orangen und Grapefruits mit Limettensaft, Öl, Kumin, Koriander, Zucker und Salz (nach Geschmack) mit dem Schneebesen in einer kleinen Schüssel schlagen.
Die geeisten Zwiebelringe auf einem Küchentuch abtropfen lassen und anschließend zu den Zitrusfrüchten geben. Das Öldressing darübergießen.
Ergibt 4 Portionen.

Überbackene Chilischoten Santa Fé

Dieses Gericht ist leicht zuzubereiten und eignet sich, serviert mit knusprigem Brot, gut als Vorspeise oder als Beilage zu gegrilltem Geflügel oder Fleisch.

4 große frische milde Chilischoten
100 g frischer Mozzarella
100 g geriebener Manchego oder Cheddar
Olivenöl (nach Belieben)
Rosenpaprika

Chilis abspülen, der Länge nach aufschneiden und die Samen entfernen. Dabei Gummihandschuhe tragen,

um den Kontakt mit dem Chiliöl zu
vermeiden.

Mozzarella und Manchego miteinander vermischen und in die Chilischoten füllen. In eine gefettete Auflaufform setzen, mit Olivenöl bestreichen und mit Rosenpaprika bestäuben.
Bei 200° C etwa 25 Minuten im Ofen
backen, bis die Käseschicht gebräunt ist.
Ergibt 4 Portionen.

Krabben-Tostadas
Baja California

4 mittelgroße Tomaten, enthäutet und
klein geschnitten
Olivenöl (nach Belieben)
4 Tortillas aus Weizenmehl (Fertigpro-
dukt), 20 cm Durchmesser
1 große reife Avocado
1 Esslöffel Limettensaft (oder mehr, falls
gewünscht)
Salz und Pfeffer (nach Belieben)
1 Dose (425 g) Bohnenpüree (frijoles
refritos)
125 g Manchego- oder Cheddar-Käse, gerieben
4 Endivien, in dünne Streifen
geschnitten
500 g gekochtes Krabbenfleisch
(wahlweise auch Hummer oder
Garnelen)
Schwarze Oliven, ohne Stein (nach
Geschmack)
Sauerrahm oder Crème fraîche
(Menge nach Wahl)
Taco-Sauce

Die Avocado halbieren, den Kern entfernen und dann schälen.
Mit Salz, Pfeffer und Limettensaft zu
einer Paste zerdrücken.
Die Bohnen erwärmen.
Öl, 1 cm hoch, in einer Bratpfanne bei
mittlerer Temperatur erhitzen.
Wenn das Öl heiß ist, jeweils 1 Tortilla
hineingeben. Knusprig und goldbraun
braten (pro Tortilla ungefähr
1 Minute), dabei einmal wenden.
Auf Küchenpapier abtropfen lassen.
Tortillas auf Teller legen, gleichmäßig
mit dem Bohnenpüree bestreichen, mit
geriebenem Käse, den fein geschnittenen Endivien und dem Krabbenfleisch
belegen.
Avocadopaste und Tomatenstücke
darüber geben. Mit den shwarzen
Oliven und saurer Sahne bzw. Crème
fraîche garnieren und mit Taco-Sauce
servieren.
Nach einem Teller Suppe als Vor-
gericht sind die Tostadas ein köstliches
leichtes Abendessen.
Ergibt 4 Portionen.

Steaks Skyland Oaks

Unser Wald heisst Skyland Oaks,
der vielen alten Eichen wegen.

4 Steaks
125 ml Brandy
1 Teelöffel Rosenpaprika
2 Teelöffel Koriander, gemahlen
1 Teelöffel Cayennepfeffer

2 Teelöffel Senfkörner, frisch gemahlen

2 Teelöffel Oregano

1/2 Teelöffel schwarzer Pfeffer

1 Teelöffel Zwiebelpulver

1 ganze Knoblauchknolle, im Backofen geröstet

Fleur de Sel oder Meersalz

Olivenöl (nach Geschmack)

Die Gewürze in ein Glas mit Deckel geben, verschließen und schütteln, bis alles gut vermischt ist.

Die Steaks beidseitig kurz in den Brandy legen und anschließend groß-zügig die Gewürzmischung darauf verteilen. Die Steaks fest in Frisch-haltefolie einwickeln und über Nacht in den Kühlschrank legen.

Am nächsten Tag den Knoblauch in eine kleine Schüssel pressen und mit ein wenig Olivenöl und Salz nach Geschmack vermischen.

Mindestens eine Stunde vor der Zu-bereitung die Steaks aus dem Kühl-schrank nehmen.

Den Holzkohlegrill (oder elektrischen Grill) vorbereiten. Die Steaks mit Salz bestreuen und auf einer Seite grillen. Wenden und die gebräunte Seite mit der Knoblauchpaste bestreichen. Fertig garen, mit Salz und Pfeffer würzen.

Ergibt 4 Portionen.

Seemannstopf

Dieses Gericht ist ein dickes würziges Chowder, das ausgezeichnet zu Gnocchi passt, aber auch mit Nudeln oder Reis serviert werden kann.

1 gelbe Paprikaschote, in kleine Stücke geschnitten

1 rote Paprikaschote, in kleine Stücke geschnitten

120 g Zwiebeln, gehackt

1 halbe Tasse Tomaten, enthäutet und gewürfelt

6 Knoblauchzehen

1/4 Teelöffel getrocknete rote Pfeffer-schoten, zerkleinert

1 Teelöffel Currypulver

1 Teelöffel Fleur de sel oder Meersalz

1/2 l Muschelsud oder Fischbrühe

125 ml Sahne

30 g Basilikumblätter, frisch und gehackt

100 ml Brandy

350 g mittelgroße Garnelen

350 g Kamm-Muscheln (anstelle der Garnelen und Kamm-Muscheln kann man auch Hummer, Krabben oder Weißfisch verwenden)

8 Esslöffel Olivenöl

Schwarzer Pfeffer, frisch gemahlen Paprika und Zwiebeln in 3 Esslöffel Olivenöl weich dünsten.

Knoblauch pressen, hinzufügen und ein paar Minuten mitdünsten, bis er gebräunt ist.

Die getrockneten roten Pfefferschoten,

Currypulver und Salz hinzugeben und
1 Minute rühren.
Brandy hinzufügen und weitere
2 Minuten köcheln lassen.
Tomaten und die Hälfte des Basili-
kums, die Fischbrühe (oder den
Muschelsud) einrühren.
10–15 Minuten köcheln lassen.

Unterdessen die Garnelen und Kamm-
Muscheln im restlichen Olivenöl garen
und mit Salz und Pfeffer abschmecken.
Die Sauce mit der Sahne vermischen
und Garnelen und Kamm-Muscheln
hineingeben.
Gnocchi (oder Nudeln, Reis) mit dem
übrigen Basilikum bestreuen und
dazu servieren.
Ergibt 4 bis 6 Portionen.

Rindfleisch mit Spargel

An dem Tag, an dem ich meinen ersten Wok geschenkt bekam, wurde auf
dem Wochenmarkt frischer Spargel
angeboten.
So bekamen meine Gäste dieses ein-
fache Gericht als leichtes Abendessen
aus dem Wok.
Man kann es mit weißem oder
grünem Spargel oder einer Mischung
aus beidem zubereiten.

4 kleine Rinderfilets, quer zum
Faserverlauf in Streifen geschnitten
2–3 Teelöffel thailändische rote
Curry-Paste

4 Esslöffel Erdnussöl
500 g weißer oder grüner Spargel,
geschält und in mundgerechte Stücke
geschnitten
375 g ungesüßte Kokosmilch aus
der Dose
Frische Basilikumblätter, gehackt,
und Limettenscheiben zum
Garnieren

Fleisch mit der Curry-Paste vermengen
und zudecken. Mindestens 1 Stunde
im Kühlschrank ziehen lassen.
In einem Wok 2 Esslöffel Erdnussöl er-
hitzen. Spargel darin unter ständigem
Rühren hellbraun anbraten.
Herausnehmen. Das restliche Erdnussöl
in den Wok geben, erhitzen, das
Fleisch im Wok anbraten.
Kokosmilch dazugeben, rühren, bis die
Sauce kocht und sämig wird.
Den Spargel zugeben. Mit Basilikum
und Limettenscheiben garnieren.
Reis oder Kartoffeln dazu reichen.
Ergibt 4 Portionen.

Kalifornischer Lachs mit Orangen-Salsa

1 Bund frischer Dill, fein gehackt
25 g Zucker
300 g brauner Zucker (wenn möglich
American Dark Brown Sugar)
150 g grobkörniges Salz
1 Liter Wasser
4 Lachsfilets mit Haut (je 170–227 g)
3 Fenchelknollen

Olivenöl

Salz und Pfeffer

2 große Orangen

1 große rote Zwiebel

Zucker, Wasser und Salz in einem Topf zum Kochen bringen.
So lange rühren, bis sich Zucker und Salz aufgelöst haben.
750 ml dieser Flüssigkeit abmessen, in eine Schüssel geben, die groß genug ist, um später den Lachs aufzunehmen.
Dill hinzugeben. Auf Zimmertemperatur abkühlen lassen.
Die restliche Flüssigkeit in eine andere Schüssel geben.
Den Lachs mit der Hautseite nach oben in die Flüssigkeit legen, in der sich der Dill befindet, und 1 Stunde in den Kühlschrank stellen.
Nach einer halben Stunde (damit er frisch bleibt) den Fenchel in dicke Scheiben schneiden und in der zweiten Schüssel 30 Minuten marinieren.

Für die Salsa:

Geschälte Orangen in kleine Stücke schneiden und in eine Schüssel legen.
Die rote Zwiebel sehr fein hacken und zu den Orangen geben. Mit 2 Esslöffeln Olivenöl, Salz und Pfeffer abschmecken und in den Kühlschrank stellen, bis der Fisch serviert wird. Zum Garnieren der Salsa eine Hand voll Orangenschalen in lange, sehr dünne Streifen schneiden und beiseite stellen.

Den Fenchel nach 30 Minuten aus

der Marinade nehmen und trocken tupfen.
Nach einer Stunde den Fisch ebenfalls aus der Marinade nehmen und trocken tupfen.
Fisch und Gemüse nicht länger als hier beschrieben marinieren, da beides sonst zu salzig wird.
Kohlen-, Elektro- oder Gasgrill auf mittlere Hitze vorheizen, den Fenchel mit Olivenöl bepinseln und goldbraun grillen.
Fenchel vom Feuer nehmen, mit Pfeffer (aus der Mühle) bestreuen und warm stellen.
Den Lachs grillen, zuerst mit der Hautseite nach oben. Wenn er halb gar ist, ihn umdrehen und so lange weitergrillen, bis die Filets durchgekocht sind.
Mit Fenchel und der Orangen-Zwiebel-Salsa servieren.
Ergibt 4 Portionen.

High Sierra Chili

Es gibt sicher über hundert Rezepte für Chili. Das nachfolgende koche ich für meinen Mann und mich oftmals beim Camping.
Es stammt von einer Frau, die in der klaren Luft der zerklüfteten kalifornischen Sierras als Försterin arbeitet.
Sie lud uns in ihre Hütte ein, die sich zwischen Felsen unter ein Dach aus Kiefern duckt. Der Bau aus Naturstein hatte nur einen Raum, in dem die

Frau für sich allein lebte.
Sie kochte den Chili in einem gusseiser-
nen Topf, der auf einem Benjamin-
Franklin-Ofen stand, in dem ein knis-
terndes Feuer loderte.

500 g mageres Rinderhack
175 g Räucherschinken, gewürfelt
1 große rote Zwiebel, klein geschnitten
1 große Zwiebel, klein geschnitten
2 große Kartoffeln, geschält und
gewürfelt
6 Knoblauchzehen, gepresst
1 große Dose weiße italienische Bohnen
(ca. 500 g)
1 Dose Linsen (ca. 250 g)
1 rote Paprikaschote, klein geschnitten
1 gelbe Paprikaschote, klein geschnitten
300 g Tomaten, klein geschnitten
1/2 Teelöffel getrocknete rote Pfefferschoten, zerkleinert
2 gehäufte Esslöffel Garam Masala
1 Teelöffel Cayennepfeffer
Salz (nach Geschmack)
1 Liter Gemüse- oder Fleischbrühe
Olivenöl

Ein wenig Olivenöl in einem großen
Topf erhitzen und das Hackfleisch mit
dem Schinken darin anbräunen. Das
gebräunte Fleisch mit einem Kartoffel-
stampfer zerdrücken, herausnehmen
und in einer Schüssel beiseite stellen.
In dem großen Topf noch etwas Öl erhitzen, Zwiebeln und Paprika darin
dünsten. Knoblauch und die roten
Pfefferschoten hinzufügen und gut vermengen. Garam Masala darüber streu-

en und Tomaten dazugeben. Das
Fleisch untermischen und so viel
Brühe angießen, dass eine flüssige
Masse entsteht. Die gewürfelten Kartoffeln hinzufügen und ca. 1 Stunde
köcheln lassen. Bohnen und Linsen dazugeben und bei niedriger Hitze eine
weitere Stunde köcheln lassen, dabei
immer wieder etwas Brühe angießen.
Das Ganze sollte eine dicke Konsistenz
erhalten. Mit Salz und Cayennepfeffer
abschmecken. Ergibt 6 bis 8 Portionen.

Mesa Verde-Plätzchen

50 ml Milch
225 g Butter
350 g Puderzucker
4 Teelöffel Rum
200 g Mehl
150 g grob gehackte Pinienkerne

Die Butter mit 75 g Puderzucker in
einer großen Mixschüssel aufschlagen.
Rum und Milch hinzugeben. Mehl
und Pinienkerne unterrühren.
2 Esslöffel Teig auf ein bemehltes Back-
brett geben und zu einer 1,5 cm dicken
Stange rollen. In 5 cm lange Stücke
schneiden. Mit dem restlichen Teig
ebenso verfahren. Auf ein ungefettetes
Backblech legen und bei 220°C (E-
Herd) in 18–20 Minuten goldgelb
backen. Aus dem Ofen nehmen und
mit dem restlichen Puderzucker bestreuen. Abkühlen lassen.
Ergibt etwa 40 bis 50 Plätzchen.

Komodo Express

E s war eine armselige Henne, die da gackerte. Wütend war sie, verzweifelt, wild schlug sie mit den Flügeln und tat alles, um zu entkommen. Das bedauernswerte Tier wusste nicht, dass seine Tage an Deck des Schiffes gezählt waren. Das Federvieh konnte auch nirgendwohin entkommen, denn um eines der schuppigen Beine hatte sein Besitzer eine Schnur gebunden, und das andere Ende war an einer roststarrenden Reling festgemacht, die zum Bug des Bootes führte.

Stück für Stück wurden die Metallkisten mit der filmischen Ausrüstung des *Weltenbummler*-Teams an Bord geschafft, und ein jeder gab sich Mühe, nicht auf die gackernde Henne zu treten oder sie gar vermittels einer versehentlich fallenden Kiste platt werden zu lassen, was kein leichtes Bemühen war, denn eine Gangway gab es nicht und beim Verstauen der teuren Gerätschaften mussten wir über die Decks zweier anderer Boote steigen, die nebeneinander am Kai festgemacht lagen. Auf einem davon hatte ein Zirkus damit begonnen, seine Tiere auszuladen. Käfige standen leer, unordentlich, an Deck herum. Die Tiere hinter den Gitterstäben waren wild, wutgeladen, ebenso zur Flucht bereit, wie es die festgebundene Henne war. Ein Tiger schien mir besonders aufgebracht zu sein. Jedes Mal, wenn ich an seinem Käfig vorüberwollte, fauchte er mich mit gefletschten Fängen an. Neben dem Tiger wohnte eine Familie von Schimpansen. Zumindest glaubten die meisten von uns, dass es sich um eine Familie handelte. Vier der Affen drängten sich in einer Ecke ihres Käfigs aneinander und verfolgten mit stumpfen Blicken das Kommen und Gehen von uns Menschen mit den silbrigen Kisten. Einer Python, die sich in ihrem Käfig zusammengerollt hatte, konnte ich nicht ansehen, ob sie wütend oder schläfrig war. Es gab Käfige, die mit schwerem Zelttuch zugehängt waren. Zu jeder anderen Stunde wäre ich versucht gewesen, die Ecke so einer Persenning anzuheben und nachzusehen, welches Tier sich wohl dahinter verbergen mochte, doch am Himmel zeigten sich bereits lavendelfarbene und purpurrote Streifen, was bedeutete, Finsternis würde sich schon bald über den Hafen legen, und das Verladen unserer Ausrüstung beim Schein von Taschenlampen war etwas, das sich keiner von uns wünschte. Ich fand ein Zirkusboot zwischen den Inseln Indonesiens von ganz besonderem Reiz und wäre gern geblieben, um mir eine Vorstellung dieser Exoten anzusehen, doch es wurde für uns Zeit abzulegen. Eilig wollte ich mich über eine Reling hinweg zum Deck des Nachbarbootes hinunterschwingen, was sicherlich ein Bild gewesen ist, wie es einer der Schimpansen von dem Zirkusboot abgegeben hätte. Im Zwielicht sah ich erst spät, dass mir ein Eisenumlauf vor dem Nachbardeck im Wege war, und bevor ich meinen Schwung nach unten bremsen konnte, schlug ich mit dem rechten Oberschenkel hart gegen das Eisenrohr unter mir. »Dieser Fleck wird schwarz, blau, mit etwas Grün hineingemischt, aussehen«, sagte ich mir, »und dir sicher ein paar Wochen lang erhalten bleiben.« Der Schmerz war arg, dumpf, pochend, ich versuchte, ihn zu unterdrücken, was mir aber nicht gelang.

Schauerleute schoben sich an mir vorbei, halfen fröhlich plappernd unserem Filmteam mit den Silberkoffern. Sie trugen karierte Baumwolltücher, die sie an der Hüfte verknotet hatten. Ihre Oberkörper waren nackt, braun, mager, kräftige Muskeln traten hart und rund an den Oberarmen hervor. In ihren Mundwinkeln hingen die Stummel selbst gedrehter Zigaretten, die nach Nelken rochen. Wenn die Männer plapperten oder laut lachten, konnte ich trotz der einbrechenden Dunkelheit das Gelb von jahrelangem Nelkenrauch auf ihren Zähnen sehen. Ich war dankbar dafür, dass der menschliche Körper nicht transparent geschaffen worden ist, denn den Zustand ihrer Lungen zu betrachten würde sicherlich erschreckend sein.

Nach getaner Einschiffung stand unser Team arbeitslos an Deck herum. Das Boot war aus Holz und vermittelte nicht nur wegen der abblätternden Farbe den Eindruck, ein Seelenverkäufer zu sein. Der Diesel sprang an, war laut und ließ das Deck unter meinen Füßen vibrieren. Leinen wurden losgemacht. Ein kleiner alter Mann griff in

Matrosen auf dem Komodo Express

das Steuerrad. Über ihm, am Schanzkleid, war der Name des Bootes angebracht: *Komodo Express*. Komodo hieß die Insel des Archipels, zu der wir wollten. Das Wort »Express« fand ich als Bezeichnung kühn, denn der Diesel schaffte nicht viel Fahrt, als wir uns von dem schwimmenden Zirkus entfernten und einem tintenschwarzen Ozean entgegensteuerten.

Durch die schmutzigen Fenster der Aufbauten fiel gedämpftes Licht nach draußen. Beim Blick zurück vom Vordeck aus ins Ruderhaus starrte mir durch das Glas der Scheibe ein chinesisches Gesicht entgegen. Der Mann hatte sich eine wollene Skimütze über den Kopf gezogen, und der in diesem Teil der Welt unvermeidbare Zigarettenstummel blies Rauch in die Luft über dem Schiffsruder, das dem Steuerrad eines alten Autos zum Verwechseln ähnlich sah.

Der *Komodo Express* war ein Boot, auf dem wir gar nicht eingeplant waren. Für die Passage zu der Insel mit den berühmten Drachen hatten wir eine hochmoderne Yacht gechartert, doch die war nicht zum verabredeten Rendezvous gekommen, und statt auf einer Yacht mit komfortablen Kabinen, Betten, Duschen, Sauberkeit und mit einer Kombüse zum Kochen für uns Selbstversorger standen wir nun an Deck eines Seelenverkäufers, der gar keine Kombüse hatte und in dessen einziger Koje der Rudergänger schlief, von dem ich annahm, dass er auch der Eigner war und dass er eine ganze Reihe chinesischer Ahnen hatte. Ich vermutete, dass der *Komodo Express* normalerweise als Fährverbindung zwischen den einzelnen Inseln fuhr, denn unter Deck gab es einen großen Raum, auf dessen schmalen, langen Holzbänken an anderen Tagen sicherlich Pendler saßen, die zu den verschiedenen Inseln wollten.

Wir hatten das Boot mit einem Rudergänger und drei Matrosen angeheuert, doch als wir das offene Meer erreichten, sah ich auf dem Achterdeck dicht gedrängt einen Indonesier neben dem anderen liegen, alles Männer, und auch auf den Holzbänken des Gemeinschaftsraumes lagen sie lang ausgestreckt. »Unsere Matrosen«, wurde uns bedeutet, beim Zählen der »Besatzung« kam ich auf siebenundzwanzig. Dichte Rauchschwaden der allgegenwärtigen Zigaretten waberten durch den Raum mit den langen Bänken. Der indonesische Tabak, gewürzt mit Nelken, schien mir bedeutend mehr Qualm zu machen als die Zigarettenmarken anderer Länder, er brannte auch viel schneller als eine Tabaksorte aus Virginia beispielsweise, was sicherlich in der Absicht der Zigarettenfabrikanten von Djakarta lag, weil schnell-brennender Tobak ja auch genauso schnell immer neue Schachteln an den Kettenraucher bringt.

Durch den Qualm sah ich Lawrence Blair aus dem Ruderhaus zum Deck hochsteigen. Lawrence ist Engländer, Anthropologe von Beruf, und gemeinsam mit seinem Bruder Lorne lebt er auf Bali. Die Brüder Blair haben sich auf der ganzen Welt mit dokumentarischen Büchern und mit Filmen zu den unterschiedlichsten Themen einen Namen gemacht. Ihr bekanntestes Werk trägt den Titel *Ring of Fire* und dreht sich um die immer wieder ausbrechenden, Schrecken verbreitenden Vulkane des indonesischen Archipels.

Hardy hatte Lawrence für einen seiner *Weltenbummler*-Filme engagiert, der auf den Inseln Komodo und Sulawesi spielt, und da Lawrence diese Region wie seine Westentasche kennt, hatte ihm die Produktion auch das Buchen von Hotels und unserer Transportmittel übertragen. Das Ausbleiben der Charter-Hochseeyacht brachte Lawrence in Verlegenheit, denn jede Abweichung vom Drehplan hat einen Dominoeffekt zur Folge, und so kam es, dass Lawrence Blair schneller atmete, als er die *Komodo Express* im Hafen liegen sah. Der Eigner, der Chinese, war nur allzu schnell bereit, die Fahrt zu über-nehmen, und ob Lawrence die Anwesenheit weiterer siebenund-zwanzig nichtzahlender Gäste ahnen konnte, wurde er aus Höflichkeit niemals gefragt.

Lawrence spricht die Sprache dieser Inseln, weshalb ich ihn bat, den Eigner-Rudergänger nach der Lokalität einer Toilette zu befragen. Der Chinese nickte, ging vor uns her und stieß eine Tür auf, die nur noch an ihrer unteren Angel hing. Die »Toilette« war ein dreckiges Ölfass, in dem eine trübe Flüssigkeit schwappte. Der obere Rand des Fasses reichte bis zu meiner Hüfte. »Oh«, sagte ich. Und meine innere Stimme sagte: »Hmmmm …«

Auf meine Frage, wann wir wohl in Komodo sein würden, bekam ich als Antwort nur ein Achselzucken, was offenbar bedeuten sollte: Wenn wir da sind, sind wir da.

Der Seelenverkäufer tuckerte durch dunkle Wellen. Der Karte nach mussten wir an der einen oder anderen Insel vorüberkommen. Doch auf keiner von ihnen sahen wir ein Licht. Ich nahm an, die hohe Luftfeuchtigkeit, gemeinsam mit einer Temperatur von 34° C, sei daran Schuld, denn ein schwerer, warmer Nebel lag auf dem Meer. Dieses Dampfbad deckte alles zu, was wir hätten sehen können, und so sahen wir denn auch keinen einzigen Stern, nicht den kleinsten Schimmer eines Mondes und eben auch kein Licht, das von einem Haus auf einer Insel kam.

Die Männer unseres Teams hatten sich inmitten der indonesischen »Matrosen« auf den schmalen Holzbänken niedergelassen, und weil die Luft da drinnen muffig war, stiegen Hardy und ich nach oben in die Nacht hinaus. Das Dach des Ruderhauses schien uns den Umständen entsprechend der beste Platz zu sein, doch mit den »Umständen« sollte es noch toller kommen. Dem Produktionsleiter im Hamburger Büro war aufgetragen worden, zusammen mit der Filmausrüstung auch Schlafsäcke auf den Weg zu bringen – Hardy hatte sie angefordert, denn wer in entfernteste Regionen reist, macht sich auf ungewöhnliche Unterkünfte gefasst. Als wir jetzt unsere Taschen auf das Dach des Ruderhauses hievten, sorgfältig darauf bedacht, auf dem mit tropischem Tau bedeckten Dach nicht auszurutschen, fragte ich mich, was das wohl für Schlafsäcke sein könnten, die so gut wie gar nichts wogen und im fest verschnürten Bündel auch nicht so dick waren, wie es Schlafsäcke sonst doch immer sind. Das Rätsel löste sich von selbst, als zwei lange, rechteckige Baumwoll-Laken aus der Verschnürung kamen, die an drei Seiten zu einer Röhre zusammengenäht waren und am offenen Ende ein kurzes Kopfteil hatten. Bei der ersten Berührung mit dem Dach des Ruderhauses saugte der dünne Baumwollstoff die tropische Feuchtigkeit der Nacht in sich auf – eins, zwei, drei, als wäre er ein Schwamm! Die Erklärung dazu hörten wir, auf Hardys ungeduldiges Befragen, von unserem Techniker an der Kamera: Der Produktionsleiter im Hamburger Büro hatte die Behauptung aufgestellt, ein normaler Schlafsack sei für die Tropen ungeeignet, so was sei doch viel zu warm! Ein normales Laken, hatte er gemeint, das sei es, was der Mensch in Indonesiens Nächten brauche! Dieser Unsinn kam von einem, der am Schreibtisch sitzt. Eine Nacht unter freiem Himmel, weder in einer warmen Nacht noch in einer kalten, hatte der Mann ganz sicher niemals zugebracht.

Seufzend schoben wir die nassen Laken von uns fort und dachten an unseren wunderbaren Doppelschlafsack, damals, unter den Giganten im Sequoia National Park. Besonders ein australischer *swag* wäre uns jetzt lieb gewesen, so ein Schlafsack aus Segeltuch, hart zwar, steif im Stoff, doch wasserdicht. *Down under*, bei den Felsen der Bungle Bungles hatte uns so ein Swag stets warm gehalten.

Ich holte eine Khakihose, ein Hemd und ein paar dicke Socken aus Hardys Seesack und zog alles über die Kleidung, die ich trug, und seine Socken streifte ich über meine Leinenschuhe. Dann zogen wir die klammen Laken über uns, in der Hoffnung, sie würden den ersten Schutz vor den feinen Tropfen abgeben, mit denen die Luft angefüllt war. Vor uns lagen am nächsten Tag lange Stunden Dreharbeit, also war es wichtig, möglichst bald einzuschlafen, doch der Schmerz in meinem Bein wurde schlimmer, und noch dazu sah ich im Lichtstrahl des einzigen Scheinwerfers immer wieder dicke Baumstämme am Bug vorübergleiten, und die Angst vor einem Leck in der Bordwand ließ den ersehnten Schlaf nicht kommen. Auf dem Achterdeck lag kieloben ein Beiboot, das wohl auch als Rettungsboot gedacht war. Ein einziges Rettungsboot! Und das sah noch dazu nicht vertrauenerweckend aus. Außerdem: Hatten die siebenundzwanzig indonesischen »Matrosen« schon mal von dem ungeschriebenen Gesetz *Ladies first* gehört?

»Du schläfst nicht«, hörte ich meinen Mann sagen, »dein Atem klingt, als würdest du dir Sorgen machen.« Wir setzten uns auf und starrten in ein Panorama gleichbleibender Finsternis, das nur von dem weißen Finger des Suchscheinwerfers durchschnitten wurde. »Morgen Nacht werden wir ein Bett haben«, sagte Hardy, »auf Komodo gibt es ein Buschhotel.« Das war schon mal eine gute Nachricht, und als Nächstes wollte mein Mann wissen, welche Art von Mahlzeit ich morgen zaubern würde, für den Fall, dass die Küche in dem Dorf da vorn, am Ende dieser Nacht, vor Schmutz starren würde. Ich wusste, dass er mit dieser Frage bezweckte, mich auf andere Gedanken zu bringen, was ihm auch gelang, denn damit waren wir bei unserem Lieblingsthema für schlaflose Nächte angelangt, und ich erzählte ihm freudig von dem großen Pappkarton, den ich an Bord hatte bringen lassen. Im letzten Hafen war es mir gelungen, Konserven der verschiedensten Art aufzutreiben, ebenso wie Brot, Butter und Käse in tropensicheren Dosen, dazu noch Kekse, Früchte, Wasser und auch etwas Wein. Hardy meinte, das würde reichen, denn er hatte nur einen Drehtag für die Insel eingeplant, und nach einer Übernachtung in dem Buschhotel würden wir diesen *Komodo Express* schon im ersten Licht des Tages wieder ablegen lassen, denn auf hoher See war ein Rendezvous mit der *World Discoverer* verabredet und die würde uns nach Sulawesi bringen. Ich wusste davon schon seit Beginn der Reise und freute mich auf die *Discoverer*, auf das Schwesterschiff der *Explorer*, mit der wir in der Antarktis gewesen waren, freute mich auf das Ausbooten mit den Zodiacs vor der Küste von Torajaland und hoffte, dass es auf Sulawesi ein Restaurant gab, in dem wir endlich einmal auf eine *rijstafel* stoßen würden. Während der ganzen Reise durch diesen Archipel hatte jeder Koch, jede Kellnerin auf unsere Frage nach einer Indonesischen Reistafel nur den Kopf geschüttelt, und allmählich war ich davon überzeugt, dass so eine Reistafel nichts als eine Fata Morgana der Holländer sein müsse. Als die nämlich im 17. Jahrhundert Bali und andere Inseln unter den Vulkanen zu ihrer Kolonie erklärten, müssen ihnen ein paar kleine Schälchen mit Delikatessen, neben Reis, gut gefallen haben, und weil die Seefahrer und Soldaten noch mehr Schälchen und immer mehr dazu stellen ließen, so lange, bis der ganze Tisch voller exotischer Leckerbissen war, haben sie das Festessen wohl mit dem simplen holländischen Wort »Rijstafel« bedacht, doch die Insulaner selbst hielten nicht viel davon. So dachte ich mir das jedenfalls zurecht, und seit wir vor Jahren einmal in Amsterdam an einem

bitterkalten Weihnachtstag diese Vielzahl unterschiedlicher Delikatessen gekostet hatten, ist eine Indonesische Reistafel bei uns daheim
vom Ersten Weihnachtstag nicht wegzudenken. Es war in einem
kleinen indonesischen Restaurant gewesen, mit Bambus dekoriert, mit
Batikstoffen an den Wänden, und was wir dort an Köstlichkeiten, exotisch gewürzt, vorgesetzt bekamen, an Eiern, Geflügel, Fleisch und
Fisch, habe ich zu Hause nachgekocht, und keiner unserer Gäste hat
je die traditionelle Weihnachtsgans vermisst.

Morgens gegen zwei wich die schwüle Wärme auf dem Dach der
hölzernen Fähre einer feuchten Kühle, an Schlaf war nicht zu denken,
und so schwelgten wir weiter in unseren Beschreibungen von Garnelen mit rotem Chili, von geschnetzeltem Schweinefleisch in süßer
Sojasauce mariniert, sprachen von Huhn mit Knoblauch, Kumin und
Limettensaft gewürzt, grillten im Geiste alles über einem Bett aus
Holzkohle und gaben gehackte Erdnüsse dazu, ebenso wie Chutney
aus Mango oder frischen Pflaumen.

Indonesische Reistafel auf Skyland Oaks

Fröstelnd spürte ich den kühlen Fahrtwind des *Komodo Express* in meinem Rücken, und weil mir wegen der Schilderung aller Köstlichkeiten der Magen zu knurren begann, wollte ich das Thema wechseln und bot Hardy an, ihm das schöne Lied *Yellow Rose of Texas* pfeifend zu Gehör zu bringen. Mein Angebot stieß nicht gerade auf enthusiastischen Zuspruch, was daran lag, dass ich nicht pfeifen kann. Ich bin zwar sonst durchaus musikalisch, aber wenn ich pfeife, treffe ich so gut wie nie den richtigen Ton. Auf Antwort wartend, sah ich Hardy an.

»O Luv…«, war alles, was er grinsend sagte. Mein Mann nennt mich nie bei meinem richtigen Namen, wenn er aber einmal nicht umhin kommt, die drei Silben Anita zu formulieren, weil er mit einer anderen Person über mich spricht, hört sich das an, als würde er den Namen eines Sterns nennen, der sich Lichtjahre entfernt im All befindet. »Oder…«, schlug ich zur Auswahl vor, »… wär' es dir lieber, wenn ich dich mit der *Brücke am Kwai* bei guter Laune hielte?«

Die Erwähnung einer berühmten, von Männern laut gepfiffenen Filmmusik ließ mich an eine Szene aus meiner Kindheit denken. Ich sah meine beiden Brüder wieder vor mir, wir saßen auf dem Rücksitz eines roten Ford, zwischen uns lag unser Dalmatiner Clancy ausgestreckt, um uns herum stapelten sich Kissen, und unsere Eltern nahmen die vordere Bank im Auto ein. Der Film lief auf riesigen Leinwänden vor uns ab und in die Wagenfenster wurden kleine Kisten gehängt, aus denen der Ton des Films ins Auto kam. Wir sahen uns *Die Brücke am Kwai* in einem Autokino an. Diese Lichtspiele im Freien scheinen im Aussterben begriffen, was ich sehr bedauere, denn so ein *Drive In Cinema* ist stets ein großer Spaß gewesen. Wir Kinder bekamen Erlaubnis, alles mit ins Auto zu nehmen, was wir wollten, Spielzeug, Popcorn, Limonade, alles. Es gab Familien, die ein regelrechtes Picknick im Kofferraum des Wagens mitgebracht hatten, das sie dann vor Beginn des Films verspeisten. Wer wollte, konnte sogar im Schlafanzug zum Kino fahren, und so lange die Vorführung noch nicht begonnen hatte, spielten Kinder zwischen den Autos ihre Spiele, und Teenager mit Führerschein hatten während des Films ausreichend Zeit für Unterhaltungen ganz anderer Art.

Die Brücke am Kwai war ein Sensationserfolg, alle meine Freunde pfiffen dieses Soldatenlied, bis zum heutigen Tag amüsiere ich Hardy mit meinem Pfeifen, das Ton für Ton daneben liegt, und auch in der Nacht auf dem Dach des *Komodo Express* pfiff ich das Lied von der Brücke, jedenfalls so lange, bis Hardy sich den Bauch vor Lachen hielt und mich anflehte, damit aufzuhören. »Hast du deine Mundharmonika nicht dabei?«, wollte er wissen. Nein, hatte ich nicht. Meine Künste auf diesem Instrument waren für unsere Stunden am Lagerfeuer im wilden Westen reserviert, ich hatte mir mein limitiertes Repertoire vermittels eines Buches einstudiert, das den Titel hatte: *Bring dir selbst das Spielen bei.*

Gegen vier Uhr morgens waren wir klatschnass und zitterten vor Kälte. Auch wenn die Kajüte unter uns muffig war und die Luft darin zum Zerschneiden nach Zigaretten stank, so sagten wir uns, dass es doch ratsam schien, sich einen geschützteren Platz zu suchen.

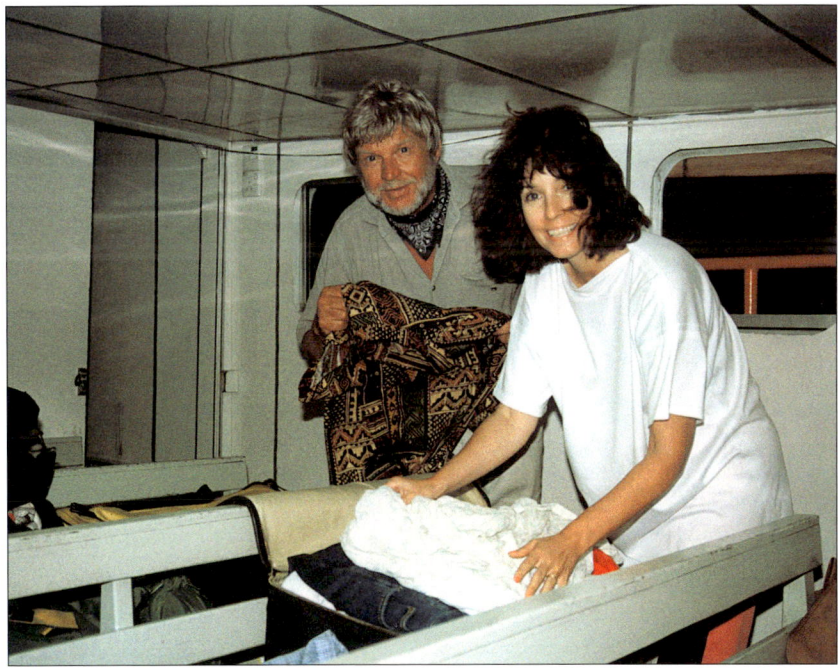

Bettenmachen, an Bord des Komodo Express

Unter Deck lagen schlafende Männer auf jedem Zentimeter Holzbank oder Boden. Es wurde geschnarcht und gegrunzt, und ich suchte in meinem Necessaire nach Watte für die Ohren. Der Eigner-Rudergänger rüttelte zwei seiner siebenundzwanzig »Matrosen« wach und lud uns mit einer Geste ein, auf den beiden freigewordenen Bänken unser Bett zu machen. Ich schob die Kameratasche als Kissen unter meinen Kopf. Als ich Hardy auf seiner Bank neben mir einen Gutenachtkuss geben wollte, war er bereits eingeschlafen. Ich sagte mir: »Wenigstens ist es hier drinnen warm. Praktiziere Dankbarkeit dafür. Und es ist wohl besser, du schläfst ganz schnell ein. In ein paar Stunden beginnt ein neuer Tag. In ein paar Stunden gehst du Drachen suchen.«

Eine blass aufgehende Sonne brachte Licht durch die kleinen Fenster der Kabine. Der *Komodo Express* lag hundert Meter vom Strand entfernt vor Anker. In Shorts und Batikhemd gekleidet, um den Kopf einen langen bunten Schal gewickelt, stand Lawrence auf dem Vordeck. Mit dem Ruf: »Das Meer ist meine Badewanne!«, sprang er voll bekleidet über Bord. Niemand tat es ihm nach. Ich fragte mich, wie ich denn bloß den Tag beginnen sollte, ich war die einzige Frau an Bord, saß auf meiner Bank, sah zu, wie die Männer unseres Teams an Deck stiegen, zurückkehrten und ihre Sachen packten. Als ich selbst ein wenig früher an Deck gestiegen war, hatte ich mitansehen müssen, wie sich aus jedem Winkel des Schiffs ein Wasserstrahl ins Meer ergoss. Während ich noch über meine Lage nachdachte, kam Hardy mit dem Rettungsboot vom Ufer her zurück. Er gab Anweisungen für die Kamera, mit ihm zusammen an Land zu gehen. Dann sah er zu mir her: »Luv«, rief er, »lass dir ruhig Zeit.« Sein Team brach in Gelächter aus. »Zeit lassen?«, wollte der Tonmann wissen. »Zeit wozu?« Ich nahm meine Tasche mit Seife, Zahnpasta, Kamm und Bürste, stieg zu Hardy in das Rettungsboot und beschloss, mir viel Zeit zu lassen, und zwar unter einer Dusche, im Bad des Buschhotels, im Dorf.

»Lass dir Zeit, Luv«, ist seither für uns ein Standardsatz, dem immer wieder Lachen folgt.

Als wir über das stille blaugrüne Meer glitten, sprangen uns die Funken des Sonnenlichts von der Wasserfläche in die Augen, und ich suchte gespannt das Ufer nach den Drachen ab, die auf diesen Inseln – und *nur* auf diesen Inseln – lebten.

Der Strand war sandig. Treibholz lag überall herum. Linker Hand schob sich eine Bucht ins Land. Dahinter stiegen hellbraune Hügel auf. Am Strand stand ein Pfahlhaus, strohgedeckt, mit einem rohgezimmerten Boot davor. Zwei Frauen in farbenfrohen T-Shirts und Sarongs sammelten angeschwemmtes Holz vom Strand. Ein Stück weiter kreischten Kinder und bewarfen sich mit feinem Sand. Vor uns und ein Stück weit rechts wuchs kümmerliches Buschwerk, trocken, von der Sonne braun verbrannt. Mickerige Bäume hatten Staub auf den Blättern und sahen aus, als hätten sie ein ganzes Jahr schon keinen Regen mehr gesehen. Hardys Crew nahm die schweren Koffer mit der Filmausrüstung auf die Schultern und lief, sorgsam um sich blickend, auf einem schmalen Pfad dem Buschhotel entgegen. Auch ich, als Letzte in der Reihe, sah mich sorgsam um und fragte mich, wo sich denn auf Komodo diese Drachen versteckten, die sich ab und an einen Dorfbewohner schnappten und von denen es hieß, sie hätten auch schon Touristen aufgefressen.

Im Dorf, an schmutzigen Tischen, in einer Art von Kiosk vor dem Buschhotel, saßen Männer in verschwitzten T-Shirts und Khakihosen, die unsere kleine Gruppe von Ankömmlingen neugierig betrachteten. Sie tippten mit den Fingern einen Willkommensgruß an ihre ledernen Buschhüte, und als sie uns ein *G'day* entgegenriefen, wusste ich, dass es sich um Australier handelte. Die Männer waren am letzten Tag einer Studienreise angelangt, wie wir später hörten, ihr Interesse hatte dem *varanus komodoensis* gegolten, und nun warteten sie auf ihr Boot für den Weg nach Hause. Die Aussies waren also Wissenschaftler und die Erwähnung des lateinischen Namens der Objekte ihrer Studien ließ uns fragen, ob es denn noch immer Drachen auf der Insel gäbe, und wo wir nach ihnen suchen sollten. Die Männer lachten. »Keine Sorge«, sagten sie, »ihr werdet, auch ohne lange Sucherei, früher auf diese *dragons* stoßen, als euch lieb sein kann.«

Hinter den Aussies, neben dem Eingang zu unserer Herberge für die Nacht, sah ich zwei Türen mit Zeichen, die mir ganz nach Ladies und Gents aussahen, und als ich darauf zuging, wurden mir von den verschwitzten Wissenschaftlern Warnungen hinterhergerufen: »An Ihrer Stelle ging' ich da nicht rein – Sie werden auf 'ne Menge Skorpione treffen – Und Licht da drinnen gibt es nicht – Wenn Sie die Skorpione nicht sehen sollten, bevor die Ihrer habhaft werden, dürfte Ihnen das kaum gefallen – Suchen Sie sich lieber ein Örtchen da draußen im Gebüsch.« Dieser letzte aller Vorschläge schien mir kein guter Rat zu sein, denn die lachende Bemerkung der Australier von ein paar Minuten zuvor, ich würde früher auf diese Dragons stoßen, als mir lieb sein könne, war eine Aussage, die gegen die andere stand. Was ich über diese Riesenechsen gelesen hatte, war mehr als furchterregend. Nicht nur, dass sie Menschen fraßen, sie sollen, so stand es in den Büchern, auch todbringende Bakterien auf den Zähnen haben. Ein Biss genügt – und ein Tourist kehrt in einer Holzkiste nach Haus zurück. Auf dreien dieser Inseln in dem Archipel soll es die riesigen Warane geben, und um mich aufzuheitern, stellte ich mir die Frage, ob Mr. Noah möglicherweise diese widerwärtigen Kreaturen von Bord gejagt hatte, weil sie ihm auf seiner Arche zu gefährlich wurden. Noch überlegend, was zu tun sei, hörte ich Hardy sagen, nach allem, was er soeben erfahren habe, seien die Zimmer in dem Hotel auch nicht gerade empfehlenswert, ein Satz, der abermals ein röhrendes Lachen der Wissenschaftler zur Folge hatte. »Nicht empfehlenswert?«, brüllte einer und ein anderer schlug vor: »Schlaft lieber auf eurem Boot da unten! Ratten in einer Größe, wie ihr sie noch nie gesehen habt, rennen ungestört in dem Hotel rum! Rennen durch die Zimmer! Schlangen in der Farbe von trockenem Gras rollen sich im Kleiderschrank zusammen und die Skorpione aus den Toiletten könnt ihr morgens in euren Stiefeln wiederfinden.«

Bevor die Australier uns noch erzählen würden, die *varani komodoenses* hätten die Gewohnheit, des Nachts die Türen der Gästezimmer einzutreten, sah Hardy sich in dem Hotel um und sagte danach zu mir und zu seinen Leuten, er sei dafür, am Abend, nach den Dreh-

arbeiten, zu den harten Bänken unseres schwimmenden Motels zurückzukehren, und für das Aufspüren der Riesenechsen habe er einen
Park Ranger angeheuert. Dieser Wildhüter, sagte er, würde vermutlich
nach den Uhren Indonesiens leben, die bekanntlich langsam gingen,
und wir sollten während des Wartens unsere Gerätschaften schussbereit machen. Ich holte meine Mag Lite aus der Tasche und ging den
Skorpionen entgegen, von denen ich seit unseren Safaris wusste, dass
sie sich vor mir auf die gleiche Weise fürchteten, wie ich mich vor ihnen.

Der *ladies room* war fensterlos. Sein Gestank erregte meinen Ekel.
Aus dem Hahn tropfte braunes Wasser. Das schmutzige Becken war
verrostet. Durch den Schein meiner Lampe huschte eine Maus.
Schwarze Ameisen, die ich unter dem Namen *carpeter ants* kannte,
zogen in langer Reihe über einen Boden aus feuchtem Lehm. Skorpione waren nirgendwo zu sehen. Und *baby dragons* gab es nicht. Mit
anderen Worten: Ich überlebte die nächsten Minuten, wie ich zuvor an
primitiven Orten schon vieles überlebt hatte. Das unsagbare Glück, die
Welt bereisen zu dürfen, geht nicht immer einher mit dem schönen
Leben, das wir im Hotel Peninsula von Hongkong genießen, wo ein
weiß livrierter Diener wohlduftende Seifenstücke zur Tür des Appartements bringt und eine bezaubernde kleine Chinesin fragt, ob wir zum
Tee Earl Grey bevorzugen, Darjeeling oder gar Irish Breakfast Sup-
reme. Schon vor Jahren habe ich gelernt, unser Leben der harschen
Unterschiede, unsere Reisen durch Licht und Schatten, dankbar hin-
zunehmen. *Take the good with the bad*, so lautete eine Redensart aus
meiner Kindheit, und ich nehme gern das Gute mit dem Schlechten,
denn zu Hause bleiben, in einem voraussehbaren Leben, zwar auch
nicht immer sicher, aber vorhersehbar – das liegt mir nicht.

Der Park Ranger war ein kleiner, dürrer Mann mit brauner Haut
und Augen, die dicht beieinander standen. Seine Begrüßung fiel sehr
schüchtern aus. Verwundert sah ich mir seine Kleidung an: Baumwoll-
hose, gelbbraun, ein kurzärmeliges Hemd von gleicher Farbe und nackte Füße, die in Gummisandalen steckten. In der Hand hielt er einen
langen Stab, wie von einem trockenen Baum geschnitten. Ich wandte
mich zu Hardy um. »Er hat nicht einmal richtiges Schuhwerk an«, sagte

ich, »und das auf einer Insel, die von Schlangen wimmeln soll. Außerdem trägt er keine Waffe.« Ein Park Ranger in Afrika, der eine Gruppe Menschen in das Gebiet von wilden Tieren führt, hat immer ein Gewehr dabei, in Kalifornien ist das auch nicht anders, und ich fragte mich, wie dieser Indonesier uns mit nichts als einem Wanderstab vor dem Angriff einer Riesenechse schützen wolle.

Jedes Mal, wenn der Mann auf dem Weg durch trockenes Gras den Stecken aufsetzte, wirbelte er eine Wolke Staub vom Boden auf. Wir folgten dem Mann im Gänsemarsch über einen ausgetretenen Pfad. Ich spürte die Schritte meines Mannes hinter meinen Schritten. Er ging als Letzter in der Gruppe. Das Buschwerk links und rechts war spärlich. Meine Augen suchten ständig das Gebüsch nach einem dieser Drachen ab. Als hätte ich es geahnt, hörte ich Hardy plötzlich flüstern: »Bleib bitte ruhig. Wir haben einen hinter uns.« Langsam, wie in Zeitlupe, drehte ich mich um. Ein Komodo-Drache lief erschreckend nahe hinter uns her. Von der Schnauze bis zum Schwanz war er mit harten, schrundigen, blassbraunen Schuppen bedeckt. Von der Schnauze bis zum Schwanz muss er an die vier Meter lang gewesen sein, von der Schnauze bis zum Schwanz sah er vorsintflutlich

Komodo-Drache

furchterregend aus, und über kleinen, starrenden Augen öffneten und schlossen sich lederig dicke Lider. Eine schwarze Zunge, wie ich sie nur von Schlangen kannte, schoss dünn, lang, eilig suchend aus dem Maul hervor und verschwand ebenso blitzschnell wieder hinter spitzen, gezackten Zähnen. Ich sah nach vorn, zu dem Mann mit seinem Stecken. Er schien von der Gefahr am Ende seiner Gruppe nichts zu ahnen. Neben ihm lief Lawrence. Er redete in der Sprache der Insulaner auf ihn ein.

Wir beide, letzte in der langen Reihe, hatten nur kurz verharrt, gingen dann aber langsam und mit stockendem Atem weiter. Die widerwärtige Kreatur folgte uns im Tempo unserer Schritte auf ihren breiten Klauenfüßen, ohne uns aus dem Blick zu lassen. Der Schwanz des Drachens schlug, als wäre das Tier wütend, von einer Seite zur anderen und wieder zurück durch den Staub des Pfades. Ich wandte mich an den Mann, der versprochen hatte, mich zu lieben und zu beschützen, und fragte ihn, ob wir uns nicht unnötig in Gefahr begeben hätten. »Doch, haben wir«, nickte er. Und sagte noch: »Allerdings … im Moment gibt es kein Zurück.«

Wir gingen weiter, der Morgen schien mir kein Ende zu nehmen, und als Hardy einen trockenen Ast von einem Busch abbrach und ich mir sagte, jetzt will er es wohl dem Ranger nachmachen, stand Gerd Wange unverhofft neben ihm. Er muss der Einzige da vorn gewesen sein, der sichernd auch einmal nach hinten sah. Kaum waren wir stehen geblieben, machte auch der Drache keine Bewegung mehr. Gerd nahm die Kamera auf die Schulter und begann das Biest zu filmen. So gut es ging, schoss ich ein paar Fotos, doch ich war so angespannt, dass ich die Hände ausschütteln musste, um meine Finger zu lockern, weil es mir sonst nicht gelungen wäre, Verschluss und F-Stop einzustellen. Bei der siebenten oder achten Belichtung verschwand das Reptil aus meinem Sucher. Ich sah auf und erlebte die beste Minute dieses Tages: Der Drache drehte uns den Rücken zu und stapfte in das ausgetrocknete Bett eines Baches hinein.

Endlich wieder einmal lachend, liefen wir unseren Kumpanen hinterher. Wir folgten dem Ranger durch ein kleines Tal, zu dessen

beiden Seiten sich Hügel aus hellbraunem, trockenem und stein-
hartem Lehm erhoben. Der Indonesier deutete mit seinem Stecken auf
breite Löcher in dem Lehm und machte ein paar Schritte auf Aushöhlungen zu, die unter dem Gebüsch zu sehen waren. »Drachenhöhlen«, gab er zu verstehen. Ich starrte zu den Aushöhlungen hin, hielt
auch die Kamera schussbereit in meiner Hand, fühlte mich aber kaum
mehr in der Lage, weiter dem Weg an den Vorgärten dieses Komodo-
Drachen-Viertels vorüber zu folgen, und während ich noch überlegte,
ob die Biester vielleicht Siesta hielten und sich glücklicherweise aus
diesem Grund nicht sehen ließen, lief der Ranger auf seinen Gummi-
latschen einen kleinen Hügel hoch, der mich an einen erloschenen
Vulkan erinnerte. Vom oberen Rand des Kraters bot sich uns ein Blick
in das Innere hinunter, das, wie alles andere in dieser Landschaft auch,
mit verdorrtem Gras bewachsen und von spärlich belaubten Bäumen
umsäumt war. Die Hitze ließ einen modrigen, muffigen Geruch vom
Krater aus zu uns nach oben steigen. Ein wenig schien meine Phantasie mit mir durchzugehen, denn nicht nur war der Drache hinter uns
mir prähistorisch vorgekommen, alles um uns herum wurde jetzt auf
die gleiche Weise zu einer prähistorischen Szene, und so verwunderte
es mich nicht einmal mehr, als ich zwei weitere dieser abstoßenden
Kreaturen, vom sicheren Kraterrand aus, unter mir entdeckte. Die
Biester schleppten sich auf ihren bedrohlich anmutenden Klauen, mit
langen Zungen blitzschnell tastend, durch Staub, tote Blätter, trockene Büsche und sahen nicht zu uns nach oben auf. Die Männer filmten,
ich machte meine Bilder und ließ den Zoom meiner Kamera zu einem
Drachen eilen, der so mager war, dass ihm die Rippen unter dem ge-
schuppten Leib hervortraten. Der Indonesier sagte, dass dies Tier wohl
krank sein müsse, und dann erzählte er, dass so ein Waran in der Lage
sei, mit einem einzigen »Schwapp« eine ganze Ziege zu verschlingen,
denn seine Kiefergelenke seien so aufgehängt, dass ihm das Aufreißen
des Rachens bis zur Größe einer Ziege möglich sei. Die armselige
Henne auf dem Boot kam mir bei dem Gedanken in den Sinn – dass
sie sich in einem Drachenrachen ausnehmen würde, als sei sie ein
potato chip. Die Prähistorier unter uns stapften rastlos bei den Büschen

umher, und mit einem Blick zum Kamerateam sah ich, dass wir ungewöhnliche Bilder mit nach Hause bringen würden. Jeder Zoologe, sagte
ich mir, würde sich glücklich schätzen, bekäme er die Gelegenheit, zum
einzigen Archipel der Welt zu reisen, auf dem Warane noch zu sehen
sind, ich aber hatte beim Anblick dieser hässlichsten und bedrohlichsten aller Tiere, die ich je zu Gesicht bekommen hatte, nur den einen
Wunsch: wieder auf dem gestern noch verfluchten *Komodo Express* zu
sein. Ich überlegte, ob unser Weg zurück wohl der gleiche sein würde
wie der, den wir gekommen waren, und als ich den Mann mit dem
Stecken danach fragte, bekam ich eine Antwort, die mir nicht gefiel.

Wachsam um uns spähend, in einer langen Reihe auf dem Weg
zurück zum Strand, stapften wir ein letztes Mal durch das Tal der
Drachenhöhlen. Von einem der Löcher aus starrte uns eines dieser
Biester entgegen, kam ein Stück herausgekrochen und verharrte dann.
Glücklicherweise war es ein kleineres Exemplar, sicher noch sehr jung,
unsicher seiner selbst. Der Letzte in der Reihe war wieder mal mein
Mann, und als er sah, dass ich von dem Biest kein Foto machte, sah er
mich fragend an. Mit dem gleichen Ausdruck in den Augen hatte er
mich schon einmal angesehen, auf einer China-Reise, in der Provinz
Cheng Du. Wir waren durch eine uralte Stadt mit beeindruckenden
Holzbauten gelaufen, ich hatte Fotos von einer schönen Brücke aus
Naturstein gemacht, und als wir in eine enge Gasse einbogen, wurden
im Erdgeschoss eines Hauses Fensterläden aufgestoßen. In dem
schmuddelig wirkenden Zimmer saß eine Frau, aus deren Augen uns
blankes Entsetzen entgegensprang. Die Frau kauerte auf einem Stuhl,
und ein Mann stand über sie gebeugt. Der Mann steckte eine schwarz-
metallene Zange in den Mund der Frau, und mit einer raschen, ruck-
artigen Bewegung brach er einen Zahn aus dem Unterkiefer der
Patientin heraus. Die Frau gab keinen Laut von sich. Ich stand wie ver-
steinert vor dem Fenster. Der Zahnarzt schloss die Läden so abrupt,
wie er sie geöffnet hatte. Hardy nahm seinen Blick von der Kamera,
die am breiten Riemen von meiner Schulter hing, und sah mich fragend an. Sein Gedanke, unausgesprochen, muss gewesen sein: »Warum
hast du eine Szene, einzig in ihrer Art, dir wohl entgehen lassen?«

Ich dachte bei mir: Keinem Fremden sollte das Recht zugestanden werden, das Entsetzen im Gesicht eines verzweifelten Menschen zu fotografieren, vor allem aber keinem Durchreisenden vom anderen Ende unserer Welt.

»Falls du jetzt denkst, dass mich *Newsweek* als Sensationsreporterin niemals nehmen wird«, sagte ich zu den fragenden Augen neben mir, »dann hast du sicher Recht.« Hardy schüttelte den Kopf und ging lachend weiter. »Ich werde wohl eher bei der Herald Tribune landen«, sagte ich und ging hinter ihm her, »die sollen noch jemanden für die Kolumne *Essen und Trinken* suchen.«

Wolken warfen dunkle Schatten über die braungrauen, kahlen Hügel der Insel hinter uns. Bald würde die orangerot glühende Sonne in dem dunklen Blau des Indischen Ozeans versinken. Ich saß zwischen den Männern, die das Rettungsboot ruderten, und stellte mir vor, wie die Komodo-Drachen jetzt, vor Einbruch der Dunkelheit, zu ihren Höhlen krochen. Wir waren wieder einmal davongekommen, sagte ich mir, keinem von uns haben die Prähistorier Schaden zugefügt.

Nelkengewürz, zum Trocknen ausgelegt

Als wir das Beiboot am Heck des *Komodo Express* festmachten, schwebten Federn auf uns hernieder. Ich sah zum Himmel auf, nach den Vögeln suchend, die über uns hinwegzufliegen schienen. Doch es gab keine Vögel über uns. Was es gab, war eine Schnur, die schlaff von der Reling hing. Die kleine Henne gackerte nicht mehr, versuchte nicht mehr freizukommen, und an Deck lagen Federn, die der Wind noch nicht davongeweht hatte.

Erschöpft von der Arbeit und einem langen Tag schleppten wir unsere schweren Metallkoffer am Ruderhaus vorüber. Wir mussten dabei über eine Gruppe von »Matrosen« steigen, die unter lautem Plappern Karten spielten. Von den Ohren der Männer hingen Wäscheklammern, altmodische, hölzerne, wie man sie anderen Ortes kaum noch sieht. Nelkenrauch paffend, lautstark fluchend, flogen beim Ablegen der Karten vier oder fünf der hölzernen Dinger auf den Boden, mitten hinein in die Runde, ein anderer Spieler aber klemmte sich glücklich grinsend zwei Wäscheklammern an sein Ohrläppchen. Was da gespielt wurde, musste ein indonesischer Poker sein, und der Einsatz waren Wäscheklammern.

Opfergaben bei einer Hochzeit

Das Ruderhaus diente dem chinesischen Eigner-Rudergänger-Koch auch als Kombüse. Unweit der Spieler stand er vor dampfenden Töpfen. In dem einen Topf kochte Reis, im zweiten schien Gemüse und etwas Fleisch zu sein. Ohne seine Zigarette aus dem Mundwinkel zu nehmen, zeigte die schwielige Hand des Mannes lächelnd zu dem Stück Schnur, das leblos draußen an der Reling hing. Mit einem Nicken gab ich zu verstehen, dass ich verstanden hatte. Als er eine Kelle Eintopf in eine Blechkumme füllte und mir entgegenhielt, lehnte ich lächelnd ab. Vielleicht hatte ich überschwenglich lächelnd abgelehnt und war wohl auch ein wenig zu schnell davongegangen, aber ich dachte nicht sehr lang darüber nach. In der Großraumkabine unter Deck stand unsere Kiste mit dem restlichen Proviant. Während wir Thunfisch aus der Dose aßen, mit etwas schimmelig gewordenem Brot, träumte ich vom Speisesaal der *Discoverer*, träumte von einer Dusche und frisch bezogenen Betten. Morgen … Ich war mir sicher, morgen wird ein wunderbarer Tag. Morgen werden wir weit draußen, auf offenem Meer, die *Discoverer* zum Rendezvous erwarten. Im frühen Licht des Tages werden wir, Feldstecher auf die Kimm gerichtet, dem winzig kleinen Punkt entgegensehen, der mit dem Höhersteigen der Sonne allmählich groß und immer größer wird, so groß, dass er schließlich das runde Bild der Ferngläser als jenes blau-weiße Expeditionsschiff füllt, das uns nach Sulawesi bringt.

Indonesische Reistafel

Die folgenden Rezepte sind für eine
Indonesische Reistafel gedacht, für die
ich indonesische, indische und thailändische Gerichte kombiniert habe.
Vielleicht sollten Sie den einen oder
anderen meiner Vorschläge weglassen
und dafür kleine Mengen Ihrer
eigenen Lieblingsgerichte der Reistafel
hinzugesellen.
Alle der folgenden Gerichte können Sie
nach Belieben zusammenstellen,
je nachdem, ob Sie und Ihre Gäste nun
lieber scharf, süß, sauer oder – beim
individuellen Zulangen – alle drei
Varianten wählen.
Wie viele der kleinen Köstlichkeiten
Sie zubereiten, hängt von der Zeit ab,
die Sie auf Ihre Kochkünste verwenden
wollen.
Ich habe Reistafeln mit mehr als
fünfundvierzig verschiedenen
Gerichten kosten dürfen, selber aber
habe ich es nie geschafft, mehr als
fünfzehn verschiedene Gemüse-,
Fleisch- und Fischgerichte mit den
dazu notwendigen Gewürzen der
unterschiedlichsten Art zuzubereiten.
Für das beste Ergebnis sollten Sie eine
Schüssel Reis vorbereiten, dem Sie in
kleinen Schalen Beilagen hinzugesellen, wie beispielsweise Mango-Chutney,
gehackte Erdnüsse, in Cognac getränk-
te Rosinen, geraspelte Kokosnuss, hart
gekochte Eier, eingelegte Gemüse,
Shrimpcrackers, Sambal und fein gehackte grüne Chilischoten.

Ein frischer Obstsalat mit Sorbet bildet
den idealen Abschluss einer Indonesischen Reistafel.

Gurkensalat

2 große Gurken ohne Kerne
2 Teelöffel grobkörniges Salz
1 Teelöffel Kurkuma
2 kleine Schalotten, fein gehackt
2 Knoblauchzehen, in feine Scheiben
geschnitten
2 Teelöffel Ingwer, gerieben
2 Teelöffel Zucker
75 ml Reisweinessig
3 Esslöffel Wasser
1/2 Teelöffel getrocknete rote Pfefferschoten, zerkleinert.
2 Esslöffel Olivenöl
Frisch gehackte Petersilie und fein
geschnittene Zitronenschale zum
Garnieren.

Gurken in feine Scheiben schneiden
und mit dem grobkörnigen Salz
bestreuen.
Zugedeckt mehrere Stunden in den
Kühlschrank stellen.
Anschließend die Gurken mit frischem
kaltem Wasser abspülen, abtropfen
lassen und diesen Vorgang mehrmals
wiederholen, um so viel Salz wie
möglich abzuwaschen.
Gut abtropfen lassen und in eine
Schüssel geben.
Etwas Öl in einer kleinen Pfanne erhitzen. Schalotten, rote Pfefferschoten,

Knoblauch, Kurkuma und Ingwer darin dünsten, bis die Schalotten gar und von goldbrauner Farbe sind.
Das Ganze zu den Gurken geben. Mit Olivenöl beträufeln, Reisweinessig und Wasser hinzugeben. Gut vermischen. Mit Zucker und Salz abschmecken. Mit Petersilie und Zitronenschale garnieren.
Ergibt 4 bis 6 Portionen.

Garnelen-Sambal

Dieses Gericht muss man einen Tag im Voraus zubereiten.

3 Esslöffel Erdnussöl
Cayenne oder roten Pfeffer, nach Geschmack
6 Esslöffel Erdnussbutter
1 große Zwiebel, gehackt
1 1/2 Teelöffel Salz
32 Garnelen mittlerer Größe, geschält und vom Darm befreit
1 1/2 Teelöffel Zucker
4 Esslöffel Wasser
Salz

Das Öl im Wok erhitzen. Roten Pfeffer, Erdnussbutter, Zwiebeln und Salz hinzufügen. Bei mittlerer Hitze zum Kochen bringen und die Garnelen, Zucker und Wasser hineingeben. Weiter köcheln lassen, bis die Garnelen eine rosa Farbe annehmen.
Mit Salz und Pfeffer abschmecken. Auf Zimmertemperatur abkühlen lassen. Fest verschließen und über

Nacht in den Kühlschrank stellen. Kalt servieren.
Ergibt 8 Portionen.

Rindfleisch Komodo

Dieses Gericht muss man einen Tag im Voraus zubereiten.

750 g Rinderfilet, quer zum Faserverlauf in dünne Streifen geschnitten
4 Esslöffel indonesische Sojasauce
1 Teelöffel brauner Zucker
1 Spritzer Chilisauce
2 Esslöffel Ingwer, gerieben
1 Esslöffel Reisweinessig
175 g ungesüßte geraspelte Kokosnuss
1/2 l Milch
2 mittelgroße Zwiebeln, gehackt
4 Knoblauchzehen, fein gehackt
125 ml leichtes Öl, z.B. Erdnussöl
1 Esslöffel Koriander, gemahlen
1/2 Teelöffel Kurkuma

Sojasauce, Zucker, Chilisauce, Ingwer und Essig in einer Schüssel vermischen und die Rindfleischstreifen darin marinieren. Über Nacht gut zugedeckt im Kühlschrank lassen.
Den Ofen auf 160°C vorheizen. Ein Backblech mit Backpapier auslegen und ca. 15 g geraspelte Kokosnuss darauf eineinhalb Minuten rösten (Vorsicht, die Flocken können leicht verbrennen).
Aus dem Ofen nehmen, abkühlen und über Nacht in einer Schüssel zugedeckt stehen lassen.

Die restliche geraspelte Kokosnuss in eine Schüssel geben, mit Milch übergießen, mit Frischhaltefolie fest verschließen und ebenfalls über Nacht stehen lassen. Am nächsten Tag diese Mischung durch ein Sieb gießen. Die zurückbleibenden Kokosnussflocken wegwerfen.

Zwiebeln und Knoblauch in einer großen Pfanne in heißem Öl dünsten, bis die Zwiebeln glasig sind. Koriander, Kurkuma und die geröstete Kokosnuss und Kokosnussmilch hinzufügen und gut vermischen. Bei niedriger Hitze köcheln lassen. In einer anderen Pfanne die Filetstreifen in wenig Öl kurz braten, bis sie braun sind.

Zur Kokosnussmischung geben. Ergibt 8 Portionen.

Sulawesi-Huhn mit Sate-Sauce

Für das Huhn:
4 Hähnchenbrüste ohne Haut
2 Teelöffel Ingwer, gemahlen
2 Knoblauchzehen, zerdrückt
1 Esslöffel indonesische Sojasauce
1 Esslöffel geriebene Zitronenschale
1 Esslöffel Weißwein
1 große Zwiebel, fein gehackt
2 Esslöffel Butter
2 Esslöffel Erdnussöl oder leichtes Pflanzenöl

Die Hähnchenbrüste quer zum Faserverlauf in dünne Streifen schneiden.

Knoblauch, Ingwer, Zitronenschale, Sojasauce und Wein in einer Schüssel vermischen, Hähnchenfleisch in die Marinade geben und im Kühlschrank 30 Minuten ziehen lassen. Unterdessen die Sate-Sauce zubereiten.

Für die Sate-Sauce:
Eine entsprechende Menge Erdnüsse für 8 Esslöffel Erdnussbutter mahlen. (Wahlweise fertige Erdnussbutter verwenden.)
300 ml Gemüsebrühe
2 Esslöffel indonesische Sojasauce
60 g brauner Zucker
3 Knoblauchzehen, zerdrückt
Cayennepfeffer (oder gemahlener roter Pfeffer) nach Geschmack
Frischer Koriander, fein geschnitten

Alle Zutaten in einen Topf geben und unter Rühren zum Kochen bringen. Vom Herd nehmen und mit dem Pürierstab glatt rühren. Zugedeckt beiseite stellen.

Wenn die Marinierzeit für das Hähnchenfleisch zu Ende ist, die Zwiebeln in Öl und Butter goldbraun dünsten. Fleisch zugeben und schmoren, bis es gar ist.

Sate-Sauce zugeben und weiterdünsten, bis die Sauce cremig geworden ist. Zugedeckt bei schwacher Hitze 3–4 Minuten weiter dünsten. Ergibt 8 Portionen.

Balinesischer Fisch

4 mittelgroße Flunderfilets
250 g Karotten, in feine Juliennestreifen geschnitten
250 g Stangensellerie Julienne
6 – 8 Frühlingszwiebeln. Die weißen
Teile der Länge nach in dünne Streifen
schneiden.
Die grünen Teile fein hacken und zum
Garnieren beiseite legen.
Stärkemehl
Pflanzenöl
1 große Tomate, enthäutet, von Kernen
befreit und fein geschnitten
1 Esslöffel Kräuteressig
1 Esslöffel Zucker
2 Teelöffel helle Sojasauce
1 Esslöffel Sesamöl
Salz und Pfeffer

Karotten, Sellerie und Frühlings-
zwiebeln in einer großen Pfanne in
etwas Pflanzenöl gar dünsten.
Herausnehmen und beiseite stellen.
Fisch in mundgerechte Stücke
schneiden.
Mit Salz und Pfeffer würzen.
Mit Stärkemehl bestäuben.
So viel Öl in die Pfanne gießen, dass
der Boden bedeckt ist, und erhitzen.
Sobald das Öl heiß ist, den Fisch hin-
eingeben und von allen Seiten gold-
braun braten. Vorsichtig wenden,
damit die Stücke nicht zerfallen.
Aus der Pfanne nehmen.
Essig, Zucker und Sojasauce in die
Pfanne geben und gut verrühren.

Einen Esslöffel Stärkemehl mit kaltem
Wasser verrühren und ebenfalls in die
Pfanne geben. Bei niedriger Hitze zu
einer dünnen Sauce verrühren.
Gemüse und Fisch hinzugeben.
Mit Sesamöl beträufeln und mit fein
geschnittenen Frühlingszwiebeln
garnieren. Salzen und pfeffern.
Ergibt 4 bis 5 Portionen.

Lombok-Krapfen

Dieses Gericht muss man einen Tag im
Voraus zubereiten.

375 g Mais aus der Dose
2 Eier, geschlagen
2 Schalotten, fein gehackt
2 Knoblauchzehen, zerdrückt
2 Esslöffel gelbe Paprikaschoten, fein
geschnitten
2 Esslöffel Erdnüsse, gemahlen
2 Esslöffel Petersilie, fein gehackt
1/4 Teelöffel Cayennepfeffer
1 Teelöffel Salz
1/2 Teelöffel Kurkuma
2 gehäufte Esslöffel Mehl
1 gehäufter Esslöffel Stärkemehl
Pflanzenöl

Alle Zutaten, außer dem Öl, miteinander vermischen.
Das Öl in einem Wok (oder einer
Pfanne) stark erhitzen.
Esslöffelweise die Maismischung
nacheinander in den Wok geben, und
zwar so, dass kleine Krapfen daraus
entstehen.

Diese Krapfen von allen Seiten anbräunen, auf Küchenpapier abtropfen und abkühlen lassen. Die Krapfen in Klarsichtfolie einpacken und mindestens 24 Stunden ruhen lassen.
Am nächsten Tag die Krapfen aus der Klarsichtfolie nehmen, locker mit Alufolie umschließen, und im Backofen bei 200° C etwa 15 Minuten anwärmen.
Ergibt 16 bis 18 kleine Krapfen.

Pflaumen-Chutney

8 frische Pflaumen, enthäutet und in kleine Stücke geschnitten
2 Esslöffel fruchtiges Olivenöl
2 rote Zwiebeln, fein gewürfelt
1 Esslöffel Ingwer, gehackt
2 kleine milde Chilischoten, klein geschnitten
2 Esslöffel brauner Zucker
125 ml Pflaumenschnaps
Salz und Pfeffer

Öl in einer kleinen Kasserolle erhitzen, Zwiebeln, Ingwer und Zucker hinzugeben, bis das Ganze karamelisiert ist. Chilischoten und frische Pflaumen hinzufügen. Unter Rühren ein paar Minuten schmoren.
Schnaps einrühren und bei niedriger Hitze köcheln lassen, bis der Alkohol verdampft ist.
Mit Salz und Pfeffer abschmecken.
Das Chutney passt hervorragend zu gebratenem Fleisch oder Geflügel.

Apfel-Chutney

600 g feste Äpfel, geschält, entkernt und in große Stücke geschnitten.
Abgeriebene Schale einer kleinen Zitrone
2 Esslöffel Balsamico-Essig
1 Teelöffel Koriander, gemahlen
1 Teelöffel Kurkuma
1 Teelöffel Kumin
2 Esslöffel Zucker
1/4 Teelöffel Cayennepfeffer
Olivenöl
5 Esslöffel Apfelsaft

Etwas Olivenöl in einer Pfanne erhitzen. Abgeriebene Zitronenschale und alle Gewürze, außer dem Cayennepfeffer, hinzugeben.
Bei mittlerer Hitze und unter ständigem Rühren 1 Minute dämpfen.
Apfelstücke, Essig und Zucker hinzugeben. Etwa 5 Minuten dünsten.
Hitze stark reduzieren und den Apfelsaft dazugießen.
Zugedeckt 15 Minuten köcheln lassen.
Falls nötig, etwas Wasser zugeben, damit das Ganze eine cremige Konsistenz bekommt.
Vollständig abkühlen lassen und in den Kühlschrank stellen.
Mit Cayennepfeffer abschmecken.
Apfel-Chutney schmeckt köstlich zu Schweinefleisch- oder Hähnchengerichten.

Eine Insel namens Rapa Nui

 o können sie bloß sein?« – »Wenn die Karte stimmt, rechts hinter der nächsten Kurve.« Hardy hatte das gefaltete Blatt auf seinen Knien liegen. Meine Augen suchten die weite Landschaft ab und folgten dann Hardys Finger auf dem bunten Blatt. Meine Unachtsamkeit ließ den kleinen Mietwagen über den Asphaltrand hinwegrutschen und brachte uns, vorübergehend nur, ins Schleudern.

»Tut mir leid«, sagte ich. Mein Navigator winkte ab und sah zu kleinen Nebelfeldern hin, die sich vor uns auf die Straße legten. Entweder fahren, dachte ich bei mir, oder die Moai suchen, beides auf einmal kannst du offensichtlich nicht.

Mein Mangel an Konzentration ging Hand in Hand mit einem anderen Gefühl an diesem Tag, mit dem Bewusstsein nämlich, außerhalb meiner selbst zu sein, so, als würde mein Körper ein paar Meter über dieser Insel schweben. Der lange Flug von Los Angeles schien das bewirkt zu haben, acht Stunden zunächst bis Santiago de Chile und dann, nach langer Wartezeit, noch einmal fünf Stunden Flug nach Hanga Roa, unserem lang ersehnten Ziel auf der Osterinsel. Es kam hinzu, dass die freudige Erregung beim Flug entlang der Anden, in der Morgendämmerung am Tag zuvor, noch nicht abgeklungen war. Der Blick hinunter auf schneebedeckte Gipfel, zerklüftete Felsen, auf Gletscher von klarem Blau, der Anblick zarter Bänder weißen Rauches aus unzähligen Vulkanen, und dies alles eingetaucht in das goldene Licht einer frühen Morgensonne, hatte mir den Atem stocken lassen. Stunden um Stunden eines Gleitens an Wundern unserer Welt entlang machten mich ergriffen, brannten alle Schönheit, die ich sah, tief in mein Bewusstsein ein und ließen mich die Frage stellen, wie das wohl wird, wenn ich eines Tages, entgegengesetzte Längengrade über-

fliegend und in gänzlich anderem Zusammenhang, an die unwieder-
bringlichen Bilder dieses Fluges denken muss.

Die Nebelfelder vor der Windschutzscheibe lösten sich allmählich
auf und wehten über eine Landschaft hin, die nichts Besonderes an sich
hatte. Beiderseits der Straße wuchsen Gräser über sanfte, langgestreckte
Hügel. Weit und breit gab es keinen Baum zu sehen, nur den einen
oder anderen Busch, und auch Häuser sah ich nicht. Seltsam schien
mir auch, dass nicht ein einziger Vogel in der dunstig kühlen Morgen-
luft zu sehen war. Die Fahrt aus dem Ort heraus hatte nichts Sehens-
wertes geboten: ein Haus, armselig zu nennen, dann ein zweites,
danach Ladengeschäfte, eine katholische Kirche und ein Bürogebäu-
de, vor dem eine chilenische Flagge wehte. Etwa zwei Drittel der
Bevölkerung, so hatte ich gelesen, sind Nachkommen der polyne-
sischen Ureinwohner, und das andere Drittel hat Ahnen, die vom
chilenischen Festland stammen. Die Sprache der Regierung ist
Spanisch, doch die Insulaner ziehen ihr einheimisches *Rapa Nui* vor,
was auch der Name ist, den die ursprünglichen Bewohner ihrer meer-
umspülten Heimat gaben. Die Menschen unserer Tage leben fast alle
auf dem Land, ihre Anwesen wurden von Generation zu Generation
weitergereicht, jedweder Verkauf von Grundbesitz an Fremde würde
gegen das Gesetz verstoßen, und wenn ein Chilene auf der Insel leben
will, darf er das nur zur Miete tun. Als einzigem ausländischen
Staat wurde den USA das Recht zum Bau einer überlangen Piste
gewährt, auf der im Fall der Fälle eine in Not geratenen Raumfähre
landen kann.

Wir waren auf der Suche nach den *moai* schon gut eine halbe
Stunde lang unterwegs gewesen, aber von den legendären Statuen der
Osterinsel hatten wir noch nicht eine einzige zu Gesicht bekommen.
Auch durch ein Dorf waren wir seit Hanga Roa nicht gefahren, es gab
kein Auto, das uns entgegenkam, und die Bewohner von Rapa Nui, so
schien es uns, mussten Spätaufsteher sein. Das Sprichwort *The early
bird catches the worm* hat in diesem Teil der Welt ganz sicherlich noch
nie jemand gehört, vielmehr ist es wohl so, dass dem frühen Vogel die
Osterinsel ganz allein gehört. Wenn ich das Gefühl beschreiben soll,

Steinerne Zeugen einer vergangenen Zeit

das sich an jenem Morgen in uns breit zu machen drohte, so ist »Enttäuschung« sicherlich das beste Wort dafür, was sich aber ändern sollte, und das wie mit einem Donnerschlag, als ich den Wagen aus einer Rechtskurve in die nächste Gerade lenkte.

Auf einer erhöhten Fläche aus Naturstein standen aufrecht, ernst, in die Ferne blickend, überlebensgroße Statuen, die mir den Ureinwohnern nachempfunden schienen. Die Gesichter der Skulpturen gaben Rätsel auf. Sie ähnelten einander, waren verwittert, grau, von Flechten überzogen, waren aus Vulkangestein gemeißelt und starrten über grasbewachsene Hügel hinweg dem Meer entgegen. Wir ließen das Auto achtlos am Straßenrand zurück und stapften durch feuchtes Gras den Zeugen einer versunkenen Kultur entgegen. Voller Ehrfurcht, staunend, sprachlos standen wir unter den Riesen, die uns vertraut vorkamen, weil wir sie aus Büchern kannten, und die wir seit Jahren schon hatten besuchen wollen. Nun aber waren wir da, waren ihnen nahe, und als uns ins Bewusstsein drang, dass wir allein mit ihnen waren, dass wir sie berühren konnten, sagten wir uns, wie einmalig sie doch seien! Wie rätselhaft! Von Geheimnissen umwittert! Wir kletterten hoch hinauf auf ihr Podest, gingen von einer Statue zur anderen, versuchten aus den Augen ihr Geheimnis herauszulesen und fragten uns, fragten uns laut, ob sie wohl jenen Menschen einer versunkenen Zivilisation ähnlich seien, deren Künstler sie aus Stein gemeißelt hatten.

In Büchern ist die Meinung nachzulesen, dass ein Stamm von einer anderen Insel mit einer eigenen Kultur ungefähr 400 Jahre nach Christi Geburt an der Küste Rapa Nuis landete. Einer anderen Theorie zufolge sollen es Maori gewesen sein, die A.D. 1125, von den Marquesas kommend, die Insel bevölkerten, und die riesigen Statuen aus Stein hätten sie in Verehrung der Geister ihrer Vorfahren errichtet. Eine andere Vermutung spricht von den Statuen als Bildnissen der Herrscher dieses Volkes, und es gibt Forscher, die in den erhöhten Plattformen Orte religiös zeremonieller Zusammenkünfte sehen. Alle *ahus,* auf denen die Moais stehen, sollen Fundamente sein, die aus dem Gestein von Megalithen aufgeschichtet sind. Zwischen den steinernen

Riesen auf den Ahus seien Krieger postiert gewesen, heißt es, die von diesen erhöhten Standpunkten aus einen Rundblick über das Leben und Treiben in den Dörfen, Hügeln und an den Stränden hatten. Ein Ahu, das den Namen *Akivi* trägt, wurde 1960 von dem Archäologen William Mulloy restauriert, und der wiederum ist der Überzeugung, die Moai hätten eine astronomische Bedeutung.

Die Ureinwohner hatten bereits eine eigene Schrift, die sie *rongo rongo* nannten. Es ist eine Bilderschrift, deren Zeichen die Menschen in Holztafeln ritzten. Vierundzwanzig dieser Tafeln befinden sich in Museen über die ganze Welt verstreut, aber bis zum heutigen Tag hat noch niemand diese Zeichen deuten können, und ich frage mich, auf welch errregende Wahrheiten wir wohl stoßen werden, wenn es einem Genie unter unseren Forschern eines Tages gelingt, diese Schrift zu lesen? Das Deuten dieses Rongo Rongo wird dann auch endlich Antwort geben auf die Frage, wie es den Ureinwohnern vor Tausenden von Jahren überhaupt gelingen konnte, diese riesigen, tonnenschweren Statuen zu den hohen Plateaus hinaufzuschaffen.

Wir blieben lange Zeit da oben bei den Riesen und hockten uns später dann zu ihren Füßen in das Gras. Hardy sagte, er könne sich denken, dass Mr. Twelve sich hier auf Anhieb wie zu Hause fühlen würde. Absolut, sagte ich, vor allem die Luftfeuchtigkeit käme ihm zupass. An unserem zwölften Hochzeitstag hatte mir mein Mann einen 1,60 Meter großen Papua-Neuguinesen zum Geschenk gemacht. Er ist aus Holz, anstelle von Haaren trägt er ein Stück Fell auf seinem Kopf, Muscheln umrahmen sein verzerrt vergrößertes, clownähnliches Gesicht, und dünne Arme stemmt er in die Seiten eines Körpers, auf dessen Holz eine schwarze und braune Kriegsbemalung Furcht erregen soll. Sein Rücken ist gerade und flach, genauso gerade und flach wie die Rücken der uralten Statuen auf der Osterinsel. Um seine schmale Hüfte trägt er einen kurzen Rock aus Bast. Seitdem er in unserem Blockhaus steht, hat noch keine Frau beim Betreten des Hauses der Versuchung widerstehen können, sein einziges Kleidungsstück zu lüften, um zu sehen, was sich darunter wohl verbergen könne. Es gibt welche, die verschämt den Bastrock heben, und das auch nur, wenn sie

Mr. Twelve

sich vorher sichernd nach allen Seiten umgesehen haben. Andere wiederum gehen die Sache beherzter an, kennen keine Scham. Eine jede von ihnen aber zeigt sich erfreut über das, was ihr da geboten wird, kichert und lässt den Bastrock seufzend wieder fallen.

Twelve kam zu uns, nachdem er beschuldigt wurde, das Haus einer Familie in Papua-Neuguinea nicht pflichtbewusst genug gegen böse Geister beschützt zu haben. Mein Mann war der Meinung, dem Burschen müsse noch eine zweite Chance zugestanden werden, und ließ ihn zu mir nach Kalifornien bringen.

Das einzige Problem, das Twelve in seiner neuen Heimat hat, ist der Mangel an feuchter Luft. In dem schwülen Klima seiner Heimat hatte er im Freien Wache vor dem Haus gestanden. Bei uns ist er jedoch auf seinem Posten drinnen im Haus, und die knochentrockene Luft kalifornischer Sommer sorgt dafür, dass sein Holz Risse bekommt, und sein Muschelschmuck fällt alle paar Jahre aus seiner Halterung aus Lehm heraus. Ich mische dann immer ein wenig neuen Lehm für ihn an oder neuen Ton, drücke die Muscheln wieder ein und befeuchte ihn auch regelmäßig, was ihm gut zu bekommen scheint. Seit Mr. Twelve bei uns Wache steht, und das tut er nun schon seit fünfzehn Jahren, haben sich böse Geister bei uns nicht blicken lassen. Der Bursche muss also nicht befürchten, noch einmal verkauft zu werden.

Es fiel nicht leicht, uns der Magie am Fuß des Ahu Akivi zu entziehen, und als wir es schließlich taten, sagten wir zu den sieben Riesen, dass wir wiederkommen würden. Auf dem Weg zurück nach Hanga Roa lösten sich die letzten Nebelfelder auf und machten einem strahlend blauen Himmel Platz. Hardy trat etwas mehr ins Gaspedal, als die Polizei von Rapa Nui es erlauben würde, aber unser Hunger war jetzt riesig groß. Wir freuten uns auf das kleine, saubere Hotel, freuten uns auf den Lunch, freuten uns auch auf die Köchin, die eine Frau aus Santiago de Chile war, freundlich und zuvorkommend wie die meisten Menschen dort. Als ich am Morgen vor unserer Fahrt zu den Stein-riesen in die Küche gegangen war und gefragt hatte, was es denn zu Mittag geben würde, war als Antwort »Pastel de Choclo« gekommen. Ich kannte das Gericht seit unserer Fahrt durch die Atacama-Wüste, das Dorf hatte Chiu Chiu geheißen, und eines Sonntags war eine kleine, lustige Oma mit rundlichem Gesicht auf die Idee gekommen, diesen *pastel de choclo* für uns zu kochen. Ich sehe uns noch an jenem Wintertag vor Großmutters Veranda in der Sonne sitzen, Enkelkinder toben unter Tischbeinen herum, und weil ich weiß, dass ich dieses Gericht bei mir zu Hause eines Tages auf den Tisch bringen werde, notiere ich an den Rand einer alten Zeitung, was in diesen Eintopf an Zutaten hineingehört. Ich beginne mit frischem Mais, der in den Staaten überall zu haben ist, und wenn einer nicht zu den Glücklichen gehört, die Maisfelder am Rande ihres Dorfes haben, sage ich mir, dann tut es eine Packung mit Tiefgefrorenem auch. Fleisch von Huhn und Rind gehören zu dem Rezept, aber ich kann mir als Ersatz auch Räucherschinken denken, und sollte einer unserer Gäste Vegetarier sein, dann probiere ich für diesen Pastel de Choclo etwas entsprechend anderes aus.

Jener Wintertag war jetzt lange her, die Fahrt zurück zu unserem Hotel musste nach der Begegnung mit den sieben Riesen bedeutungslos erscheinen, und als wir im Hotel sagten, wir seien spät zum Lunch zurück, aber wir hätten uns einfach von den Moais nicht trennen können, lächelte die Köchin verständnisvoll. Sie hatte den Herd für uns warm gehalten, und als Überraschung stellte sie vor dem Pastel de Choclo noch eine wunderbar scharfe, mit Oregano gewürzte Schwarze Bohnensuppe auf den Tisch. Wir dachten an den glücklichen Vormittag zurück, die Köchin sah uns dabei zu, wie wir zufrieden schmatzten, aber bevor sie uns noch einen Nachtisch empfehlen konnte, sah sie auch, dass wir die Augen nicht mehr offen halten konnten. Nach vierundzwanzig Stunden Reise forderte die Natur ihr Recht. Wir fielen ins Bett, schliefen den ganzen Nachmittag hindurch und wohl auch die halbe Nacht, und in den frühen Morgenstunden las Hardy mir aus einem Buch vor, was dieser Tag uns bringen würde: Am Hang eines erloschenen Vulkans stehen geheimnisvolle Statuen, in windbewegtem Gras, unter einem Steinbruch, der Ranu Raraku heißt. Thor Heyerdahl hat darüber geschrieben: »Rano Raraku bleibt eins der großartigsten und seltsamsten Monumente der Menschheit, ein

Mahnmal des großen, verloren gegangenen Unbekannten aus unserer Vorzeit, eine Mahnung an die Vergänglichkeit des Menschen und seiner Zivilisation ...«

Der leichte Sprühregen begann nachzulassen. Wind zerteilte eine eilig dahinziehende graue Wolkendecke und ließ hie und da einen Fetzen blauen Himmels sehen. Wenn das geschah, fiel urplötzlich silbriges Sonnenlicht auf uns, verweilte aber nicht, jagte gemeinsam mit dem Wind über sattgrünes Gras hinweg den Hügel hoch und ließ aus einem gewaltig großen Stein für einen flüchtigen Moment das Abbild eines Menschen vor uns erstehen. Überall im Gras, in den Senken, auf allen Hügeln, standen, knieten oder versanken riesige Felsenköpfe wie Hinterlassenschaft der Ureinwohner dieser Insel. Einige der Statuen lagen in dem Gras, als hätte der Bildhauer seine Arbeit nicht beendet, als wäre er eilig davongelaufen. Weiter oben, im Steinbruch, war ein

Schlafende Riesen

Klotz von gut zwanzig Metern Länge aus dem Fels gebrochen, aber nicht gänzlich herausgeschlagen worden und sah ganz danach aus, als hätte eine einschneidende Veränderung die Arbeiter an der Vollendung ihres Planes gehindert. Aus einem im Erdreich halb versunkenen Körper aus roh behauenem Vulkangestein wuchs ein gewaltiger Kopf, kantig im Gesicht und mit Augen, die, wie mir schien, die Unendlichkeit vor den Hügeln durchdringen wollten. Am Rand des schlafenden Vulkans lagen Steinköpfe, die unvollendet waren. Hardy meinte, er liefe durch dieses Gras wie durch das Atelier eines Künstlers, der sein Atelier verlassen, die Tür aber weit offen stehen gelassen hatte.

Wir gingen von einer zur anderen dieser uralten Gestalten, ich war versucht, sie »uralte Wesen« zu nennen, und jedes Mal, wenn wir zu ihnen sprachen, ihre Gesichter berührten oder unsere Fingerspitzen über ihre Körper gleiten ließen, wurde aus diesem Tag ein Tag, wie wir ihn noch nie zuvor erlebt hatten.

Einer meiner Schritte endete mit Erschrecken. Ich glaubte auf ein Stück Fels im Gras getreten zu sein, doch dann sah ich einen breiten Mund unter meinen Füssen: Ich war auf einen der schweigenden Riesen getreten, auf einen, der nicht das Glück gehabt hatte, aufgerichtet zu werden.

Eine friedvolle Melancholie liegt über den schweigsamen Wesen bei den grünen Hügeln. Die gleiche Wehmut sollte mich am nächsten Tag am Strand von Anakena berühren. Auch dort stand eine Reihe von Moais Wache, und auf den ersten Blick schien es mir unehrerbietig, mich unter ihren strengen Blicken meiner Ferienlaune hinzugeben, durch die schöne Bucht mit ihrem weißen Sand zu laufen und in das topasfarbene Wasser einzutauchen. Auf den zweiten Blick aber war das Verlangen nicht zu unterdrücken, in eben jenen Wassern zu schwimmen, die in grauer Vorzeit nur dem Badevergnügen der Herrscherfamilie zugestanden waren. Ebenso wie in anderen Ländern unserer Welt hatten auch zu Urzeiten schon königliche Familien die schönsten Landschaften dieser Insel zu ihrem ureigenen Besitz gemacht. Zu diesen schönen zählt zweifelsohne Anakena: Ein herrlicher Palmenhain umsäumt die Bucht, der Strand ist vor unwillkommenem Besuch

Kinderspiele auf der Osterinsel

geschützt und die Sicht der Statuen geht ungehindert über die Bucht hinweg aufs Meer hinaus.

Die Osterinsel kennt in unseren Tagen keine gekrönten Häupter mehr, stattdessen tummelt sich in der Bucht von Anakena das Inselvolk. Kinder planschen, schwimmen, toben, und Eltern grillen ihren Fisch in unmittelbarer Nachbarschaft eines steinernen Gesichtes. Anfangs verwunderte mich das unbekümmerte Verhalten der Insulaner, ich sah einen Mangel an Respekt vor der Hinterlassenschaft ihrer Ahnen in dieser Unbekümmertheit, doch dann, im Verlauf der Stunden, war es gerade diese Unbekümmertheit, die mich eine Harmonie zwischen den Riesen der Vergangenheit und dem Volk von jetzt erkennen ließ.

Wir stiegen vom Strand zu Terrassen hoch, die Bauern für ihre Saat einst aufgeschichtet hatten, und waren dabei, die Andeutung von Haarknoten auf den Köpfen der Moai zu bewundern, als mein Blick an einem traurigen Gesicht hängen blieb, das von einer grasbedeckten Terrasse zu uns herübersah. Das wuchernde Grün hatte die Statue zugedeckt. Der kleine Kopf aus Stein war alles, was noch zu erkennen war. Ich blickte in ein Gesicht, das keine Augen hatte. Eine stumme Melancholie war in den Stein gemeißelt, wie die traurige Erinnerung an eine Kaste, die zu Anbeginn der Zeit auf dieser Insel die Schwachen im Volk verängstigt hatte, die eine große Masse zu terrorisieren wusste und sie auch zu beherrschen verstand. Das Volk der Rapa Nui, seine Starken ebenso wie seine Schwachen, so heißt es, war dem Untergang geweiht. Außer ihren Schrifttafeln, die wir nicht zu enträtseln wissen, und außer den steinernen Riesen hat uns dieses Volk keine Spuren hinterlassen. Bei der Suche nach Antwort auf das *Warum* des Untergangs sind Wissenschaftler zu der Überzeugung gelangt, der Raubbau an ihren Wäldern, das Auslaugen ihrer Äcker, die Übervölkerung der Insel, der stetig zunehmende Mangel an Nahrung für das Volk hätten ebenso zum Zusammenbruch der Gesellschaft auf Rapa Nui beigetragen wie Hass, Zwietracht und vernichtende Kriege, die sie untereinander führten. So wird vermutet. Doch das Rätsel bleibt.

Ein anderes Rätsel, das mich seit meinen jungen Jahren schon bewegt, die Frage nämlich, ob es irgendwo da draußen im All Leben geben kann oder ob wir die einzigen Wesen von Intelligenz in diesem Universum sind, führt bei mir zu der Hoffnung, dass wir die Einzigen sein mögen. Kriege und Zerstörung haben seit Urzeiten das Leben auf unserem Planeten oftmals nicht mehr lebenswert erscheinen lassen, und sollten wir bei unseren Expeditionen ins All auf andere Zivilisationen stoßen, kann nicht als ausgeschlossen gelten, dass wir unsere Kultur, bestehend aus religiösem Hass, Krieg, Feuersbrünsten, Beherrschungswut und Unterdrückung, zu anderen Planeten tragen. Andererseits aber, im Gedanken an das grausame Massentöten auf unserem Planeten, an die Zerstörung unserer Natur, an die Übervölkerung ganzer Kontinente, an damit verbundene Hungersnot, und zwar einst sowohl als jetzt, muss ich mir die Frage stellen, ob nicht unsere Kultur wie die von Rapa Nui eines Tages untergehen muss, und ob außer unseren Bauten, Schriften, Statuen für nachfolgende Besucher keine Spuren von uns bleiben.

Zwei herrlich große, lebende Hummer wurden als wahre Verlockung vor unseren Augen hin und her geschwenkt. Der Mann, der sie gefangen hatte, war jung und hieß Paolo. Er sah wie eine Mischung aus Südamerikaner und Maori aus. Paolo nannte ein kleines Restaurant sein eigen, sauber, einladend und hoch über der Bucht der Fischer von Hanga Roa gelegen. Der Rundbau stand auf Felsen, sein Dach war als Sonnenschutz tief über eine Terrasse gezogen, auf der nur einige wenige Tische Platz hatten. Wir beide, Hardy und ich, waren die einzigen Gäste, was für gewöhnlich kein gutes Zeichen ist, aber bei diesen beiden Lobstern, so sagten wir uns, konnte nicht viel schief gehen. Und es mag ja auch sein, so sagten wir uns weiter, dass die guten Leute von Hanga Roa bei Paolo nur zum Dinner einkehrten, nicht aber zum Lunch.

Draußen, neben der Tür zur Küche, begann sich Holzkohle im Becken eines Grills zu verändern, von glühendem Rot hin zu hellem

Grau, was eine Farbe ist, die dem erfahrenen Koch die richtige Temperatur zum Grillen von Krustentieren anzeigt. Entspannt, ein wenig faul, nahmen wir von der Terrasse aus das farbenfrohe Bild der Küste unter einem azurblauen Himmel in uns auf und ließen genießerisch das Wasser im Mund zusammenlaufen bei dem Gedanken an knuspriges, hausgebackenes Brot, frisch gefangenen Hummer, zerlassene Butter und eine Flasche kalten, trockenen weißen Weins aus Reben, die in Chile wachsen. Hardy ging die Flasche aus der Küche holen und hielt sie strahlend vor mich hin: »Sieh dir das an!«, sagte er. Es war der gleiche Wein, den wir auch daheim in Kalifornien trinken. »Wenn das kein gutes Omen ist! Diese Hummer werden wunderbar!«

Die Hummer waren wunderbar. Perfekt der Länge nach durchschnitten, die Zangen appetitlich auf dem Teller dekoriert, tiefrot die Schale, das Fleisch saftig fest, salzig alles, mit dem Geschmack des Meeres und einer Andeutung von Rauch. Wir klopften Paolo auf die Schulter, sagten »köstlich«, sagten »ein wahres Fest« und mussten von ihm hören, dies sei doch nichts als ein ganz simples Mahl. Ich schüttelte den Kopf. Dies war möglicherweise für einen Insulaner ein simples Mahl, nicht aber für uns, ebenso wie der ganze Besuch auf dieser rätselhaften Insel alles andere als simpel war. Jeder Tag brachte Neues, stellte uns vor Mythen, schenkte Stunden der Erinnerung an eine Kultur, die uns ein Museum unter freiem Himmel hinterlassen hatte. Neben allem anderen erstaunte uns, immer wieder von neuem, der ungehinderte Zugang, den wir zu den Zeugen aus vergangenen Zeiten hatten. Diese Insel ist ein Nationalpark, in dem kein Zaun dem Besucher seinen Weg versperrt. In dem es weder Eintrittskarten noch Museumsdiener gibt. Und nirgendwo steht auf einem Schild geschrieben: Das Berühren der Skulpturen ist verboten.

»Frei wie der Wind«, sagte ich, »ebenso frei wie der Wind um die steinernen Riesen weht, kannst du zu ihnen laufen. Ich glaube kaum, dass es auf der Welt so etwas Erregendes noch einmal gibt.« Hardy nickte. Genießerisch ließ er einen zarten, vor Butter triefenden Bissen Hummer im Mund zergehen und sah zu der Bucht hinunter. Junge

Burschen ritten lachend und kreischend mit ihren Surfbrettern auf hohen Wellen an Fischerbooten vorüber dem sandigen Ufer entgegen. Über dem Sand, auf dem Uferfels, standen zwei Moai schweigend Wache. Hunderte von Jahren, vielleicht über tausend schon, hatten die steinernen Kolosse da gestanden. Starke Winde, hohe Wellen waren schuld daran, dass die beiden sich ein wenig vorwärts neigten. Dieses Neigen sah aus, als würden die Wächter sich schützend über die Knaben auf den Wellen beugen wollen.

Weit entfernt, im Dunst der Küste, waren die dunklen Silhouetten der Moai von Tahai auszumachen. Ich hielt Hardy mein Glas entgegen. Wir tranken auf das Glück. Es war ein Glück, das uns kleine Figuren über die große Karte der Welt hinweg an die Gestade einer Insel geweht hatte, die zu ihren Nebeln, ihren Mythen, ihren Geheimnissen auf so wundersame Weise schweigt.

Dichter Nebel fegte um den Berg herum und hatte seinen Spass daran, das eine oder andere blaue Wolkenloch mit seiner grauen Farbe zuzudecken. Im Osten stiegen Wolken zu wilden Formen auf, die von einem Weiß wie Alabaster waren und sich mit Schwaden von silbrigem Licht vereinten. Ich versuchte, das Abstrakte in der Natur auf Negativ zu bannen, und ging Schritt für Schritt, Auge am Sucher meiner Kamera, durch dicht wachsendes Gras dem Silberlicht entgegen. Hardy muss mir wohl gefolgt sein, denn urplötzlich, über das verhaltene Singen des Windes hinweg drang seine Stimme im Befehlston an mein Ohr: »Luv! Bleib stehn! Geh keinen Schritt mehr weiter!« Seine Stimme war ruhig, aber auch mit einem Unterton, der mich wissen ließ: Frag keine Fragen! Tu, was ich sage! Ich tat, wie mir geheißen. Er trat neben mich und legte mir einen Arm um meine Schulter. Ich folgte seinem Blick. Nebelschwaden fegten vor mir durch sattgrünes Gras. Hinter dem Gras stürzte ein Kliff Hunderte von Metern tief ins Meer hinab. Meine Füße standen einen halben Schritt vom Rand des Kliffs entfernt!

»Ich glaube, wir haben Anlass für ein Fest«, hörte ich Hardys Stimme sagen: »Heute Abend. Wir werden deinen Geburtstag feiern.« Es gelang mir nur schwer, tief Luft zu holen. Mein Kopf sagte mir: Tritt zurück, ein paar Schritte, schnell! Bevor Schwindel dich erfasst, und … Hardy führte mich von der Klippe fort. »Laufen und durch den Sucher sehen …« Ich schüttelte den Kopf. »Wann werde ich das endlich lernen?«

»Ja. Wann?«, sagte mein Mann. Er führte mich durch das Gras zu einem ausgetretenen Weg zurück. »Auf diesem Hochplateau«, sagte ich, »muss sich Gespenstisches verbergen.« Ich sah zum Kliff zurück. »Auch wenn es makaber klingt«, sagte ich, »aber von dieser Klippe dort müssen verzweifelte Liebende ins Nirwana gesprungen sein.« Es war erschreckend, wie steil der Fels zum Meer abfiel. Wie tief der Fels zum Meer abfiel. Und wie das dunkle Meer zu warten schien. »Dieses Orongo muss das Plateau heidnischer Rituale gewesen sein«, sagte ich,

Der Krater Ranu Kau

»Darbringung von Menschenopfern, über den Rand des Kliffs ins Meer
gestürzt.« Hardy nickte. Es wurde Zeit, uns auf den Weg zum erloschenen Vulkan zu machen.

Der Blick vom Rand des Kraters Ranu Kau ist wie ein Blick in die
Unendlichkeit von Zeit. Auf dem Grund der Caldera läuft das Spie-
gelbild vorüberziehender Wolken durch einen silbrig glänzenden See.
     Von seinen Ufern aus malt ein verwirrendes Flechtwerk aus Pflan-
zen, Moos und kleinen Tümpeln dekorativ abstrakte Muster auf den
Kraterboden. Der Anblick dieser Spiegelungen, dieser Farben, dieser
Formen ist von einer Schönheit, die mich berührt. Bei Flügen, tief über
Grund, in tropischen Gefilden habe ich ähnliche Muster aus Unter-
wasserpflanzen oder Korallen gesehen, und ich kann mir gut denken,
dass Menschen verschiedenster Kulturen sich von den Kunstwerken
der Natur bei ihren Batikbildern, dekorativen Seiden und Webarbei-
ten haben anregen lassen.
     Ein schmaler Streifen flachen Landes am Kraterrand wird von den
Einheimischen *Mata Ngarau* genannt. Was der Name sagen will, weiß
ich nicht, aber ich habe gelesen, dass dies der sakrale Ort der Vogelmenschen war. Die Felsen des Mata Ngarau sind reich an Petrogly-
phen. Der Gott, der die Insel Rapa Nui schuf, heißt *Makemake* und
sein Bildnis ist auf den Felsenmalereien überall zu sehen. Ein weiteres
Wunder der Natur am Kraterrand ist eine halbkreisförmige Bank aus
Stein, und für einen Tag mit klarer Sicht kann ich mir keinen präch-
tigeren Ort auf dieser Welt denken, an dem ich über die unermessliche
Weite des Ozeans hinwegsehen möchte und sogar die Krümmung der
Erde dabei deutlich vor mir habe. Es ist ein Ort, an dem ich mich in
meine Tagträume fallen lassen möchte.
     Wir saßen auf den Steinen des Makemake und sahen nach Westen
hin aufs Meer hinaus. Viertausend Kilometer von uns entfernt, hinter
der Kimm, lagen Tahiti und die Marquesas. Thor Heyerdahl war dort
und auch auf dieser Osterinsel ist er gewesen, und ich hätte gern gewusst, ob er vielleicht auch einmal hier, tagträumend, auf der Bank der
Vogelmenschen gesessen hatte. Möglich wäre auch, dass er im Jahr 1937

auf einer Klippe von Fatu Hiva saß und seine Gedanken an jenem Tag über das Meer hinweg das ferne Rapa Nui suchten.

Den Blick nach Süden wendend, dachte ich: »Würde die Erde eine Scheibe sein, wie die frühen Seefahrer befürchteten, wären sie eines kalten Tages an den Rand über der Antarktis gesegelt und hätten unter sich das ewige Eis bewundern können.«

Große Vögel, die über uns, über der Bank des Gottes Makemake, durch den Himmel glitten, würden sicherlich, so dachte ich bei mir, mit ihren gewaltigen Schwingen bis nach Pitcairn kommen, jener Insel, vor der die Meuterer der *Bounty* ihr Schiff versenkten. Pitcairn, das dem Felsen von Gibraltar gleicht, liegt, querab nach West, von Orongo aus rund 1500 Kilometer weit, als grauer Klotz im Meer.

Nach Osten wiederum, von unserer Bank gesehen, hätte so ein Vogelmensch des Makemake allerdings an die 3700 Kilometer über Meer zu fliegen, bevor er seine Beine in den hellen Strand von Chile setzen kann.

Rapa Nui ist von allen Orten unserer Welt unendlich weit entfernt. Auf der Karte ist die Insel nur ein kleiner Punkt in einem unendlich weiten Meer. Es ist dieses Alleinsein, diese Einsamkeit im Ozean, die mir das Rätsel um eine versunkene Kultur und seine steinernen Giganten noch rätselhafter werden lässt.

Pastel de Choclo

4 Esslöffel Salatöl
11 Esslöffel Butter
Rosenpaprika
2 Teelöffel Tabasco-Sauce
1350 g Hähnchenfleisch, in Stücke
geschnitten
500 g geräucherter Schinken, in
Würfel geschnitten
12 frische Maiskolben
1 Zwiebel, in Scheiben geschnitten
700 g Zwiebeln, fein gehackt
Majoran
Zucker
16 schwarze Kalamata-Oliven ohne
Stein
4 Eier, hart gekocht und in Viertel
geschnitten
2 Eigelb
Salz und Pfeffer

2 Esslöffel Öl und 3 Esslöffel Butter in
einem großen Topf erhitzen und die
Hähnchenstücke darin von allen
Seiten anbraten.
Die in Scheiben geschnittene Zwiebel,
1 Teelöffel Salz und 1 Esslöffel Majoran
hinzugeben und die Zwiebeln gold-
braun dünsten. Mit Rosenpaprika und
Tabasco würzen.
Hähnchen und Zwiebeln aus dem
Topf nehmen und beiseite stellen.
Die rohen Maiskolben raspeln und
mit 1 Esslöffel Zucker, 1 Teelöffel Salz
und 4 Esslöffeln Butter in einem
schweren Topf vermischen.
Unter ständigem Umrühren kochen,

bis die Mischung sämig wird.
Vom Herd nehmen.
700 g fein gehackte Zwiebeln in
2 Esslöffel Öl und 4 Esslöffel Butter
goldbraun dünsten.
Die Schinkenwürfel hinzugeben und
die Mischung in eine große feuerfeste
Form füllen.
Oliven und geviertelte Eier darüber
verteilen.
Das Hähnchenfleisch hinzugeben und
mit dem Mais bedecken.
Eigelb mit 1 Teelöffel Wasser glatt
rühren, den Mais damit bepinseln
und leicht mit Zucker bestreuen.
In dem auf 200° C vorgeheizten Ofen
ca. 25 Minuten backen, bis das
Hähnchenfleisch gar und der Mais
goldbraun ist.
Ergibt 10 Portionen.

Escabeche

Etwa 1,5 kg frische Filets vom
Kabeljau
Salz und Pfeffer
Mehl zum Bestäuben
Pflanzenöl zum Braten
1 große rote Zwiebel, in feine Scheiben
geschnitten
2 rote Paprikaschoten, in feine Streifen
geschnitten
2 gelbe Paprikaschoten, in feine
Streifen geschnitten
1 Karotte, in feine Streifen geschnitten
6 Knoblauchzehen, fein gehackt
1/2 Jalapeno-Chilischote (oder eine

andere scharfe Chilischote), fein
gehackt
2 Esslöffel Tomaten, geschält und
klein geschnitten
2 Esslöffel Rotweinessig
4 Lorbeerblätter
1 Teelöffel Pfefferkörner, zerstoßen
1 Teelöffel Tabasco-Sauce

Als Beilage:
2 Avocados, geschält, entkernt und in
Scheiben geschnitten, mit Limettensaft beträufelt und mit Meersalz und
Pfeffer gewürzt

Fisch mit Meersalz und Pfeffer würzen
und mit Mehl bestäuben.
In einer Bratpfanne Pflanzenöl erhitzen. Den Fisch auf beiden Seiten goldbraun anbraten, bis er gar ist.
Aus der Pfanne nehmen und in eine
tiefe Glasschüssel legen.
In einer anderen Pfanne etwas Öl
erhitzen und Gemüse und Knoblauch
darin weich dünsten.
Vom Herd nehmen und alle anderen
Zutaten mit Ausnahme der Avocados
hinzufügen.
Den Fisch mit der Gemüsemischung
bedecken und auf Zimmertemperatur
abkühlen lassen.
Zugedeckt 24 Stunden in den Kühlschrank stellen. Mit Avocadoscheiben
servieren.
Ergibt 6 Portionen.

Schwarze Bohnen St. Thomas

425 g schwarze Bohnen aus der Dose
Falls getrocknete Bohnen verwendet
werden, diese über Nacht einweichen,
5 Minuten lang kochen und dann vom
Feuer nehmen.
Im heißen Wasser liegen lassen, bis
sie fast weich sind, danach abtropfen
lassen.
Falls Bohnen aus der Dose verwendet
werden, diese waschen und abtropfen
lassen.

1,5 l Gemüsebrühe
3 Knoblauchzehen, fein gehackt
4 kleine Stangen Sellerie, in Scheiben
geschnitten
1 Karotte, in feine Streifen geschnitten
1 Kräuterbouquet bestehend aus 2 Lor-
beerblättern, 3 Zweiglein getrockne-
tem Oregano und 3 – 4 Zweiglein
Petersilie. Das Bouquet in Gaze
wickeln, falls nicht fertig so gekauft.
Meersalz
Schwarzer Pfeffer, frisch gemahlen
3 Esslöffel Butter
6 Esslöffel dunkler Rum
Saure Sahne
2 Tomaten, geschält, Kerne entfernt
und klein geschnitten

Die Gemüsebrühe mit den Bohnen
und dem Kräuterbouquet in einen
Topf geben.
Wenn Sie Bohnen aus der Dose verwenden, nur 1 Liter Gemüsebrühe verwenden.

In einer Bratpfanne Gemüse und Gewürze wenige Minuten in Butter dünsten. Das Gemüse zu den Bohnen geben und so lange köcheln lassen, bis die Bohnen fast gar sind.

Wenn Sie Bohnen aus der Dose verwenden, die Gemüse-Bohnen-Mischung nicht köcheln lassen, sondern gleich weiter zum nächsten Schritt gehen.

Kräuterbouquet herausnehmen.

Backofen auf 180° C vorheizen.

Gemüse und Bohnen in eine feuerfeste Form geben. Mit Butter, Salz und Pfeffer abschmecken.

Zwei Esslöffel Rum hinzufügen. Zugedeckt so lange im Ofen backen, bis die Flüssigkeit auf die Hälfte reduziert ist und die Bohnen relativ weich sind.

Wenn Sie Bohnen aus der Dose verwenden, verringert sich die Backzeit beträchtlich.

Wie lange es dauert, hängt auch von ihrem Ofen ab, aber bei getrockneten Bohnen beträgt die Backzeit zwischen 1 und 1 1/2 Stunden.

Bohnen aus der Dose können schon nach einer halben Stunde gekocht sein. Den restlichen Rum und einen Löffel saure Sahne hinzugeben.

Die klein geschnittenen Tomaten und die saure Sahne zum Garnieren verwenden.

Ergibt 6 Portionen.

Das Sichtbare zwischen zwei Unsichtbaren

eihen orangefarbener Bälle, neben verwelkten moosgrünen Stengeln auf lehmigem, tiefbraunem Erdreich liegend, zogen sich nebeneinander durch endlos weites Ackerland. Eine blassgelbe Oktobersonne begann über den Wipfeln eines Waldes aufzugehen, der am Rand eines Feldes stand. Die Blätter seiner Eichen, Ulmen und Ahornbäume vermischten ihre leuchtenden Farben aus Rot, Gelb und Gold mit den dunkelgrünen, fast schwarzen Nadeln hoher Kiefern, und das frühe Licht des Tages schickte sich an, silbrige Schleier auf den Kürbissen zu erwärmen, was sie wenig später wie chinesische Laternen leuchten ließ. Niedrige Hütten, beidseitig eine Straße säumend, standen noch verschlossen da. Ein paar Stunden später brauchten nur die Holzwände an den Vorderseiten aller Häuser hochgeklappt und auf Stangen gestellt zu werden, weil das die Vorderseiten dann zu Dächern machte, und im Nu war unter freiem Himmel ein Markt entstanden. Lustige Figuren, mit karierten Hemden und blauen Overalls als Vogelscheuchen neben den Buden aufgestellt, hielten Schilder in den Händen, auf denen wohlfeile Äpfel oder Kürbisse angeboten wurden. Einer der Bauern hatte seiner Vogelscheuche ein Gesicht aufgemalt, das zum Verwechseln jener Vogelscheuche glich, wie ich sie als »Mann aus Stroh« durch den Film *The Wizard of Oz* hatte tanzen sehen.

Oktober ist der Monat, in dem unsere Bauern außer Kürbissen und Äpfeln auch Süßkartoffeln, Nüsse, bunt gesprenkelten Indianer-Mais und Zierkürbisse auf den Verkaufstischen stapeln. Hohe Gläser mit Apfelkonfitüre, eingemachten Tomaten, und zwar roten wie grünen, stehen dann aufgereiht in langen Regalen an den Rückwänden der Stände und werden zusammen mit gläsernen Schalen voller Gurken, spätsommerlichen Pfirsichen und Pflaumen zu einem wunderschönen Farbenmosaik.

Der Herbst der Kürbisse ist in meiner Heimat, dem Mittleren Westen von Amerika, eine Jahreszeit, die Kinderherzen höher schlagen lässt. Von weit her, aus großen Städten und aus kleinen, fahren Familien zu den Märkten hin. Die Eltern füllen Pappkartons bis zum Rand mit Gemüse und mit frischem Obst, während die Kinder jubelnd ihre Kürbisse zu den Autos tragen.

Orangefarbene große Bälle blieben hinter unserem Pontiac wie lange Schnüre aufgereihter Glasperlen zurück. Die Felder waren schon bald klein, unwichtig geworden und die Straße führte jetzt hügelan. Auf der Höhe angekommen, warf mir Mutter einen Blick aus dunklen Augen im Rückspiegel zu und sagte, unsere Ladung Kürbisse würden wir beim Heimweg von den Bauern holen. Ich wusste, dass wir aus den kleineren Torten machen würden oder eine Kürbissuppe, lecker, mit gerösteten Karotten und Ingwer oben draufgestreut, aber auch ein wenig Knoblauch, hatte Mutter mir beigebracht, sollte nicht vergessen werden. Was auf keinen Fall vergessen wurde, waren unsere Kürbis-Schnitzereien, wenn wir Kinder erst einmal das faserige Fleisch und die Kerne aus den großen Kürbissen entfernt hatten und danach emsig Augen in die Rinden schnitten, ein Dreieck zur Nase ritzten und dem Mund spitzige Zähne anstelle breiter Lippen gaben. Bei Einbruch der Dunkelheit stellten wir flackernde Kerzen in das Innere der Kürbisse und hatten unseren großen Spaß an den von innen rosig leuchtenden Gesichtern und an den ulkigen Grimassen, die wir da geschaffen hatten und die eigentlich einem jeden von uns hätten Angst einjagen sollen.

Irgendwo habe ich einmal gelesen, die Idee der Kürbis-Schnitzerei stamme von den Iren. Ursprünglich hatten sie Kartoffeln ausgehöhlt, aber in ihrer neuen Heimat, in Amerika, waren sie auf den Kürbis gestoßen, und ich kann mir gut vorstellen, dass sie sich sagten, was viele

Die Autorin als Geist, Halloween 1954

Leute denken: In diesem Land ist einfach alles gewaltiger, die Berge, der Regen, der Hagel, die Beben, die Blitze, die Fluten, die Stürme. Warum, so sagten sich die Iren wohl, soll in diesem Land nicht auch die Frucht der Erde größer sein? Fortan schnitzten sie die Ausbünde ihrer Phantasien in die großen Dimensionen einer Kürbisschale.

Ein Tag mit Farben, wie ihn nur der *Indian summer* malen kann, streckte sich vor uns aus, als Mutter unseren Wagen über eine gewundene Straße lenkte. Die Luft war frisch, kühl genug, einen Pullover anzuziehen. Am Wagenfenster glitten Bäume in leuchtendem Rot, leuchtendem Gelb, leuchtendem Orange vorüber. Es war ein Tag, ganz ähnlich jenen meiner Kindertage, wenn es Herbst geworden war und ich zu verfärbten Bäumen aufsah, trockenes Laub unter meinen Füssen rascheln ließ, wenn ich ein zartgelbes Ulmenblatt in meinen Händen hielt. Es war einer dieser Tage, an denen ich, ein paar Jahre später, am Ende eines Football-Spiels von meiner Highschool aus nach

Indianersommer

Hause ging. Weiße Fahnen zarten Rauches stiegen von Feuern auf, die unter dem zusammengeharkten Laub des Herbstes brannten. Der Rauch aus verbrannten Blättern hat sich mir für immer ins Gedächtnis eingeprägt. Selbst Tausende Kilometer von der Landschaft meiner Jugend entfernt rufe ich mir noch heute, wann immer ich dies will, in die Erinnerung zurück, wie das ist, wenn in meiner Heimat Rauch von schwelendem Laub durch die kühle Luft eines Oktobertages zieht.

Bei der Fahrt durch den Indianersommer, neben meiner Mutter auf dem Vordersitz, saß aufrecht, schlank, jede Locke hellgrauen Haares sorgfältig am festgelegten Platz, die Brille im Metallgestell vor wachen Augen, Großmutter Park, Vorname Winifred. Des außergewöhnlichen Anlasses dieses Tages wegen hatte sie eine graue Flanellhose mit scharfer Bügelfalte angezogen, dazu eine hübsch bestickte weiße Bluse, eine farblich zu Bluse und Hose passende Strickweste, und was die Schuhe anging, hatte sie sich für absatzlose, schnürsenkelgebundene entschieden. In Chicago, wo sie wohnte, trug sie niemals Hosen, immer nur ein Kleid, die Absätze ihrer Schuhe waren so klobig und die Kuppen vorn so abgerundet wie die von Minnie Mouse. Mein Großvater nannte sie stets »Winnie«, was ich liebevoll zu »Minnie Winnie« verlängerte, aber nur für mich, versteht sich, insgeheim. Es wäre als schlecht erzogen angesehen worden, hätte ich meine Minnie Winnie anders als mit »Grandma« angesprochen.

Winifred Park hatte sich ein paar Tage freigenommen von ihrer Arbeit in Chicago bei einer großen Bank, um eine Woche in unserem Haus an einem See im Wald zu verbringen, fünfundsiebzig Kilometer westlich von der Stadt.

Minnie Winnies Kleidung war nicht das einzig Ungewöhnliche an jenem Tag im Indianersommer. Der Ausflug, den Großmutter, Schwiegertochter und Enkelin machten, war es ebenso. Gegen Ende der Fahrt überquerten wir den Fox River, fuhren an dem Ortsschild The Village of Fox River Grove vorüber, kamen zu einer Allee, die von mächtigen Eichenbäumen gesäumt war, und hielten vor einem großen, hellgrünen Holzhaus. Es war ein *clapboard house*, wie die Amerikaner sagen, mit einer Veranda ringsherum und mit Schaukelstühlen, die an lauen Sommerabenden zu einer faulen Stunde einladen. Grandma Park, die es gewohnt war, den ganzen Tag Dollars zu addieren und *greenbacks* zu bündeln, strahlte im Gedanken an eine willkommene Abwechslung zu ihren stets gleich verlaufenden Arbeitstagen.

Beim Blick die Straße hinauf und hinunter fiel mir auf, dass weit und breit kein Mensch zu sehen war. Niemand harkte die Blätter vom Rasen oder kehrte den Bürgersteig, nicht ein einziges Auto fuhr unter den wunderschönen alten Bäumen hindurch, die mit ihren weiten Kronen der Straße Schatten spendeten. Ein Haus stand hier neben dem anderen, alle waren von der Straße ein Stück zurückgesetzt, und unter den Veranden erstreckten sich gepflegte Rasenflächen. Über allem lag eine Stille, die mir für den Vormittag eines normalen Arbeitstages ungewöhnlich schien. Mutter sagte: »In diesem Ort leben Zigeuner, ich glaube kaum, dass ihr hier jemanden treffen werdet, der nicht Zigeuner ist.« Als sie die Treppe zu dem grünen Haus hinaufsteigen wollte, öffnete sich die Eingangstür. Die Fliegentür aber blieb verschlossen. Hinter ihrem dunklen Netz stand ein Mann mit Glatze. Er richtete sich an Mutter mit den Worten: »Meine Frau ist noch mit jemand anderem beschäftigt, ich glaube, Sie sind ein wenig früh gekommen.« Beim Blick auf meine Uhr mit den steilen römischen Zahlen sah ich, dass es Viertel vor zehn geworden war. Ein paar Monate zuvor hatte Minnie Winnie mir die Uhr geschenkt, zum Abschluss meiner Highschool mit Diplom, und damit war sie dem Wunsch meines Großvaters gefolgt, der entschieden hatte, dass jedes seiner Enkelkinder nach erfolgreichem Schulabschluss eine goldene Armbanduhr bekam.

»Es ist wahr«, sagte Mutter zu dem Mann hinter der Fliegentür, »der Termin ist erst um zehn.« Sie führte Großmama und mich zu Korbstühlen, die auf der Veranda vor einer Balustrade standen. Die Vertrautheit meiner Mutter mit diesem Haus verblüffte mich. Auch den Mann in der Tür schien sie zu kennen. Doch ich konnte mich nicht daran erinnern, je von diesem Ort gehört zu haben. Sie gab mir Rätsel auf, meine junge Mutter. Achtunddreißig Jahre zählte sie erst an jenem Tag, womit sie unvergleichlich viel jünger als die Mütter der

Mutter

Mädchen meiner Klasse war. Ich sah Mutter zu, wie sie einen Lippenstift aus der Tasche nahm, Pure Red von Max Factor, damals der letzte Schrei. Sie strich die glänzend leuchtende Farbe über ihre Lippen und sah wunderbar damit aus. Das Haar trug sie zu einem *french twist* gewunden, was damals ebenfalls als das Modischste vom Modischen galt. Ihre Brauen waren wunderschön geschwungen, braune Augen hatten Glanz und ihre schwarzen Wimpern waren lang, so lang, dass sie den Rand der Brauen fast berührten. In der Woche zuvor waren wir zum Einkaufen bei Sears gewesen, die schwarzgrau karierte Hose mit dem schwarzen Pullover trug sie jetzt, und für die Füße hatte sie hochglänzend schwarze Slipper ausgewählt. Minnie-Mouse-Schuhe, wie Großmutter sie trug, hätte Darlene Park nie angezogen. Trug sie hohe Absätze, dann waren es welche mit Pfennigabsätzen und die höchsten, die es in der Schuhabteilung gab. Als ich klein war, ließ Mutter mich manchmal ihre ausrangierten Schuhe tragen. Ich frage mich bis heute, wie kleine Mädchen es nur schaffen, in Mamas hochhackigsten Pumps herumzustaksen, ohne sich das Genick zu brechen.

»Wenn wir auf dem Weg nach Haus wegen der Kürbisse anhalten«, sagte Mutter, »besorgen wir auch Steckrüben und Rosenkohl. Das passt gut zu Schmorbraten mit Yorkshire-Pudding und an beidem will ich für unser Dinner meine Kochkünste erproben.«

Minnie Winnie sah mich fragend an. Von Yorkshire-Pudding hatten wir beide noch nie etwas gehört.

Das Abendessen kam im Hause Park regelmäßig um sechs Uhr auf den Tisch. Ausnahmen gab es nicht. Schlag sechs hatte ein jedes Kind, Hände frisch gewaschen, an seinem Platz zu sitzen. Unsere Mutter war unablässig auf der Suche nach neuen Rezepten, denn wann immer möglich, sagte sie, solle das Abendessen ein kleines gemeinsames Erlebnis sein. Frauenzeitschriften wie Ladies' Home Journal oder McCall's machten ihr die Suche leicht. Sie schlugen neue Gerichte für die ganze Familie vor, und das im Überfluss. Eine der Schubladen unserer Küche war bis zum Überquellen voll mit Zeitungsausschnitten von außergewöhnlichen Rezepten für Gerichte, die uns Kinder allerdings nicht immer jubeln ließen.

Lange bevor *food processors* erfunden wurden, tauchten die ersten Mixer in amerikanischen Küchen auf. Alles, was zu mixen war, kam von Stund an in die Gläser, selbst Gemüse, dies aber nur für den Fall, dass Saft daraus zu gewinnen war. Ich erinnere mich mit Grauen an den ersten Karottensaft, den Mutter mir zu trinken gab! Doch es ging weiter: Aus Tomaten, Zwiebeln und Sellerie entstand eine Art *gazpacho*, wobei ich zugeben muss, dass wir dieses Wort damals noch gar nicht kannten. Eines der Lieblingsgerichte, die Mutter mithilfe des Mixers zustande brachte, war eine veritable Extravaganza von Garnelen – und zwar so: Grüne Eiswürfel (mit grüner Lebensmittelfarbe selbst im Kühlschrank hergestellt) wurden im Mixer zerkleinert, dann als Ring auf einem runden Teller dekorativ angehäuft und auf dem oberen Rand mit kleinen Wellen versehen. Garnelen, die zuvor in einer Mischung aus Wasser und einem Gewürz der Marke *Old Bay Seafood* gedünstet worden waren, wurden auf Zahnstocher gespießt und über den Ring aus wellig grünem Eis verteilt. In die Mitte des Kranzes stellte Mutter noch eine Schale mit roter Cocktailsauce. Weder die Erinnerung an die Farben noch an den ebenso farbigen Geschmack haben mich je verlassen.

Mit jeder Errungenschaft eines neuen Küchengerätes kam eine Serie neuer Gerichte in unsere Familien-Abendessen. So brachte beispielsweise der Erwerb eines Schnellkochtopfes wochenlang nichts als Gerichte aus dem *pressure cooker* mit sich. Einmal geschah es, dass dickflüssig grüne Erbsensuppe aus der Verschraubung für das Druckventil herausgeschossen kam und sich über mein armes Schwesterchen und ihren Kinderstuhl ergoss. Ich wollte wissen, was für ein Druckkochtopf-Dinner es wohl diesmal wieder geben würde, und hatte das Ventil herausgezogen.

Eine immens erfolgreiche Neuanschaffung unserer Mutter war allerdings die Omelettepfanne. Schaumige, leicht angebräunte Omelettes mit frischen Pilzen gab es von nun an jeden Mittwochabend.

Ich erinnere mich an eine Zeit, in der alle Frauenzeitschriften die Beigabe von Gelatine propagierten. Die berühmteste Marke dieser Blubbermasse hieß *Jell-O*. Eine eher zweifelhafte Kreation unter

Hinzufügung dieser neuen Köstlichkeit war kirschrotes Jell-O, das *corned beef* enthielt, worauf eine Lage limettengrünen Jell-O's zu liegen kam, das wiederum *cottage cheese* enthielt. Wenn ich auch nicht erzählen möchte, wie das Ganze schmeckte, so muss ich doch sagen, dass dies die farbenprächtigste Gelatine-Komposition ergab, die je den Weg auf Mutters Esstisch fand.

Fisch gab es bei uns im Überfluss, ganz gleich zu welcher Jahreszeit. In meiner Heimat Illinois gibt es Hunderte von Seen, von denen einer schöner als der andere ist. Meine Kindheit war reich an Schwimmen, Angeln, Skifahren, Schlittschuhlaufen, und wenn der Winter kam, angelte ich Fische aus einem Loch, das meine Brüder in das Eis jenes Sees geschlagen hatten, an dessen Ufer das Haus unserer Familie stand. Das Rezept meiner Mutter für *fish chowder* verwende ich bis heute. Oftmals wandele ich es zu *clam chowder* ab oder füge Stücke von

Blätter im Fluss

Krabben oder Hummer hinzu, aber das Gericht ist bei uns zu Hause auf die eine wie andere Weise sehr beliebt.

Weihnachten war Mutters Zeit des Backens. Sie holte Plätzchen in allen Varianten aus dem Ofen, und ihre kandierten Früchte waren bei uns Kindern sehr beliebt. Sie füllte schöne Glasbehälter mit ihrem Gebäck, legte kandierte Orangenschalen mit hinein, schlang Bänder in den Weihnachtsfarben Rot und Grün darum und gab jedem ihrer Kinder ein solches Glas als Geschenk für die Lehrer auf den Schulweg mit. Andere Kinder brachten den Lehrern Pralinenschachteln oder bestickte Taschentücher, einen Schokoladenweihnachtsmann in Staniol, alles Dinge, die ich für weitaus wertvoller als unsere Gläser hielt, weshalb ich bis zum Ende der letzten Stunde wartete, bevor ich meiner Lehrerin schüchtern und unbeobachtet die selbst gebackenen Plätzchen gab. Als Kind habe ich es vielleicht nicht recht erkannt, doch heute erinnere ich mich froh daran, wie die Augen meiner Lehrerin beim Anblick von Mutters Plätzchen strahlten.

An jenem Morgen, auf der Veranda des grünen Hauses in Fox River Grove, begann die Luft sich allmählich zu erwärmen. Es wollte einer jener Tage im Indianersommer werden, die mich nicht daran denken ließen, wie nah der Winter uns schon gekommen war.

Minnie Winnie hatte Mutter just in dem Moment die Frage stellen wollen, was in Gottes Namen denn Yorkshire-Pudding sei, als die Fliegentür in ihren Angeln quietschte und der Kahlköpfige uns mit einem Nicken in das Innere des Hauses bat.

In der Tür eines Wohnzimmers, dessen schwere Gardinen zugezogen waren und das mir spärlich beleuchtet schien, mussten wir kurz verweilen. Unsere Augen, noch geblendet von der Sonne draußen, hatten sich erst an das Schummerlicht im Inneren zu gewöhnen. Ich überlegte, ob ich Mutter fragen könne, was uns in diesem Haus erwarten würde. In der gleichen Minute ließ sich der Mann des Hauses sehen, beteuerte, seine Frau werde nicht länger auf sich warten lassen, und wieder tauchte er in das Dunkel ein, aus dem er gekommen war. Wir standen wartend in einem geräumigen Zimmer vor einer grünen

Couch. Zwei Sessel von der gleichen Polsterung waren links und rechts davon postiert. Vor der Couch stand, wie in fast jedem Wohnzimmer, das ich damals kannte, ein niedriger Tisch, den wir Amerikaner *coffee table* nennen. Etwas abseits befand sich ein Schaukelstuhl. Er war aus Rohrgeflecht und sah aus, als würde es sich in ihm gemütlich schaukeln und gut lesen lassen. Die Wände des Zimmers hatten eine grüne Tapete, der Spannteppich war grün, wenn auch in einer dunkleren Schattierung, und wer auch immer die Farbauswahl in diesem Haus getroffen hatte, musste von der Farbe Grün magisch angezogen worden sein.

Ich suchte die Wände nach Bildern oder Fotos der Menschen ab, die hier lebten, aber es gab keine. An allen Wänden hingen Ölgemälde und Aquarelle, Stilleben von Blumen, oder genauer gesagt: Gemälde von Sträußen, und zwar von allem, was unter der Sonne blüht. Am anderen Ende des Raumes stand ein großer runder Eichentisch mit sechs Stühlen.

Bevor ich mich weiter umsehen konnte, kündigte ein Knarren der Holztreppe die Frau an, deretwegen wir uns auf den Weg nach Fox River Grove gemacht hatten. Es war eine Person von mittelgroßer Statur, die sich uns müden Schrittes vom Treppenhaus her näherte. Sie trug ihr Haar kurz geschnitten, in der Art wie die meisten Männer ihre Haare tragen. Unter den Augen lagen tiefe dunkle Ringe. Ihre Lippen waren schön geformt, wenn auch die Mundwinkel einen traurigen Zug nach unten hatten, und überhaupt ließ sich Melancholie aus dem Gesicht der Dame lesen. Ein blaues Baumwollkleid war, wegen seiner Farbe, der einzige Lichtblick an der Frau. Mit Leinenschuhen an den Füßen schlurfte sie auf uns zu, nahm unsere Anwesenheit mit einem Blick auf meine Mutter zur Kenntnis, und als sie schweigend zu dem Eichentisch deutete, war Mutter bereits auf dem Weg dorthin. Es wurde offensichtlich, dass ihr alles, was hier vor sich ging, geläufig war, was mich verwirrte, und ich fragte mich im Stillen, wie oft sie wohl schon in diesem Haus gewesen war.

Auf dem schweren Eichentisch verdeckte ein grünes Tuch die schöne Maserung des Holzes. Drei Bleistifte lagen neben einem kleinen Stapel quadratischer Zettel von heller Farbe. Mutter, die wusste, was von uns erwartet wurde, legte erst Großmama und dann mir drei Zettel und einen Bleistift in die Hände.

Die Dame des Hauses sprach: »Bitte schreiben Sie drei Worte auf, die eine Bedeutung für Sie haben. Es kann sich dabei um einen Gegenstand handeln oder um einen Gedanken, wichtig ist dabei nur das ganz Persönliche, das diese drei Worte für Sie und für Ihr Leben haben.« Sie wandte sich ab und schlurfte, als wäre ihr das Gehen lästig, zur anderen Seite des Raumes, während wir drei uns über die Zettel beugten. Es fiel mir schwer, meine Skepsis zu verhehlen ebenso wie meine Enttäuschung über den Hang zur Wahrsagerei in meiner Mutter, eine Facette, die sie bis zu dieser Stunde wie ein wichtiges Geheimnis für sich behalten hatte. Wie ließen sich ihre Besuche bei einer Wahrsagerin mit ihren Kirchgängen in Einklang bringen? Mutter ging zwar nicht regelmäßig in die Kirche, aber doch von Zeit zu Zeit. Seit ihrer Geburt hatte sie der Lutherischen Kirche angehört, weshalb sie ihre Kinder auch in eine christliche Sonntagsschule schickte. Nun war aber die Kirche Martin Luthers von unserem Haus zu weit entfernt gelegen, wie Mutter fand, woraufhin sie das Problem dadurch löste, dass sie uns zu Methodisten machte. Deren Gotteshaus befand sich nämlich in bequemer Nachbarschaft, und so wurden wir, wenn auch spät, Hand in Hand vor das Taufbecken der Methodisten geführt. Ich zählte bereits acht Jahre, als die kräftige Hand des Pfarrers viel zu viel Wasser über mein Haar sprenkelte, was dazu führte, dass mir meine sorgsam gelegten Locken in länglichen Spiralen auf die Schultern hingen. Dass ich fortan einer Gemeinschaft mit Namen »Methodisten« zugerechnet wurde, hatte für mich keine lebensverändernde Bedeutung. In der Sonntagsschule lasen wir unterhaltsame biblische Geschichten, malten Jesus und seine Jünger und wurden jeden Sonntag wieder daran erinnert, dass wir Ehrlichkeit und einen aufrichtigen Charakter unseren Mitmenschen unter Beweis zu stellen hätten. Nach der Kirche ging ich neben meinen Brüdern unter Kiefern und Eichen hindurch zum Haus am See zurück. Jedes Mal, wenn wir den Krämerladen im Dorf erreicht hatten, wurde ich von Larry und Mike gedrängt, doch schon mal vorauszugehen, und jedes Mal, wenn sie dann wieder aus der Tür des niedrigen Gebäudes kamen, hielten sie mir triumphierend Tüten mit Bonbons entgegen, was ich mir schwer erklären konnte, denn keiner von uns bekam Taschengeld in der Zeit damals. Viele Monde später kam ans Tageslicht, dass meine Brüder die zehn Cent, die jedem Kind am Sonntag für die Kollekte mitgegeben wurden, nicht in der Kirche auf den Teller, sondern beim Krämer auf den Tresen legten. Während der Predigt über Ehrlichkeit und Charakter hatten die beiden, und das an jedem Sonntag, weggehört. Daheim jedoch, im Haus am See, wurde nach christlicher Ethik gelebt, und auch in späteren Jahren, nachdem wir an einen anderen See gezogen waren,

Minnie Winnie und Grandpa inmitten von Verwandtschaft

ging Mutter sonntags in die Kirche. Diesmal aber nicht in die Methodist Church, sondern in ein Gotteshaus, das der Sekte der Baptisten gehörte, und den Wechsel vollzog sie aus dem gleichen Grund wie früher schon einmal: Die Baptisten waren ihr, rein geographisch, näher.

Die Vertrautheit meiner Mutter mit einer Wahrsagerin war erneut eine unerwartete Begegnung mit den verwirrrend dunklen Geheimnissen im Leben der Darlene Park. Jahre zuvor hatte ich schon einmal einen Blick in geheimnisvolle Tiefen getan, die mir die Wahrheit über meine Mutter in einem erschreckend neuen Licht erscheinen ließen. Es geschah um die Zeit, als zu uns jungen Mädchen in der Schule von Begriffen wie Zeugung, Befruchtung, Fortpflanzung gesprochen wurde. Was wir hörten, war mir nicht verständlich. Der Gedanke, Genaueres darüber zu erfragen, ist mir nie gekommen, und es war meine Freundin Dorrice, die mir erzählte, was man mir im Haus am See verschwieg. Ob mir denn des Nachts noch nie Lautes aus dem Schlafzimmer der Eltern aufgefallen sei, ungewöhnliche Geräusche, wollte Dorrice wissen. Nein, nie, warum? Müsste ich aber gehört haben, meinte Dorrice, und ich sollte sie, bitteschön, nicht belügen. Sie ging mir voran, brachte mich in ein Zimmer, in dem die Betten ihres Vaters und ihrer Mutter standen. Unter einer Matratze fand sie Fotos, auf denen Männer und Frauen nackt in heftigen Umschlingungen und mit allen Einzelheiten ihrer körperlichen Merkmale abgebildet waren. Kaum zurück im Haus am See, schlüpfte ich in das Schlafzimmer der Eltern, hörte Mutter in der Küche hantieren und ließ meine Hand unter die Matratze gleiten. Mir blieb der Atem stehen, als meine Finger Hochglanzpapier berührten und ich eine Illustrierte herauszog, auf der das Wort *Playboy* stand. Erleichtert zu sehen, dass die bunten Bilder nicht so wild und hässlich waren wie die der Eltern von Dorrice, schob ich die Zeitschrift wieder in ihr Versteck zurück.

Eine weitere Erkenntnis für mich, als Kind, dass Mutter nicht die Wahrheit sprach, hat das Leben von Santa Claus beendet. An einem Wintertag war ich mit eiskalten Füßen vom Schlittschuhlaufen heimgekommen, und weil die beste Öffnung unserer Heißluftheizung im Schlafzimmer der Eltern war, ging ich dorthin, meine Füße zu wärmen. Ich hockte mich auf den Boden, hielt meine kleinen roten Zehen über die aufsteigende warme Luft und sah verlockend Buntes unter dem Bett der Eltern liegen. Päckchen, rot und grün verpackt, mit schönen Schleifen versehen, lagen unter dem ganzen Bett verteilt. Ich zog eines von ihnen heraus und las, was auf dem Kärtchen stand. »Für Anita, mit lieben Grüßen von Santa Claus«. Eines nach dem anderen zog ich die Päckchen hervor und fand die Namen meiner Geschwister auf den Kärtchen und las die »lieben Grüße von Santa Claus«.

Der Gedanke an den Tod des Weihnachtsmannes brachte mich in die Gegenwart der Wahrsagerin zurück. Als Mutters Blick meine Augen traf, deckte sie ihre drei Zettel mit den Händen zu. Geheimnisse? Schon wieder? Was konnte es ihr denn bedeuten, wenn ich wusste, was sie auf ihre Zettel schrieb? Ein Wort von ihr hätte Anregung für mich bedeutet, mir, die an nichts »Persönliches« für diese Zettel denken konnte. Es schien unmöglich, nichts zu schreiben. Was aber? Was? Ich war vor kurzem achtzehn geworden. Meine Zukunft als Erwachsene begann in meinem Kopf erst ganz allmählich Formen anzunehmen.

Mit einem Blick zu Minnie Winnie stellte ich mir die Frage, was sie wohl schreiben würde. Grandpa Park war noch nicht ganz zwei Jahre tot. Als Mutter ihr die Zettel und den Bleistift gab, musste sie wohl der Meinung gewesen sein, die Verlassene ersehne Hilfe und auf der Suche nach einem Weg, das Leben als Alleinstehende zu meistern, brauche sie Erleuchtung, selbst dann, wenn diese Hilfe von einer kartenlegenden Zigeunerin zu ihr kam. Ich hielt so gut wie nichts von derartigen Gedanken, doch Großmama schien die Stunde zu genießen, und prompt legte sie auch als Erste den Bleistift auf das grüne Tuch.

Als auch Mutter und ich unsere »persönlichen Worte« niedergeschrieben hatten, stellte das Medium eine Schale auf den Tisch, in die wir unsere Zettel zu legen hatten, jedoch erst nachdem sie sorgfältig gefaltet worden waren, denn von außen durfte nichts zu lesen sein, wie die Zigeunerin uns mahnend sagte. Ich hätte sie gern gefragt, ob sie denn wirklich eine *gipsy* sei, kam aber dazu leider nicht, denn als Nächstes nahm sie Platz am Tisch. Zu den Zetteln würde sie ein wenig später kommen, gab sie bekannt, zunächst aber würde sie uns das Schicksal aus der Hand lesen. Sie nahm Großmutters linke Hand, drehte sie um und betrachtete durchdringenden Blickes die Innenfläche einige Sekunden lang. Nur allzu gern hätte ich gewusst, was in dem Kopf der Frau vorging. Sie begann zu sprechen, hatte dabei Großmutters Hand zur Faust geballt und sah meiner Minnie Winnie in die Augen. »Sie haben einen schweren Verlust erlitten, aber Sie werden Ihre Trauer überwinden. Dabei ist Ihnen ein Beruf behilflich, der Ihre ganze Wachsamkeit erfordert. Sie sollten dafür dankbar sein. Führen Sie Ihr Leben fort, ganz genau so wie bisher.« Das Einzige, was mich daran hinderte, loszuprusten, waren Großmutters Augen, als sie zu der Handleserin mit einem leisen Lächeln »danke« sagte. Ich vermutete, dass die Zigeunerin zu den meisten ihrer Kunden sagen würde, sie hätten einen schmerzlichen Verlust erlitten, denn schließlich trifft das so gut wie auf jeden von uns zu. Und weiterhin ist auch bekannt, dass es in der Natur der Menschen liegt, sich über einen schmerzlichen Verlust hinwegzutrösten, ganz genau wie Minnie Winnie jetzt, die nicht mehr klagte, die aber bereits damit begonnen hatte, ein Leben in ständigen Gesprächen mit dem Mann zu führen, mit dem sie fünfundvierzig lange Jahre verheiratet gewesen war.

Die nächste offene Hand war meine, und ich sagte mir gelassen, viel kann sich in meine achtzehn Jahre alten Hände nicht eingegraben haben, und was an Gedanken für die Zukunft in meinem Kopf vorgeht, also, darauf kommt die Frau im Leben nicht! Als sie sich über meine Hand und Finger beugte, dachte ich bei mir, die Frau färbt nicht ihre Haare, das Grau darin ist eine Farbe der Natur, und ich hörte sie als Erstes sagen, ich sei ein Glückskind und ich solle Vertrauen zu mir selber haben. In meiner Hand sei ein sehr starker Hinweis darauf zu erkennen, dass es meine Bestimmung sei, unzählige Reisen durch weit entfernte Regionen zu unternehmen. Das war alles. So kurz war die Story meiner jungen Hand.

Glück, Vertrauen, Reisen. Das waren die drei Worte. In meinen unausgereiften Gedanken noch nicht ahnend, wie »Glück« sich in der Zukunft zeigen würde, dachte ich über das Wort »Vertrauen« nach und kam zu dem Schluss, das Einzige, worauf ich vertrauen konnte, war die Gewissheit, dass Mutter noch weitere Geheimnisse in sich barg, die ich bislang nicht kannte. Blieb also das Wort »Reisen«, und an dieser Stelle wurde mein misstrauischer Geist hellwach: Die Wahrsagerin hatte nicht wissen können, dass ich in einer Woche auf dem Weg nach New York City sein würde. Meine Mutter dürfte wohl kaum verraten haben, dass ihre Tochter zum ersten Mal im Leben ein Düsenflugzeug besteigen würde, und allein schon des Bankgeheimnisses wegen konnte die Zigeunerin nicht herausgefunden haben, dass ich – ebenfalls zum ersten Mal in meinem Leben – Geld von meinem eigenen Konto abgehoben hatte, um das Ticket nach New York damit zu bezahlen, und zwar von einem Konto, auf das ich seit meinem neunten Lebensjahr den Lohn eines jeden meiner vielen Jobs eingezahlt hatte, weil es mein Plan war, aus diesen Ersparnissen meinen Start ins Leben zu bezahlen. Ich war so verblüfft darüber, dass meine Reisepläne in die Linien meiner Hand geschrieben standen, grübelte so verwirrt darüber nach, dass ich nicht mitbekam, was meiner Mutter aus der Hand gelesen wurde. Beim Aufsehen nahm ich wahr, wie die Zigeunerin den ersten unserer Zettel aus der Schale nahm, das Papier fest in ihre Hand presste, ihre müden Augen schloss und das Wort »Wasser« aussprach. Damit war es schon wieder an mir, überrascht zu sein, und ich hörte offenen Mundes zu, wie die Frau das Wort »Wasser« wiederholte und sagte, sie sehe viel Wasser, ein großes Schwimmbecken, und menschenähnliche Figuren darin. Dann faltete sie den Zettel auseinander und las laut das Wort vor, das ich geschrieben hatte: »Meerjungfrau«. Was sich dahinter verbarg, ist dies: Am Abend zuvor hatte ich im Fernsehen einen Reisebericht über Florida gesehen. Eine der Sequenzen war in Weekie-Watchie Springs gefilmt worden. Sie zeigte Mädchen, die sich als Meerjungfrauen verkleidet hatten und in einem Aquarium Unterwasserkunststücke vorführten, während die Zuschauer in einem Amphitheater saßen, mit einer Glaswand vor sich, hinter der die Mädchen mit den langen Schuppenschwänzen tauchten. Allen möglichen Ideen für meine Berufswahl aufgeschlossen, sah ich diese Tätigkeit als eine durchaus interessante Art und Weise an, mir meinen

Lebensunterhalt zu verdienen, denn schließlich schwimme ich ausgesprochen gern.

Beim Betrachten des nächsten Zettels, mit den Augen fest geschlossen, erkärte die Zigeunerin, dieser hier habe etwas mit »Transport« zu tun. Das konnte nicht mein Papier gewesen sein, denn wegen einer Nähmaschine, die ich von den Eltern zum Highschool-Diplom bekommen hatte, und weil ich alle meine freien Stunden in der Bibliothek der Schule verbrachte, hatte ich als persönliche Worte »Stoffe« und »Bücher« hingeschrieben. In ihrer Deutung des Papieres fortfahrend, meinte die Wahrsagerin, es scheine sich um etwas Dringliches zu handeln, bevor sie das Papier auseinander faltete und das Wort »Auto« aussprach. Da Minnie Winnie keinen Führerschein besaß, musste es sich um Mutters Zettel handeln. So war es auch. Der Motor unseres Pontiac bereitete ihr schon längere Zeit Probleme und sie zerbrach sich den Kopf darüber, wie sie in absehbarer Zukunft zu einem neuen Wagen kommen würde. So etwas wie Triumph lag in ihrem Blick, als sie mich mit einem Gesichtsausdruck betrachtete, der zu sagen schien: »Na, bist du nicht froh, dass ich dich zu diesem Medium mitgenommen habe?« Ich kann nicht sagen, ob ich froh darüber war, mitgenommen worden zu sein, Großmutter hingegen war es ganz bestimmt. Sie konnte den nächsten Zettel kaum erwarten, und der war auch bereits in der geschlossenen Faust einer Frau, die mich von Minute zu Minute mehr erstaunte und mich bei ihrem nächsten Wort an Shakespeare erinnerte: »*Es gibt mehr Ding' im Himmel und auf Erden, als eure Schulweisheit sich träumt, Horatio*«, als sie nämlich das Wort »Schatulle« murmelte und mit stockenden Worten anfügte: »*... Zimmer ...*« und »*... geschlossen ...*« und »*... sie ist in einem Zimmer ... diese Schatulle ... steht auf einer Kommode ... Etwas ist darin ... von persönlichem Wert ... Ich glaube, es ist eine Uhr.*« Mutter und ich hielten den Atem an. Erstarrten. Sahen zu Großmutter hinüber, die jetzt nicht mehr lächelte. Tränen rollten unter der Brille hervor, liefen über ihre Wangen und tropften vom Kinn auf die bestickte Bluse. Es war Minnie Winnie, die das Wort Schatulle niedergeschrieben hatte, und was sich dahinter verbarg, war dies: Auf die Kommode im Schlafzimmer ihrer Wohnung in Chicago hatte Großmutter eine Schatulle gestellt und Grandpas goldene Taschenuhr hineingelegt.

Mein Großvater war im September 1897 im Armenhaus von Barnhill, im schottischen Glasgow, als Sohn eines unverheirateten Stubenmädchens zur Welt gekommen, das bis zum Bekanntwerden ihrer Schwangerschaft im Herrenhaus einer adeligen Familie in Diensten gestanden hatte. Im Alter von fünfzehn Jahren stand James Park an Deck eines Schiffes nach New York. Seine goldene Taschenuhr, die er in Chicago nach Jahren harter Arbeit bei der Eisenbahn erstanden hatte, war für ihn das äußere Zeichen von Wohlstand, Schaffenskraft und Unermüdlichkeit. Ich glaube, dass Grandpa Park diese Uhr in seinen Händen hielt, als er zu Winnie sagte, dass ein jedes seiner Enkelkinder nach dem Highschool-Abschluss und vor der Entsendung in das eigene Leben eine goldene Uhr von den Großeltern bekommen werde.

So war unser Erlebnis in Fox River Grove verlaufen. Fünf Jahre danach ist die Wahrsagerin an einem Herzinfarkt gestorben. Mutter ist bis kurz vor dem Tod der Zigeunerin regelmäßig zu ihr gefahren. Mein Besuch bei ihr war die erste und bis heute einzige Begegnung mit einem Medium. Minnie Winnie hat bis ins hohe Alter in Chicago ein Leben in Zufriedenheit geführt. Den Grund für unsere Fahrt zu der Zigeunerin habe ich erst spät erkannt: Mutter war davon überzeugt gewesen, dass die Weissagung für das Leben ihrer Tochter in New York ein Bild des Elends zeichnen würde, was, ihrer Hoffnung nach, zu meinem Verzicht auf den Flug in ein eigenes Leben hätte führen müssen.

Über die grünen Hügel Afrikas kommt ein Landrover gefahren, ein Gnu steht mit gesenkten Hörnern in einem endlos weiten Land, Nebel ziehen über den Kilimandscharo hin, ein aufgebrachter Elefant stürmt durch den Busch, drei kleine schwarze Mädchen sind barfüßig auf dem Weg zur Schule, ein Zebra galoppiert durch hohes Gras. Ich decke den

Tisch und freue mich an Bildern, Acryl auf Holz, begeisternd schön. Den letzten meiner Teller stelle ich auf einen Sonnenuntergang. Unser langer Esstisch ist voll mit vielen anderen Bildern, mit Wolken, Mond, vereinzelt auch mit drohenden Gewittern, von einer Künstlerin in Iowa in bunter Folge über unseren Esstisch hin gemalt. Die Themen meiner Fotos, während langer Safaris durch Busch und Regenwald entstanden, waren der Frau Anregung gewesen, und ringsum, den ganzen Rand der Tischplatte entlang, hatte sie einen Fries gemalt, auf dem Sätze aus Hardys Büchern zu lesen sind.

Ich halte inne und sehe mir die Linien meiner Hände an. Welche davon spricht wohl von der Bestimmung, durch die Welt zu reisen? Ganz sicherlich doch eine, die sich besonders tief in meine Handfläche gegraben hat, denn mein Flug nach New York war nichts als die erste Station auf einem langen Weg. Was die Zigeunerin von Fox River Grove, würde sie noch leben, wohl heute aus den Linien meiner Hände lesen könnte?

Lächelnd stelle ich Suppenschalen auf die großen Teller im weiten Afrika und denke an ein Hinduwort, das ich in der *Heiligen Gita* gefunden habe: »Dein Leben ist das Sichtbare zwischen zwei Unsichtbaren. Du hast nicht gesehen, woher du kommst, und du wirst nicht sehen, wohin du gehst.«

Hinter mir, auf dem Herd in der Kochinsel, köcheln Meeresfrüchte in einem Kupfertopf. In einer Stunde werden die Schulmädchen und der Elefant Besuch bekommen. Drei Männer und drei Frauen sitzen dann rings um Afrika herum, vor sich eine Schüssel Gnocchi, mit dem Kupfertopf daneben. *Gnocchi alla marinara* heißt das Gericht, am Vorabend des neuen Jahrtausends habe ich mir das Rezept nach Angaben eines Küchenchefs in Amalfi aufgeschrieben. Was noch fehlt, sind meine schlanken Gläser auf dem Tisch. Weißer Wein, ein trockener Bordeaux, liegt gut gekühlt im Eisschrank, die Gläser werden, ich kann das schon deutlich sehen, immer wieder nachgeschenkt, und wie immer, wenn wir mit unseren Gästen beieinander sitzen, werden die Gespräche, Wellen gleichend, hoch und höher schlagen: Reisepläne, ein neuer Baum im Garten, der nächste Film, das letzte Buch, ein Angebot vom

Broadway, der falsche Mann im Weißen Haus, der nächste Mann im Kanzleramt, ein unbemannter Flug zum Mars – so wird es gehen. Ich weiß auch schon, wer am meisten redet, wer nie zu Worte kommen wird, wer sich auf keinen Fall unterbrechen lässt und bei welchem Thema alle durcheinander reden. Vielleicht sollten wir eine neue Spielregel erfinden: Wer was entscheidend Wichtiges zu sagen hat, hält ganz einfach den Finger hoch. Eine Hand, steil in den Raum gehoben, bedeutet: »Ruhe, Leute! Ich habe was, das mir am Herzen liegt!« Und schon schweigen alle. »Genau so«, sage ich zu Mr. Twelve und gehe an ihm vorüber zu einem Bord, auf dem sich unsere CDs an Bücher lehnen. »Genauso, Twelve, werden wir das heute tun.«

Für die Musik des Abends wähle ich zwei, drei CDs mit Klavierkonzerten aus. Beim Einlegen der ersten Scheibe in das Gerät bleibt mein Armband am Lautstärkeregler hängen. Der Reif ist schmal, grün, türkis – die Arbeit von Dancing Spruce. Old Pete hat mir das schmale Band geschenkt. Old Pete ist das geistige Oberhaupt der Taos-Indianer, und wenn ich an ihn denke, fällt mir sein Satz ein: »Home, sweet home«. Im Zweiten Weltkrieg war er eingezogen worden, der Indianer musste im Südpazifik gegen die Japaner kämpfen, vermutlich geschah es zum ersten Mal, dass ihn die Reiselinie in der Innenfläche seiner Hand vom Pueblo fort und in ein fernes Land bestimmte, und als er zurück nach Taos kam, soll er voller Dankbarkeit gerufen haben: »Home, sweet home! Oh, ich sage es euch immer wieder! Home, sweet home!« Sein altes Gesicht steht wieder vor mir auf, wettergegerbt, vom Leben gezeichnet, das stahlgraue Haar zu einem Zopf geflochten. Old Pete hat recht: Das Schönste an einer langen Reise ist die Rückkehr in das Haus. »Home, sweet home.«

Der kräftige Anschlag von Chopin kommt aus dem Musikgerät und ich stelle eine andere Überlegung an: Würde nicht ein schottischer Fiddler oder Charley mit seinem Dudelsack unsere Gäste auf ganz neue Gedanken bringen? In dem Stapel CDs vor mir muss doch auch die Aufnahme der Weisen stecken, die Charley einmal für uns spielte, an einem frostigen Nachmittag in der Nähe von Loch Linnhe, in seinem Haus. Bei einem Sherry, schwer, von einer Farbe wie Burgunder, hatten wir den wehmütigen Liedern der Schotten zugehört, wie Charleys Familie sie für uns spielte. Seine Frau hatte kerzengerade am Klavier gesessen, mit der Tochter gleich daneben. Während das Mädchen voller Hingabe Flöte spielte, sehe ich Charley noch immer als Silhouette vor einem großen Fenster stehen, im Schottenrock, den langen Schnurrbart mit Brillantine perfekt aufgedreht, und ich kann noch immer die langgezogenen Töne seiner Fiedel hören. Blaugrüne Hügel, draußen vor dem Fenster, gaben einem schwarzdunklen, windgepeitschten See die Wehmut ihrer Farbe ab. Der klagende Ton der Fiedel und das Bild zweier Frauen im Dämmerlicht des Raumes trieben mir Tränen in die Augen, und ich erinnere noch, wie die Melancholie jener Stunde mich über die Grampian Mountains hinweg nach Glasgow und von dort weiter nach Chicago trug. Auf meiner Zunge konnte ich wieder den Geschmack von Whiskey spüren. Der letzte Tropfen aus Grandpas Glas gehörte immer mir. »Trink das, Mädchen! Das bringt Haare auf deine Brust.« Jedes Mal, wenn Grandpa Park das sagte, brach er in Gelächter aus, er lachte gern, und es machte ihm Spaß, wenn sein kleines Mädchen ihn verwirrt fragte, ob es denn richtig sei, wenn auf der Brust einer Frau Haare wüchsen.

Ich lege die Klaviermusiken an ihren Platz zurück und suche in den CD-Stapeln nach Erinnerungen aus einer anderen Welt. Was ich finde, ist das Gesicht einer Insulanerin, auf Huahine hat sie für uns getanzt, sechs Männer an Trommeln hatten sie begleitet, und ihr Gesicht, ihr Körper, hatten eine Wandlung durchgemacht. Sie war zu Pele geworden, zur Göttin der Vulkane, der Tanz hatte sie in eine andere Sphäre getragen und mir schien, sie hätte uns dorthin mitgenommen.

Auch die Gesichter von Kindern auf Oahu finde ich in dem Stapel der CDs. Sie hatten uns das Alphabet in der Sprache der Maori vorgesungen und dabei begeistert mit den Fingern die Symbole der Buchstaben geformt. Wir hatten am Strand gesessen, und es war nicht nur das Bild einer roten Sonne zwischen den Wolken der Dämmerung, das mich berührte. Die Gesichter dieser Südseekinder spiegelten die langen Reihen ihrer Ahnen wider, ob die nun aus Europa gekommen waren, aus China, Japan oder Indonesien, und es war das bunte Bild der unterschiedlichsten Kulturen vor mir, an einem Abend voller Harmonie, an das ich mit glücklichen Gefühlen denke.

Eine andere CD aus dem Stapel nehmend, sehe ich uns neben einem Lagerfeuer liegen, Flammen steigen auf, Funken verglühen in der Nacht, Fisch brät am Spieß im Feuer, die Milchstraße weht ihren Schleier über Sterne hin, die CD lässt Beethoven erklingen, sein Violinkonzert, Anne-Sophie Mutter spielt es auf eine Weise, wie nur eine Frau Beethoven spielen kann, während hinter einem Kliff, unter uns im Fluss, Hippos lärmen und ich mich kneifen muss, weil Beethoven für Hardy und mich in der Massai Mara spielt.

Ganz zuunterst in meinem Stapel liegen die Lieder zweier Stimmen. Es sind die Stimme eines Mannes und seiner Ukulele. Der Name des Mannes ist unendlich lang: Israel Kamakawiwo'Ole, doch auf den Namen hört er nicht. Worauf er hört, das sind zwei Buchstaben, die seine Freunde ihm als Namen gaben: Iz. Ganz einfach so: Iz. Die Musik von Iz klingt leise, zart. Manchmal denke ich, dass sie in ihrer Zartheit zu den Sternen geht. Besonders dann, wenn er *Over the Rainbow* singt, auf eine Weise, wie noch nie ein anderer *Over the Rainbow* gesungen hat. »Das ist es«, sage ich zu mir, »nimm Chopin aus dem Gerät heraus. Leg Iz hinein. Unsere Freunde werden still sein, zuhören, bei einem Lied, das Gedanken weit hinaus ins Universum wandern lässt.«

Die Tikis meines Lebens

Kürbissuppe

4 kleine Kürbisse, jedoch groß genug,
um jeweils eineinhalb Tassen Suppe
aufnehmen zu können
1 Teelöffel Lebkuchengewürz
4 Teelöffel Ingwer, fein gehackt
4 Teelöffel Knoblauch, fein gehackt
200 g Kartoffelpüree
1 große Zwiebel, in Scheiben
geschnitten
1,5 l kräftige Hühnerbrühe
2 Esslöffel Butter
3 Esslöffel Olivenöl
Salz und Pfeffer

Die oberen Teile der Kürbisse so ab-
schneiden, dass sie später als Deckel
verwendet werden können.
Kerne und Fasern entfernen, wodurch
eine Höhlung in der Mitte des Frucht-
fleisches entsteht. Lebkuchengewürz in
die entstandene Höhlung streuen.
Die vier Kürbisse auf ein Backblech
legen und bei 190°C etwa 30 Minuten
im Ofen backen.
Danach sollten das Kürbisfleisch weich
und die Oberfläche leicht gebräunt
sein. Kürbisse abkühlen lassen.
Das Fruchtfleisch mit einem Löffel
vorsichtig herauslösen und dabei
darauf achten, dass die Schalen nicht
beschädigt werden.
Alle vier Schalen beiseite stellen.
Die Zwiebeln in einer Bratpfanne mit
dem Olivenöl bräunen.
Das Kürbisfleisch hinzugeben und
alles gut vermischen.

Die Hühnerbrühe in einem großen
Topf erhitzen.
Die Kartoffeln und die Kürbis-
Zwiebel-Mischung hinzugeben.
Das Ganze erwärmen und mit dem
Handmixer oder Pürierstab pürieren.
Bei niedriger Hitze 10 Minuten
köcheln lassen.
Bei Bedarf noch etwas Brühe hinzu-
geben, damit die Suppe eine cremige
Konsistenz bekommt.
Mit Salz und Pfeffer abschmecken.
Knoblauch und Ingwer in wenig
Butter goldgelb bräunen.
Die fertige Suppe mit einem Schöpf-
löffel in die ausgehöhlten Kürbisse
füllen.
Mit Ingwer und Knoblauch garnieren.
Die Kürbisse mit den Deckeln zu-
decken.
Ergibt 4 Portionen.

Fish Chowder

6 Esslöffel Butter oder Margarine
5 Esslöffel Mehl
900 ml heiße Milch
3 Schalotten oder 1 kleine Zwiebel,
fein gehackt
2 Teelöffel Currypulver
1 Teelöffel Meersalz
600 g Hummer, Krabben oder fester
weißer Fisch (z.B. Kabeljau)
12–16 gekochte Garnelen
8–10 gekochte Miesmuscheln
150 ml Fischbrühe, frisch oder aus
Brühwürfeln

Salz und Pfeffer
4 Esslöffel Petersilie, gehackt

Butter schmelzen, Mehl hinzufügen
und bei niedriger Hitze gut verrühren.
Die heiße Milch langsam und unter
ständigem Rühren dazugießen.
Schalotten (oder Zwiebeln), Currypulver, Salz und Pfeffer hinzugeben
und 5 Minuten köcheln lassen.
Den Fisch darin erhitzen, bis er gar ist.
Die heiße Fischbrühe eingießen und
rühren, bis eine dickliche Konsistenz
erreicht ist.
Erst dann Garnelen und Miesmuscheln
hinzugeben.
In Suppentassen füllen und mit Petersilie bestreuen.
Ergibt 4 Portionen.

Apfel-Walnuss-Torte Oktobermond

(mit Calvados-Sauce)

Für die Füllung:
4 Granny Smith (oder andere säuerliche Äpfel), ca. 500 g, davon 1/2 Apfel
für den Teig reservieren
200 g Butter
100 g Zucker
200 g Walnüsse, gehackt

Für den Teig:
175 g Mehl
1 1/2 Teelöffel Backpulver
3/4 Teelöffel Salz
1 Teelöffel Lebkuchengewürz

150 g weiche Butter
100 g Zucker
1 Teelöffel Vanilleextrakt
2 Esslöffel Ingwer, geschält und klein
gehackt
2 große Eier
150 g saure Sahne
1/2 Apfel, geschält und gerieben (s.o.)

Füllung:
Äpfel schälen, entkernen und in dicke
Scheiben schneiden.
Den 1/2 Apfel für den Kuchenteig
zurückbehalten.
In einer feuerfesten, beschichteten
Auflaufform Butter bei niedriger Hitze
schmelzen. Zucker einrühren.
Die Apfelscheiben hineinlegen und mit
Walnüssen bestreuen.
Die Äpfel bei niedriger Hitze ca.
20 Minuten ohne Umrühren garen,
bis sie weich sind und der Zucker eine
goldgelbe Farbe angenommen hat.
Inzwischen den Teig zubereiten.

Teig:
Mehl, Backpulver, Salz und Leb-
kuchengewürz in einer Schüssel ver-
mengen.
In einer anderen Schüssel die weiche
Butter mit Zucker schaumig schlagen.
Vanilleextrakt und Ingwer gut unter-
mischen.
Die Eier nacheinander hinzufügen
und jeweils gut verrühren.
Saure Sahne untermischen.
Die Mehlmischung nach und nach
hinzufügen.

Den 1/2 geriebenen Apfel hineinkne-
ten. Die Form vom Feuer nehmen und
den Teig über die Apfelfüllung vertei-
len. 25 bis 35 Minuten lang im Ofen
bei 190° C backen.
Es empfiehlt sich, Alufolie unter die
Backform zu legen, für den Fall, dass
der Teig im Ofen überquillt.
Der Kuchen sollte eine goldbraune
Farbe haben.
Stecken Sie während des Backvorganges
einen Zahnstocher in die Torte.
Wenn nur kleine Krümel an dem
Zahnstocher haften bleiben, ist die
Torte fertig gebacken.
Herausnehmen und auf einem Gitter
10 Minuten abkühlen lassen.
Mit einem Messer vom Rand der Form
lösen und vorsichtig auf eine Kuchen-
platte stürzen.

Calvados-Sauce:
250 g Zucker
125 ml Wasser
3 Esslöffel Calvados
2 Esslöffel Butter

In einer schweren Kasserolle den
Zucker bei mittlerer Hitze unter ständigem Rühren schmelzen, die Kasserolle schwenken, bis der Zucker eine
goldbraune Farbe angenommen hat.
Vom Feuer nehmen.
Wasser vorsichtig (der karamelisierte
Zucker ist sehr heiß!) und langsam,
den Rand der Kasserolle entlang, eingießen. Mit dem Calvados genauso verfahren.

Die Kasserolle wieder auf den Herd
setzen.
Das Ganze rühren, bis die Flüssigkeit
sämig wird. Butter hinzufügen,
umrühren und wieder vom Feuer
nehmen.
Die warme Calvados-Sauce über die
Torte gießen.

THANK YOU

Der Hai, der Hummer und ich möchten uns bei Barbara Fischer bedanken, bei Serena und Walter Fritzsche ebenso, denn seit meinen ersten Träumen von diesem Buch haben diese drei mir Mut gemacht und mir ihre Hilfe nie versagt. Mein Dank geht auch an Freunde wie Waunita Brown, Ellen und Harald Fromm, Helen und Casey Puckett, Becky Privitt mit Familie, die allesamt ihre Küchen in wahre Rezept-Test-Zonen verwandelt haben und ihre Esszimmer in Probierstuben der fröhlichsten Art.

Anita
Skyland Oaks, Kalifornien,
im Juni 2003